U0454720

Public Administration and

Public Management Classics

ACADEMIC FRONTIERS SERIES

ACADEMIC FRONTIERS SERIES

公共行政与公共管理经典译丛

学术前沿系列

Public Administration and Public Management Classics

"十二五"国家重点图书出版规划项目

公共服务中的情绪劳动

玛丽·E·盖伊 (Mary E. Guy)

[美] 梅雷迪思·A·纽曼 (Meredith A. Newman) 著

莎伦·H·马斯特雷希 (Sharon H. Mastracci)

周文霞　孙霄雪　陈文静　译

周文霞　校

Emotional Labor
Putting the Service in
Public Service

中国人民大学出版社

·北京·

《公共行政与公共管理经典译丛》
编辑委员会

学术顾问　　威廉·邓恩　　　　　乔治·弗雷德里克森
　　　　　　尼古拉斯·亨利　　　马克·霍哲
　　　　　　戴维·罗森布鲁姆　　爱伦·鲁宾
　　　　　　全钟燮　　　　　　　金判锡

顾　　问　　纪宝成

主　　编　　张成福

策　　划　　刘晶

编　委
（以姓氏笔画为序）

丁　煌	马　骏
王佩亨	王浦劬
毛寿龙	刘　晶
刘国材	刘俊生
任宗哲	孙柏瑛
吴爱明	陈庆云
陈振明	竺乾威
周志忍	郭小聪
高培勇	彭和平
董礼胜	董克用
程远忠	谢　明
蓝志勇	潘小娟
薛　澜	薄贵利

《公共行政与公共管理经典译丛》
总　　序

　　在当今社会，政府行政体系与市场体系成为控制社会、影响社会的最大的两股力量。理论研究和实践经验表明，政府公共行政与公共管理体系在创造和提升国家竞争优势方面具有不可替代的作用。一个民主的、负责任的、有能力的、高效率的、透明的政府行政管理体系，无论是对经济的发展还是对整个社会的可持续发展都是不可缺少的。

　　公共行政与公共管理作为一门学科，诞生于20世纪初发达的资本主义国家，现已有上百年的历史。在中国，公共行政与公共管理仍是一个正在发展中的新兴学科。公共行政和公共管理的教育也处在探索和发展阶段。因此，广大教师、学生、公务员急需贴近实践、具有实际操作性、能系统培养学生思考和解决实际问题能力的教材。我国公共行政与公共管理科学研究和教育的发展与繁荣，固然取决于多方面的努力，但一个重要的方面在于我们要以开放的态度，了解、研究、学习和借鉴国外发达国家研究和实践的成果；另一方面，我国正在进行大规模的政府行政改革，致力于建立与社会主义市场经济相适应的公共行政与公共管理体制，这同样需要了解、学习和借鉴发达国家在公共行政与公共管理方面的经验和教训。因此无论从我国公共行政与公共管理的教育发展和学科建设的需要，还是从我国政府改革的实践层面，全面系统地引进公共行政与公共管理经典著作都是时代赋予我们的职责。

　　出于上述几方面的考虑，我们组织翻译出版了这套《公共行政与公共管理经典译丛》。为了较为全面、系统地反映当代公共行政与公共管理理论与实践的发展，本套丛书分为六个系列：(1) 经典教材系列。引进这一系列图书的主要目的是适应国内公共行政与公共管理教育对教学参考及资料的需求。这个系列所选教材，内容全面系统、简明通俗，涵盖了公共行政与公共管理的主要知识领域，涉及公共行政与公共管理的一般理论、公共组织理论与管理、公共政策、公共财政与预算、公共部门人力资源管理、公共行政的伦理学等。这些教材都是国外大学通用的公共行政与公共管理教科书，多次再版，其作者皆为该领域最著名的教授，他们在自己的研究领域多次获奖，享有极高的声誉。(2) 公共管理实务系列。这一系列图书主要是针对实践中的公共管理者，目的是使公共管理者了解国外公共管理的知识、技术、方法，提高管理的能力和水平，内容涉及如何成为一个有效的公共管理者、如何开发管理技能、政府全面质量管理、政府标杆管理、绩效管理等。(3) 政府治理与改革系列。自20世纪80年代以来，世界各国均开展了大规模的政府再造运动，政府再造或改革成为公共行政与公共管理的热点和核心问题。这一系列选择了在这一领域极具影响的专家的著作，这些著作分析了政府再造的战略，向人们展示了政府治理的前景。(4) 学术前沿系列。这一系列选择了当代公共行政与公共管理领域有影响的学术流派，如新公共行政、批判主义的行政学、后现代行政学、公共行政的民主理论学派等的著作，以期国内公共行政与公共管理专业领域的学者和学生了解公共行政理论研究的最新发展。(5)案例系列。这一系列精心选择了公共管理各领域，如公共部门人力资源管理、组织发展、非营利组织管理等领域的案例教材，旨在为国内公共管理学科的案例教学提供参考。(6)学术经典系列。这一系列所选图书包括伍德罗·威尔逊、弗兰克·约翰逊·古德诺、伦纳德·怀特、赫伯特·A·西蒙、查尔斯·E·林德布洛姆等人的代表作，这些著作在公共行政学的发展历程中有着极其重要的影响，可以称得上是公共行政学发展的风向标。

总的来看，这套译丛体现了以下特点：(1)系统性。基本上涵盖了公共行政与公共管理的主要领域。(2)权威性。所选著作均是国外公共行政与公共管理的大师，或极具影响力的作者的著作。(3)前沿性。反映了公共行政与公共管理研究领域最新的理论和学术主张。

在半个多世纪以前，公共行政大师罗伯特·达尔（Robert Dahl）在《行政学的三个问题》中曾这样讲道："从某一个国家的行政环境归纳出来的概论，不能够立刻予以普遍化，或被应用到另一个不同环境的行政管理上去。一个理论是否适用于另一个不同的场合，必须先把那个特殊场合加以研究之后才可以判定。"的确，在公共行政与公共管理领域，事实上并不存在放之四海而皆准的行政准则。按照建设中国特色社会主义的要求，立足于对中国特殊行政生态的了解，以开放的思想对待国际的经验，通过比较、鉴别、有选择的吸收，发展中国自己的公共行政与公共管理理论，并积极致力于实践，探索具有中国特色的公共行政体制及公共管理模式，是中国公共行政与公共管理发展的现实选择。

本套译丛于1999年底由中国人民大学出版社开始策划和组织出版工作，并成立了由该领域很多专家、学者组成的编辑委员会。中国人民大学政府管理与改革研究中心、国务院发展研究中心东方公共管理综合研究所给予了大力的支持和帮助。我国的一些留美学者和国内外有关方面的专家教授参与了原著的推荐工作。中国人民大学、北京大学、清华大学、厦门大学等许多该领域的中青年专家学者参与了本套译丛的翻译工作。在此，谨向他们表示敬意和衷心的感谢。

《公共行政与公共管理经典译丛》编辑委员会

序　言

　　学者们偶尔会展示给我们平时没有看到或者没有注意到的事实，这些事实就在我们眼皮底下，等待我们去观察。对于这样的观察，我们最初的反应是"哦，的确是这样"，然后是"为什么我之前没有发现这样的事实呢？"显而易见的但未被发现的话题或问题在社会生活中确确实实存在，而且已经存在，但是在理论和研究中缺乏足够的重视。我们的期刊、书籍、演讲使我们闭目塞听，减少了对已经研究过的内容的注意力，忽视了研究需要些什么。《公共服务中的情绪劳动》是一本稀有的、能拓宽我们研究视野的书。这本书洞察和关注那些明显的、重要的，但是一直以来被忽视的话题。

　　我们都知道工作组织不是冷酷、没有激情的地方，而是情绪高涨的地方。即使没有风暴和压力，工作仍然是情绪化的：我们关心自己的工作，工作依赖于关系（有些同事我们喜欢，有些我们则不喜欢），同时我们的个人生活也浸入了工作场所。只要工作需要人，情绪就永远不会离开。在工作中我们感受愉悦、恐惧、归属感、孤立感、同情心、厌恶感、痛苦、友情、无聊、爱、恨——简而言之，就是所有的情感。

　　因此所有的工作都是情绪劳动（emotional labor），但是一些形式的工作需要与他人的情感联结（emotional connection）：例如老师、治疗专家和社会工作者要完成自己的工作必须和小孩子和客户建立情感联结。在组织理论的表述中，情感联结是一种

"工作技术"。一些工作需要保持某种情绪，这样人们就不会混淆判断或者阻碍急迫却痛苦的选择。例如，第一个赶到事故现场的救援者不可以被可能扭伤的恐惧吓倒而影响医疗判断；在当求救者高呼"我该怎么办？我的孩子停止呼吸了！"911接线员（911 operators）也不能被吓倒。其他工作，例如警察这个工作，会重复性地面临不舒适和动荡的局面，即使是常规的交通问题也会引起居民的沮丧和争吵，以及对不确定性的恐慌：那个把手伸进手套盒子的人是要拿出证件还是要拿枪？不管工作是需要建立情绪联结还是保持某种情绪上的反应，抑或两者兼而有之，所有情绪劳动都需要细心和技巧以胜任工作。这些工作对人的要求很高。

我们可以用情绪的重要性（centrality）理解组织和管理中的问题，但是这种重要性长期以来被忽略了，有以下几个原因：一是这个主题是难以捉摸的。《公共服务中的情绪劳动》是一本具有智力勇气的书。作者们检验了对这个主题的文献和实证研究。他们细心地定义了情绪劳动："情绪劳动是劳动者为了完成工作，将自身的情绪投入工作当中，保持情绪和/或者唤起情绪……简单来说，情绪劳动需要个体和他人情感的敏感性和灵活性。"随后继续检验三种典型环境下的情绪劳动：塔拉哈西警察局911电话派遣中心、伊利诺伊管教局、库克郡公共监护办公室。这三个部门代表了一系列工作和技能水平，以及男性主导、女性主导和混合性别的工作场所。这本书中涉及的研究都是基于认真仔细地对第一手材料的实地调研和标准化研究。

作者认为，情绪劳动没有受到学术界足够重视的另一个原因是性别偏差。逐渐兴起的女性组织和公共管理理论对于情绪给予了更大的重视，而传统的男性理论主要研究的是领导力和控制。虽然在理论研究中存在性别偏差，但是已经得到确认的研究结果令人惊奇——情绪劳动的重要性和经历在同一种工作中的男性和女性之间没有显著差异。情绪劳动不是"女性问题"，男性也会经历同样的感受和压力。

但是，情绪劳动也的的确确是一个"女性问题"，许多需要大量倾注情感的工作都属于女性占主导地位的领域。对于这个现象，作者认为，这也许是交叉性别薪资差异被忽视造成的。交叉性别薪资差异造成了一部分持续的性别收入不平等现象。根据对一项工作描述的满意度分析，作者认为和情绪劳动相关的技能没有被认定为"真正的职业技能"，也没有被准确地支付薪酬。情绪劳动被认为是理所应当的，而不是应该被支付薪酬的。

至此，当你读完这篇序言，准备开始读这本书的时候，请做好接受新观点的准备，你在开拓的是最未知的领域。我们很早以前已经知道这个领域的粗略轮廓，并且怀疑情绪劳动是否就在我们组织里。三位勇敢的探索者——玛丽·E·盖伊（Mary E. Guy），梅雷迪思·A·纽曼（Meredith A. Newman）和莎伦·H·马斯特雷希（Sharon H. Mastracci），将带领我们走入这个意义深远的话题之中。

史蒂夫·梅纳德-穆迪（Steve Maynard-Moody）

致　谢

　　　　这本书在很多人的帮助下得以出版。最先感谢的是那些接受我们访谈的员工，通过这些访谈我们知道了他们的工作究竟是怎样的。我们感谢库克郡公共监护办公室、伊利诺伊管教局、塔拉哈西警察局的员工，他们参与到访谈、焦点小组（focus group）中，并且完成了调查。如果没有他们第一手的经验，这本书就不可能出版。在全书中，我们从他们的访谈内容中引用了许多话语来说明我们的主体。为了保护他们的匿名权，我们在引用时没有注明是从哪一处访谈地点得到的信息。

　　　　我们感谢沃伦·巴克利（Warren Barclay）和詹奈·本施（Jannah Bensch）提供了从新泽西州收集到的个人信息；感谢阿瑟·H·麦柯迪（Arthur H. McCurdy）、丹尼丝·L·霍尔（Denise L. Hall）、唐娜·L·兰茨（Donna L. Lantz）提供了俄勒冈州的数据；感谢史蒂夫·卡尔（Steve Karr）提供了伊利诺伊州的数据。

　　　　我们感谢杨胜本（Seung-Bum Yang）协助我们设计和检验问卷，并且进行分析；感谢路文绝（Wenjue Lu）协助我们分析数据和展现数据结果；感谢贝丝·纽曼（Bess Newman）转录访谈录音；感谢梅拉妮·希克斯·托齐（Melanie Hicks Tozzi）安排和组织911接线员的焦点小组活动；感谢卡伦·孔兹（Karen Kunz）协助收集伊利诺伊管教局的数据。

　　　　同样我们也感谢世哲出版社（Sage Publications，Inc.）允许我们在第 6 章中引用文献：Sharon H. Mastracci, Meredith A. Newman, and Mary E. Guy, 2006, "Aprraising Emotion Work: Determining Whether Emotional Labor is Valued in Government Jobs," 2006, *American Review of Public Administration*, 36 (2)：123-138。我们同样感谢威利-布莱克威尔出版公司（Wiley-Blackwell Publishers）允许我们在第 7 章中从文献 Mary E. Guy and Meredith A. Newman, 2004, "Women's Jobs, Men's Jobs: Sex Segregation and Emotional Labor." *Public Administration Review*, 64 (3)：289-298 中引用信息。

我们对于情绪劳动及其相关方面的理解受到了很多同事的启发，他们对我们每一章的内容进行思考并给予反馈。最感谢的是德利萨·伯尼尔（Delysa Burnier），她对于书中的内容给出了中肯的意见。

这本书的出版是团队合作的结果，我们三人共同承担工作。在工作中，我们三人彼此交流和共享想法，加深了对情绪劳动和其内容的理解。我们共同经历了许多通电话会议、开了非常多的会议、互相发了无数条信息。对于这本书的出版，我们彼此心怀感激。

玛丽·E·盖伊希望感谢她职业生涯中期的学生。这么多年来，他们反而成了她的老师，为她理解和研究公共服务打开了另一扇观察的大门。她希望这本书能够提升所有人对于劳动的理解。

梅雷迪思·A·纽曼希望将本书献给她的母亲，并悼念她的父亲，献给她的丈夫赫布（Herb），以及贝丝（Bess）与威廉（William）——他们支持她、爱她、启发她，并且一直这样做。她个人希望以此书悼念丽塔·凯莉（Rita Kelly）以及献给尼古拉斯·洛维克（Nicholas Lovrich），她衷心地感谢他们多年来的友谊、善良和指导。

莎伦·H·马斯特雷希希望将本书献给她的母亲贾尼丝·霍根（Janice Hogan）和她的丈夫托尼（Tony）。她个人感谢维多利亚·罗德里格斯（Victoria Rodriguez）对她持续的支持和鼓舞，也感谢玛丽·E·盖伊和梅雷迪思·A·纽曼成为她最亲爱的合作者和同事。

目　录

第 1 章

情绪劳动和公共服务

本书主要讲的是公共服务（public service）及如何实现公共　*3*
服务。很多公共服务工作需要人际接触，不是面对面交流就是电
话交流。人们期望驾照检查站的工作人员每天在接待第 100 位申
请者的时候，也像接待第 1 位申请者那样有最真挚的问候；人们
同时也期望那些在社会治安管理局工作的电话接线员表现得"比
好更好"。同样的，社会工作者必须关心陌生人；在计划与分区
部门工作的警察必须公平、礼貌地对待每一户令人不愉快的房
主。在飓风之后，联邦应急管理局（Federal Emergency Manage-
ment Agency，FEMA）工作人员必须与生理上和心理上受到创
伤的公民谈话。以上这些工作自然和人相关，被称为"情绪劳
动"。这样的工作如果要顺利进行，就需要人们团结、专注于任
务，在一起好好工作。完成工作非常重要，这些工作是高质量的
公共服务必需的先决条件。

在上一个时代，彼得·德鲁克就提出在未来的工作场所当
中，知识员工将逐渐增多，体力劳动者将逐渐减少。早在其他生
产部门认识到知识工作的重要性之前，公共服务组织就惯常地依
赖这种新型的员工。毫无疑问，公共劳动力就包括知识员工，而
且知识员工占大多数，他们是情绪劳动者。然而，在对政府人力
资本的讨论中一个重要的缺失就是忽视了情绪工作，或者说情绪
劳动。

长时期以来，对于有形的、可测试的技能的重视使得情绪劳　*4*
动"消失不见"了，情绪劳动涉及的常常是超越认知、身体、机

械的技能，但这些却是完成工作所必需的。结果是各机构采取了雄辩的服务言辞，使公民和工作者之间重要的交流消失了。现有的组织都强调追求科学化管理，情绪劳动直接关系到组织的目标达成，但实际情况是在组织有效性的理念中并未包含极具重要性的情绪工作。下述的采访摘录提供了很好的例证：

911 派遣员（police dispatchers）需要处理那些处于糟糕窘境的公民的电话。他们必须管理好电话那端的公民以及自己的情绪。一位 911 接线员解释道：

> 我们接的电话不是"哦，我很开心。你们做的工作非常棒"。我们和那些境况糟糕的人讲话，也许打电话的当天是那个人生命中最糟糕的一天。他们有可能诅咒和谩骂。我们不允许回骂。有些时候你很想骂回去，但是你不能。我们的工作就是得到信息然后让警察去事故、犯罪或者火灾现场。我们的工作很难。

大多数以人为服务对象的工作都是在公共服务这个领域，并且是非营利的。他们的工作和以市场为导向的工作是不同的。在另一位 911 接线员的口中，我们得知：

> 每个人听起来都像世界末日来临了一样。你工作的目标是解决其他人的悲伤或者痛苦，但是你不能消除它，因为你没有针对那个事件相关的解决措施。所以你要带着这种感觉工作和生活。

尽管情绪劳动非常紧张，但是情绪劳动也让人精力充沛。一位在公共监护办公室（the Office of the Public Guardian）工作的社会工作者告诉我们：

> 人们嘲笑我说，"你看起来总是筋疲力尽的"，但是我会对他们微笑。因为我真的相信我对这些孩子们的生命产生了巨大的作用，我好像被重新注入了活力。我的意思是，我从那些积极正面的反馈当中重新恢复了精力。

我们希望能够就公共服务领域内的情绪劳动展开一场对话，澄清并说明情绪劳动的特点、精细之处和重要性。针对这一点，本书通过与每天实践情绪劳动的从业者的交流来展示情绪工作。通过研究数据揭示情绪劳动怎样影响工作满意度，包括对工作满意度的积极和消极影响。最后我们希望通过对这个主题的讨论来促进公共服务，并解释情绪劳动如何影响人力资本。

⁵ 1.1　什么是情绪劳动？

首先，我们需要了解什么是情绪劳动。情绪劳动是两个人动态关系的组成部分：工作人员和公民之间或者是工作人员相互之间。情绪劳动和体力劳动既有相似之处又有不同的地方——二者都需要技能和经验，都服从外部控制和劳动分工。当我们试着描述这种相似之处的时候，语言会变得无力。我们可以用语言捕捉到一个或者多个方面，但是不能捕捉到全部。下面列出了情绪劳动的几个方面。有些工作涉及下述的一些项目，有些工作不涉及，而有些工作只需要涉及其中一项或几项：

- 语言柔道（verbal judo）：在执法过程中使用，来描述员工在工作过程中所使用的强硬的话语。
- 关爱（caritas）：在为人服务过程中的关爱功能。
- 扑克脸（game face）：强调在执法过程中展示强硬表情的重要性。
- 同情疲劳（compassion fatigue）：在社会工作中付出了太多的"博爱"而产生的情绪耗竭。
- 情绪管理（emotion management）：指的是工作人员展示出公民所需要的情绪。
- 职业面孔（professional face）：为工作人员披上一层盔甲，使得自己远离在互动之中的情感交流，这是一种角色扮演功能。
- 展示时间（show time）：类似于游戏面孔。
- 深度扮演（deep acting）：指的是令人信服的假装出一种情绪。
- 情绪变色龙（emotional chameleon）：能够自如地变换情绪的能力。
- 好警察，坏警察（good cop, bad cop）：也是一种角色扮演，指的是工作人员假装非常具有同情心，或者假装很强悍。
- 情绪敏感力（spider sense）：能够通过直觉感受到他人情绪的能力。
- 融洽和谐（rapport）：能够同他人建立深度理解和交流的能力。
- 情绪表现力（stage left）：指的是通过表演表达一种情绪，就像在舞台上一样。
- 情绪抑制（emotional suppression）：指的是员工需要忽视自己的感受。
- 情绪镜子（emotional mirror）：反映和吸收他人情绪的能力。
- 情绪盔甲（emotional armor）：保护自己免受自身情绪反应影响的能力。
- 情绪均衡（emotional equilibrium）：指的是保持极端情绪之间的平衡。
- 情绪稳定力（emotional teflon）：指的是保护自己免受某种情绪反应影响的能力。　*6*
- 情绪麻醉（emotional anesthesia）：缺少任何一种情绪反应，也许是长期暴露在某种情绪刺激之下引发的。
- 情绪参与（emotional engagement）：和他人接触并给予同情的能力。
- 情绪面具（emotional mask）：工作人员令人信服地抑制自己的情绪并且展示出相反的情绪，或者无情绪。
- 情绪假象（emotional façade）：表现出一种自己并没有感受到的情绪的能力。

就像上述列表所展示的那样，情绪劳动有很多方面。尽管一些工作者可以披上情绪盔甲，忍受情绪耗竭，另一些工作者却不能。尽管一些员工面对工作对象精力充沛，但是另一些员工却觉得无能为力。一些员工对于抑制自己的情绪轻车熟路，另一些则在开展和谐融洽的关系和情绪参与方面非常出色。基于上述事实我们提出了如下的观点：情绪工作就像认知工作一样，是属于单个个体的工作。情绪工作是一种技能，并且具有个体差异。

定　义

任何关于情绪劳动的定义都始于社会学家阿莉·霍克希尔德（Arlie Hoch-schild 1983）影响深远的工作。霍克希尔德使用这个术语表示"管理个人情感来创建公众可察觉到的面部和身体姿态"，目的是在他人心目中形成某种印象；"情绪劳动是需要被支付薪酬的，因此情绪劳动具有交换价值"（Hochschild 1983，p. 7）。情绪劳动是"在社会交换过程中的一种姿态；情绪劳动具有某种功能，但是仅仅因为个人特点不同而不被理解"（Hochschild 1979，p. 568）。换句话说，工作人员为了完成工作必须有所表现；情绪劳动是劳动形式的一种表现。

相关术语

与情绪劳动定义相关的有两个术语。第一个是"情绪工作"（emotion work），霍克希尔德对情绪劳动和情绪工作进行了区分，他认为情绪劳动是雇主和工作本身所要求的行动，这也是情绪劳动的特征。与情绪劳动不同的是，如果要进行情绪工作，个体必须扩大情绪劳动。两者之间的差别很微小，在本书中，您将进一步体会到不同的用法。

7 情绪工作成为一条社会法案，"一手买入，一手卖出"（Hochschild 1983，p. 118）。情绪劳动需要员工抑制私人情感以展示工作相关的"适合"的情绪。换言之，其关注点是如何展现出某种可以像商品一样买卖的情绪。也有人认为情绪劳动是一种听命于他人的工作。此外，情绪工作是受自己支配的情绪劳动，是指在自己的意愿下表现的情绪劳动（Tolich 1993）。其中的差别在于谁控制绩效。如果是由雇主控制的，那么就是情绪劳动；如果绩效是员工自主的选择，那么就是情绪工作。我们在第 8 章中检验了员工的反馈，结果显示情绪工作能够使员工精力充沛，并且赋予工作以意义。这些发现表明情绪劳动和情绪工作是多维度的现象。

第二个术语是情商（emotional intelligence），是指管理自己情绪和体察他人情绪的能力。关于这种智力的知识可以用来控制行为。和认知智力相同的是，情商是有层次的。举例来说，抑制或者管理个人的情绪需要成熟的技能水平，这些技能中与核心竞争力相关的是自我意识、自我控制、共鸣、积极聆听以及解决争端和同他人协调的技能。

1.2　情绪劳动与认知工作

认知技能和情绪工作技能是影响工作绩效的两个既有联系又有区别的维度。前者包括将事实性知识应用于问题解决的理智分析和理性决策制定。后者包括在情绪表达过程中的分析和决策制定，比如实实在在地感觉到了某种情绪，但是却抑制这种情绪，不表现出来。具体来说，情绪劳动在工作人员和公民交流的过程中产生，需要迅速执行：

● 情绪感应（emotive sensing），指的是发现他人的情绪状态并且用感受到的他人情绪状态的信息来决定自己如何应对。

● 分析自己的情绪状态，并将其比对他人的情绪状态。

● 判断不同的应对方式将如何影响他人，并选择最优应对方式。

● 行动，比如一个工作人员抑制或者表达一种情绪，以便展示出令他人满意的回应方式。

总的来说，在工作人员和公民的服务交流过程中，需要工作人员准确感受公民的情绪，然后决定是否、何时、如何表现自己的应对方式。如果忽视了这种分析、影响、判断和交流的话，无异于忽视了能够促进人际关系表现恰当的反应和确保人际互动有建设性的"社会润滑油"。

情绪工作经常被认为是关心他人和在乎他人的工作，因而一直以来被认为是女性自然而然应该做的工作。由于被认为是女性该做的工作，导致情绪工作没有被纳入工作描述当中，也没有被支付薪酬。情绪工作更多地被认为是许多工作的附属品，而这些工作大多数是女性从事的。这样的观点实在太狭隘了。警察和监狱守卫也会告诉你他们每天参与了情绪工作，但是在另一个极端上。他们的工作需要板着一副"扑克脸"，而不是关爱和温柔，为的是表现得比他们本身更强悍，并且对违反者使用"语言柔道"。情绪劳动的极端情况没有被写入工作描述。只有认知技能被列出来了。这是为什么呢？

1.3　作为工作的情绪劳动

普遍意义上被接受的工作的概念几乎没有被检验过。这样的忽视已经成为它自己的紧身衣，因此这导致了情绪劳动未被视为任何形式的劳动，也就比不上体力或者认知性的劳动。这种认识被四种观点支持，每种观点都隐藏了情绪工作，而不是揭露情绪工作。

第一，公民服务工作包含一个前提，即在正式的工作描述中需要包括具体而明确的工作元素。尽管多年前改革已经实施，但是什么构成、什么不能构成"技能"还停留在传统的实证泥潭之中——如果工作元素明确且可测量，则这项技能存在；反之，则该技能不存在。

在工作描述、绩效评估、奖励系统中关于情绪劳动技能的缺失导致情绪工作的价值大打折扣。作为对比，我们缺乏对情绪劳动的关注，同时也很少关注反对测量的社会科学。19 世纪下半叶，社会科学、政治科学、心理学领域在计算机的帮助下获益良多。越来越多令人信服的数据收集和数据分析使得社会科学家们几乎仅仅关注那些能提供实证观察和数据的变量。研究者们被这种思绪困住了，以至于发现他们自己在随波逐流，只是测量可以计数和可以观察的变量。在人力资源（HR）圈子中，这股风潮体现在"客观地"定义技能、知识和能力；用实验和测验来评述技能、知识和能力；编写李克特绩效评价量表，使其成为管理者"公平客观"地评价每一位员工绩效的工具。这样的量表本身就是使定性的工作内容"客观化"的工具。

第二，科学管理阐述了组织的结构元素，结构元素又被组织的从上到下的命令—控制结构所强化了。组织结构让我们像可更换的零件一样对待员工，认为他们的贡献是清晰的、是由列举出来的职责所产生的绩效带来的。在我们的脑海里，关于工作分类的认识包括理性的劳动分工、官僚控制、绩效标准、基于科技竞争力的选拔和晋升、正式的记录和交流沟通，这些认识已经根深蒂固了。唯独关系性的工作内容不在知识、技能和能力列表（KSAs）当中，其被认为只是一种必要的要求，应该属于"建立和维持良好的工作关系"这一要求。

依照科学管理的工程方法，清晰界定的某种工作是由一个个任务集合在一起形成的。编写工作说明是为了使工作剔除个性化的内容，并使之与人分开。这样做之后工人就被看成是可以交换的零部件，具有 X 技能的员工可能从事任何具有 Y 要求的工作。必然的结果就是只有工作说明当中的内容才是可观察的、可描述的。这样做确保了去个性化，并且保证了评估是可观测的，避免了种族、年龄、性别或者其他使员工相区别的偏好。这样的做法也保证了任何与这些劳动相关的、随工作而来的关系性的因素都不能被识别和被支付薪酬。以"客观的"方式形成的任务元素和绩效评估符合产业的标准，但是不符合服务要求。举例来说，假设有一则招聘广告如图 1—1 所示。这则广告的内容与我们平时的招聘广告相比，有一些滑稽可笑，原因在于它强调了工作的情绪需求。

机动车辆部门
空缺职位：服务代表
招聘顾客服务代表。必需技能是微笑，具有每天与他人快乐互动的能力。还需要具备安抚沮丧的顾客和重复提供关于驾照的相同解释的能力。除此之外的工作需求包括操作办公设备，存取电子信息数据库以及数据录入。

图 1—1　如果一个招聘广告内容是这样的怎么办？

第三种观点是所谓的"市场价值"，即对价值的文化理解的简短表达方式。市场价值使我们忽视了以文化为基础的假设。举例来说，在 19 世纪之前，妇女担任政府里的职位是不可想象的（Van Riper 1976）。随着时间的推移，只要她们不从男人手里拿走收入，女性担当店员也逐渐被接受了。再后来，女性速记员十分受欢迎，因为她们有能力在办公室里发散出独特的魅力，使人心情愉快，并且很讲礼貌（Kanter 1977），所有这些现在被认为理所当然的做法，都是公民和政府打交道过程的初期形式。但是因为这些特性是作为附属品引入工作场所中的，所以经常被认为对于工作绩效和薪酬是无关紧要的。

第四，城市化和工业化意味着家庭和工作一分为二，每个领域产生了各自不同的行为表现。家庭变成了从工作场所的去个性化中逃离的庇护所。这种培养和支持情绪劳动并且同时进行体力劳动的理念，曾经在家庭农场上出现过，但根据工作的定义现在已经消失了。取而代之的是"正式"工作职责的范式。关系性工作被定义出局了，因其与手边的工作不相关。工作和工作描述的关注中心是明确的市场产品或者服务的生产。调节生产过程和产生积极关系的行为，即团队感和解决争端的方式，不能简单地成为数量化元素，因此这些行为被视为无关的，尽管玛丽·帕克·福利特（Mary Parker Follett）曾经谈及这个问题（Newman and Guy 1988）。

这四种认知强化了什么是、什么不是真正的工作（real work）的概念，于是情绪劳动就"消失不见"了。即使情绪劳动发挥了最好的作用，却也只能像优美的背景音乐一样不被重视。公民们不会了解，情绪劳动能够促进互动，引发适宜的回应，从组织的角度提高生产率，从公民的角度达成交流的目标。情绪劳动在需要积极互动的工作中作用最为显著，比如社会工作者、接待员、公共卫生护士、柜台接待员和公共学校教师。情绪劳动在需要"消极"互动的工作中也是必不可少的，比如说警察在敌对环境下需要自主性和控制权。要想做好这些工作，雇主需要雇用那些具有体验派表演技能的人，这些人能够像演员表演一样唤起情绪。

需要情绪技能的工作者每天都要像登台表演一样管理自己的情绪，判断公民的情绪反应，塑造行为以便展示出适宜的反应。尽管午休和工作日末尾允许工作者脱离开舞台，将表演抛在脑后，但是一天中的其他时间则需要他们表演。当然，工作中也需要认知技能，但是如果没有情绪技能的协作，认知技能就不能有效发挥作用。在所有情绪技能当中最重要的当属及时关心他人和对他人施以同情。

1.4　关　爱

关爱这个词最早是从护理学领域中借用过来的，是指非常多的关心，从文献中我们可以发现关爱可以建立公共服务与面对面交流之间的联系。名誉护理理论家玛莎·罗杰斯的工作充满了关爱，她认为关爱是医患关系中重要的组成部分。类似地，在政府工作人员和公民的交流过程中，也有相同的论述。罗杰斯相信"希望、幽默、乐观的态度"在医疗上经常比药品更有效（Martha Rogers 1994 [1990]，p.248）。进一步讲，她做了技术和人际互动的区分，"机器不能提供人工服务……但是，当被明智地并且经过判断地使用，机器也能成为实践中有用的助手"。她解释说，机器的使用需要从业者"致力于服务他人，用他们的关心去关注他人的世界，具有良好的社会回应性"（Rogers 1994 [1985]，p.289）。

公共服务的历史从相反的方向发展。对纯粹的管理职能（计划、组织、安置职工、指挥、协调、报告、预算）的强调，使得管理工作的元素长期以来一直关注的是做"事情"。但是，近期的例子说明只做"事情"，不表达关爱和关心，会削弱公众的信心。例如，鲁迪·朱利亚尼（Rudy Giuliani）市长在 2001 年世贸中心遭袭击之后的日子里以其怜悯之心和领导能力成为了纽约市的英雄。相反地，小布什政府在 2005 年卡特里娜飓风来袭之后表现不力，成千的联邦官员没能够在营救过程

11

8

中表现出对受灾者的同情，从而受到公众批评。

体力劳动和情绪劳动是相辅相成的，具有协力优势。二者不能够相互替代，其中之一未完成就不能完成任务。作为一个名词，关爱指的是关于协助、支持或者关注他人之需的行为过程中的抽象和具体的现象，其目标是改善人类的处境。作为一个动词，关爱指的是前述的行动。有效的关爱需要具体情况、公民需要和政府回应三者之间的一致性。

12 　　情绪工作对工作者的作用是什么？除了情绪结果之外，哪些因素激励个体在寻找工作？情绪劳动在多大程度上促进员工的工作生活和工作满意度？研究者已经发现情绪劳动对幸福感的作用取决于工作自主性，那些具有高度自主性的员工比具有低度自主性的员工报告出更低的消极的情绪劳动影响（Ericson 1991）。其他的研究发现情绪劳动和工作满意度之间具有积极的相关性（Ashforth and Humphrey 1993；Wharton 1993）。这说明情绪工作有收益，比如说在人际交往中降低压力。这些章节在公共服务背景下提出问题，供你在不断思索中发现问题，并且了解更多关于情绪工作的微妙之处。

1.5　关于情绪工作的访谈

情绪劳动的定义多种多样，包括"管理情绪来展现公共场所所需的面部表情和身体姿势"（Hochschild 1983，p. 7），"在人际交往中努力展示、计划和控制需要在组织中展现的情绪"（Morris and Feldman 1996，p. 987）。无论定义如何，情绪劳动是基于公共服务的，在人际交往中是一种不可见但又非常重要的元素。人们对公共服务质量的评价取决于政府和公民动态的交流过程。在公共服务管理的相关文献中，也提供了服务部门对情绪劳动的重要性的理解（Bowen，Chase，Cummins，and Associates 1990；Bowen and Schneider 1988；Brown，Gummesson，Edvardsson，and Gustavsson 1991）。

如果我们想理解和评价在服务过程中交流的机制的话，扩大工作范式是必需的。为了弥补理解公共服务的缺陷，我们揭示了在执行服务的交流过程中情绪工作的重要性，情绪工作的重要性通过大规模地对公共部门工作人员的研究结果呈现出来。基于访谈和焦点小组访谈，你将了解到社会工作者，例如 911 接线员、管教员、侦探、保卫员等用他们自己的话来描述自己的工作。这些访谈的结果分散在本书各个部分。访谈数据从三个部门收集而来，分别是一个市县区的办公室，即库克郡公共监护办公室；一家州立机构，即伊利诺伊管教局；一个市属的警察部门，即塔拉哈西警察局 911 电话派遣中心。

我们运用访谈和讨论组两种方法，目的是理解情绪工作和了解工作人员叙述工作经验的过程中会提及哪些主题。访谈问题如表 1—1 所示。访谈和焦点小组均使用一对一形式。访谈在轻松平等的环境下进行，工作人员用自己的话叙述工作经历。工作者对情绪工作起初并不熟悉，但随着访谈的深入，工作者表现出自己对情绪工作的理解。

表 1—1　　　　　　　　　　　　**访谈问题**

1. 你在工作中每天都做些什么？
2. 工作环境如何？
3. 你需要在工作中建立关系吗？
    a. 描述你是如何建立关系的？
    b. 和谁建立关系，管理者、同事还是当事人？
4. 你需要在工作中建立融洽的氛围吗？
    a. 描述你是如何建立融洽的氛围的？
    b. 和谁建立融洽的氛围，管理者、同事还是当事人？
5. 你需要在工作中管理情绪吗？也就是说管理你自己的情绪并且服从于他人的情绪。
6. 日常工作中的压力有哪些？
7. 处理压力的过程中需要哪些情绪？
8. 你怎样处理工作在情绪方面的问题？
9. 你觉得你的工作和其他职位相比所承受的压力和所需要的情绪要求是更多、更少还是相同？为什么？
10. 有没有一个具体术语或者词汇来描述你如何处理呼叫者的情绪这件事？
11. 你为应对工作压力做了哪些准备？
12. 你是否在每天工作结束的时候觉得筋疲力尽？
13. 一天辛苦又疲劳的工作之后你如何放松自己？
14. 你工作中最困难的事是什么？
15. 你工作中最有意义的事是什么？
16. 工作压力是否影响你的个人生活？
17. 在应对你工作中的压力的时候，你是否有一个词语来描述你的痛苦情绪？
18. 每种职业都有自身的幽默的减压方式——比如说适当的自嘲——这是种情绪的释放。这对你来说是不是一种释放压力的方式？

我们对访谈内容进行录音和整理并在全书中提供引文来解释关键要点。工作者的实际工作经验说明了情绪工作的本质以及如何做好情绪工作。这些信息只能通过工作者的话来理解。通过访谈和讨论组我们辨明了方法，并且区分研究数据中不明显的差别。工作者也帮助我们对后续使用的统计分析进行推论。在访谈和讨论组之后，进行了对公共监护办公室和管教局全体员工以及全体 911 接线员的调研（见附录 A）。

接下来的部分描述了每个研究地点的情况，解释了各个部门的工作性质、访谈和调研了哪些员工。访谈和讨论组的数量足以达到数据饱和，也就是说，我们在每个部门都进行了足够的访谈，能够了解到情绪工作的各个方面。

1.6 "每天一百万个危机"：伊利诺伊州库克郡公共监护办公室

我们的第一个研究部门是位于伊利诺伊州的库克郡公共监护办公室。这个办公室存在的意义是为那些无人照料的儿童和弱势成人提供合法的监护。公共监护办公室的使命是"不懈探索，为当事人提供资质、勤奋、正直、专业和理解，以提升当事人的生活质量和尊严。提供给法官和对手以名副其实的尊敬、尊严、公信力和礼貌"[1]。

我们的政府机构有多少会在陈述使命的过程中加入包括类似"不懈探索"、"对手"这样的词呢？有多少会强调"名副其实的尊敬、尊严、公信力和礼貌"呢？更少有组织会在使命陈述中兼顾工作和组织精神，也极少有组织的使命能够被成员所理解，并将其作为自己工作的驱动力、激情和存在的理由。

库克郡公共监护办公室的雇员都是官员和技术专家，他们对组织的理念有共同的理解。更多的雇员是改革者，他们在达成使命的过程中加深了对自己的理解，这份工作更多的意味着他们的职业，而不是他们的薪水，因为大多数雇员去私人公司工作都能挣更多的钱。近些年来，尽管外界环境剧烈变化，但是这种变化却固化了公共监护办公室成员对组织、组织使命和当事人的贡献。这种变化也促成了对公共监护办公室这个独特的政府机构的描述以及其领导、工作和劳动力的描述，还有外界环境变化带来的一些后果。所有这些变化也正是本项目和公共监护办公室互动的原因，我们这样做是为了检验与工作相关的情绪管理需要。

当弱势公民不能自己做决定，当家庭成员不能或不愿意这样做，或者当没有家庭成员的时候，政府必须调解这种情况。当父母不能照顾孩子的时候，可能因为父母虐待孩子，或使孩子暴露在危险当中，或者对孩子疏于管理；也可能是因为父母被监禁，或长时间卷入孩子监护权的纠纷当中，孩子会被送出原来家庭。父母出现监护权纠纷的时候，没有人能够从孩子的利益出发，做出无私的决策。在公共监护办公室系统中，被看护中的孩子不能被看作是合理决策主体，因为孩子所处的环境决定没有父母或者合法监护人能够照顾孩子的饮食起居、教育、医疗卫生需要。此外，孩子不是唯一的在这种条件下易受影响和易受危险的人，成人也有可能变得无力和脆弱。阿尔茨海默病使老人生活不能自理，慢性病、严重的精神疾病能够阻止任何年龄的成年人做出正确决策或者以利益最大化的原则去行动。

在司法系统中，政府介入来保护不幸的公民，并且在个人的选择不被接受时管理他们的事务。法官为某一诉讼指定律师担任诉讼监护人（GALs），从弱势群体利益出发进行决策，以使他们过上尽可能正常的生活。在库克郡，保卫者全部由政府雇员担任。这体现了库克郡深思熟虑的承诺，在这一点上库克郡和美国其他地区的公共监护政策完全不同。在其他地区，法院为委托人指派私人部门的合法保卫以及法院指派的特殊辩护律师（CASAs）。事实上，公共监护办公室是唯一采取这种形式的部门（P. T. Murphy, personal communication, August 13, 2004）。

伊利诺伊州的库克郡有将近 60 个部门，广泛包含多种政府活动和服务，包括司法长官办公室、布鲁克菲尔德动物园、库克郡医院、芝加哥植物公园。库克郡以其 1 000 平方公里和 530 万人口成为美国面积第一大郡和人口第二大郡。库克郡不仅有和罗得岛州一样的面积，它的公民人口总数超过 125 个国家。库克郡在美国国内具有民族和经济上的多样性。从管理的角度上讲，库克郡比很多州的管理幅度都大：它是美国国内最大的 20 个政府之一，具有最大的刑事司法系统以及第三大公共医疗卫生系统。此外，芝加哥作为美国第三大城市，仅仅是库克郡的 133 个自治市之一。[2]

可以这么说，伊利诺伊州库克郡的情况与我们的研究相关，并且吸引着我们的注意。除此之外，库克郡在服务和保护弱势公民方面不同于国内其他公共部门管理实体或者保卫机构。这个特殊机构的建立、发展和未来愿景，得益于其创始人和长期领导者——帕特里克·墨菲（Patrick Murphy）。

1978 年库克郡新成立的小部门里发生了一次腐败丑闻，于是管理者吉姆·汤普森（Jim Thompson）临时任命一位有魅力、有理想的年轻律师到公共监护机构来陈述他对所在部门良好管理的承诺。在丑闻结束之后，这位律师帕特里克·墨菲，本来只是被安排做三个月的领导工作，但事实上墨菲的任期却是相当长的。在墨菲长达 26 年的职业生涯中，他一手建立起了公共监护办公室，当年只有包括律师、社会工作者、助理在内的 6 个雇员——现在的状态是有将近 300 名雇员，半数是律师，服务超过 15 000 名当事人。如果说墨菲在他的岗位上对上级管理者充满感激，那就错了：墨菲不仅研究机构的预算配置，并且还要向管理者追要经费。墨菲和传统意义上的委派者并不相同，他办事利落，从来不会目中无人地说"政治家不能把我们怎样"（P. T. Murphy, personal communication, August 13, 2004）。他建立起的办公室树立了这样一种声誉：为公民辩护，常年致力于提供勤劳的服务工作。这种声誉使得公共监护办公室能够大胆地前进，不惧怕郡或者州一级的政治掮客造成的异常偏袒或者政治交易。

办公室被墨菲的领导力和远见所塑造，因此我们听到"公共监护办公室"和"帕特里克"在多个场合几乎表示同一个意思，甚至说"我来为帕特里克工作"能够代替说"我来为公共监护办公室工作"。通常这样的组织会因为长期领导人离去而遭遇机构危机。在他长期领导公共监护办公室之后，为了应对库克郡在对巡回法庭管理上的一个疏漏（将在下文中描述），墨菲去库克郡巡回法庭担任法官。但是事实证明，公共监护办公室员工对于他们的组织是忠诚的，墨菲对公共监护办公室的管理使其成为了具有弹性的组织，新任领导者——罗伯特·哈里斯（Robert Harris）同样具有十足的领导力，自从 2005 年 1 月 1 日上任后就能够准确无误地领导这个机构。

公共监护办公室的工作类型和员工类型

公共监护办公室半数员工是律师，他们担任法律顾问并且为处于抚养中的孩子和被卷入监护权纠纷的孩子担任诉讼监护人。除了律师之外，公共监护办公室的员工还包括大概 24 名律师助理和接待员，一些社会工作者或者说公共监护辩护律师（PGAs）和调研员，一些支持性员工，诸如计算机技师和管理者。另外还有一名健康顾问和一名精神病医生为法庭和当事人服务。律师助理帮助律师分担一些案件压力。调查员和公共安全辩护律师对抚养家庭进行实地调研，跟进安置问题，与其他人和机构保持联系以便了解当事人的情况，其中包括了解精神健康专家、诊所、护理所、学校、观察员和物质成瘾治疗设备等情况。支持性员工、管理者和行政人员包括在商业区或者在罗斯福大街建筑里的前台接待员、管理诉讼监护人并且自己没有待处理案例的律师、监督管理公共监护辩护律师的社会工作者。

公共监护办公室雇员的受教育水平很高。大约半数雇员有法学学位，办公室的声誉远扬，吸引了国内顶级法律学校的应聘者，包括芝加哥大学、乔治城大学、伯克利大学、哈佛大学、斯坦福大学。根据问卷调查的结果显示，55.4％的被调查者具有法学博士（JD）学位。调查员和公共监护辩护律师需要至少有学士学位。根据调查结果，12.2％的公共监护办公室员工大学毕业，5.8％的员工有研究生学历，10.1％的员工已经拿到硕士学位。只有1.4％的公共监护办公室雇员高中毕业。这样的数据显示公共监护办公室的受教育水平高于其他公共部门。

库克郡公共监护办公室也是一个女性占多数的组织：员工中3/4为女性。超过一半的员工是白种人，非洲裔美国人占了较大比重（约为31.9％），另外西班牙裔也占了10.1％。大多数员工都在职业生涯的早期，公共监护办公室是他们的第一个雇主：超过2/3的员工在25～39岁之间，过半数员工加入公共监护办公室之前没有过工作经验。1/4的员工在公共监护办公室的时间已经超过10年，这也就意味着很多律师一从法律学校毕业就开始在公共监护办公室工作。年龄分布集中在30～35岁。

主要的工作类型包括律师或者诉讼监护人、律师助理、社会工作者和调查员以及支持性员工。公共监护办公室的律师兼做法律顾问和诉讼监护人，他们通常在法庭上代表当事人的诉求，并且一般来讲决定其诉求。在他们诸多责任当中，公共监护办公室律师被要求保持和十几岁的当事人的联系，告知其案件进展情况，每月看望至少15个被领养的孩子，同领养父母、治疗专家、社会工作者一道紧密合作，深入当事人的生活。律师助理每个月必须探访至少15个安置点，除此之外还要记录案件各个方面的信息，他们必须为听证会准备材料并且为多个律师服务，这些律师的当事人有些时候需要与之交谈。调查员和社会工作者与当事人之间的互动稍少，但是当有危机发生时，他们经常参与事件检查小组（Incident Review Team，IRT）。调查员需要提供传票、调查时间，用书面描述和照片记录时间，然后在法庭上作证。社会工作者需要进行家庭探访，访谈当事人和其抚养人，并且汇报当事人的身心健康和幸福程度。

在工作中，每位员工都必须对每个案例的各个方面进行详细具体的记录。所有当事人交流过程和文件记录都必须执行最严格的保密标准，因为这属于机密并且是律师—当事人特权。如果员工没有严格保密，或者没有详细记录细节，都可能会影响当事人的案件，或者是推迟当事人从饱受虐待的家庭中离开并被安置到其他家庭，或者被一个好的家庭领养的时间。他们的工作几乎不允许有一点儿差错。

文化和士气

在公共监护办公室工作不适合那些没耐心、很容易就泄气或者需要固定时间表的人。公共监护办公室在家庭运作良好时不会进行调解。同 911 接线员一样，公共监护办公室只有在某些事情出现差错，准确地说是大错特错的时候才参与其中，这些事情的后果可能危及生命。作为公共监护办公室的雇员，都会认识到他们工作的重要性：超过 93% 的被调查雇员经常、通常或总是认为"他们的工作是有意义的"。仅有 10% 的人经常、通常或总是认为他们的工作很普通，不过是"浪费时间和精力"罢了。大多数雇员（51.8%）经常、通常或总是从工作中获得"个人成就感"；54% 的被调查雇员"切身感到他们的工作创造了价值"。但这并不意味着他们没有感受到工作压力。调查结果显示大概 1/4 的公共监护办公室雇员认为很少或者从不"考虑换工作"，13.9% 的雇员经常考虑更换工作，总共有 25.5% 的雇员考虑过更换工作。

　　任务塑造了公共监护办公室的结构。高级律师给经验不足的律师以指导，事件检查小组对个人予以指导，但是公共监护办公室几乎不存在明确的上下级区分。整个组织形式是由机构功能决定的。

公共监护办公室的情绪工作特点 　*19*

　　处理儿童、青少年以及老年人的当事人工作使得公共监护办公室经历"每天一百万个危机"[3]。这些危机包括当事人生活状况的急剧下降，可能是在长期抚养群体家庭或者收养家庭当中的生活条件下降；或者是在学校的纪律问题或者触犯了法律；抑或是抚养人的问题，比如虐待当事人、滥用某种物质或者其他危险情况；也可能是得病或者负伤；也可能是家庭探访问题。只有当发生上述情况时，事件检查小组才会介入案件，但是律师只有当情况好转的时候才能看到他们的当事人，社会工作者和调查员历经一个又一个危机。在压力如此大的环境下工作，一些对调查员和公共监护辩护律师的情绪管理需求在其工作描述的"字里行间"可以体现出来。调查员在执行任务过程中需要"在获取信息过程中采取创造性的方式；锁定目击人和当事人；对目击人和当事人进行广泛的访谈；能够承受手头存有大量未处理案件、多重任务、不断提交工作结果的压力"（Job Description for Investigators, Office of the Public Guardian）。社会工作者和调查员被要求"单独访谈当事人……在访谈过程中需要根据每位当事人的年龄和理解水平注意用词和礼仪，并且避免引导问题"（Cook County Public Guardian Interview Form ［revised 2/02］）。

　　尽管当危机发生的时候，诉讼监护人不需要和当事人在一起，但是他们常规和不断进行的与当事人之间的大量交流促成了具有压力的工作环境，这需要他们扮演许多角色。"作为未成年人的律师，诉讼监护人需要展现未成年在法庭上的意愿。作为某一个诉讼指定的初级律师，诉讼监护人需要在法庭上展现他认为的符合未成年人最大利益的一切"（Job Description for Attorney and Guardian *ad litem* Ⅱ ［GAL Ⅱ］, Office of the Public Guardian ［revised 11/2/99］）。诉讼监护人不仅需要管理超过 300 个案件，并且需要定期制定决策，以塑造其当事人的幸福感。诉讼监护人也同样需要"在法官、听证官以及行政法律官员面前进行有效而专业的辩护；进行谈判和促进讨论……来解决问题；并且向不同群体的当事人、员工、律师

14

和其他专业人员通过交谈、电话和信函等方式提供信息和进行交流"(Job Description for Attorney and Guardian *ad litem* Ⅱ〔GAL Ⅱ〕，Office of the Public Guardian〔revised 11/2/99〕)。

20 对社会工作者、律师和调查员的情绪管理要求非常高，因为这些人必须在同年少的当事人、他们的生父生母、他们目前的抚养人、其他治疗者、社会上的工作者、学校老师、法官、健康看护员进行交流的同时，管理好繁重的工作。而这些人可能与律师本人相比，具有截然不同的背景。律师、社会工作者或者调查员在听到当事人向其报告遭到虐待、忽视或者处境危险的时候，不能表现出震惊或者是痛苦；他们必须博得当事人的信任，以获得相关的当事人处境的信息。要是再加上一个律师在处理多个案件当中所进行的家庭探访、事件检查、听证会等工作，你就会明白公共监护办公室的雇员所面临的情绪管理要求有多高。

公共监护办公室的员工在 2003 年 10 月经历了一次危机，这次危机加重了他们的工作压力，但却激起了他们对组织的承诺和对彼此的信任。2003 年 10 月 17 日，星期五，下午 5∶00 左右，在芝加哥商业区华盛顿西大街 69 号的库克郡行政大厦发生了一起火灾。一般情况下，星期五下午 5∶00 大厦里应该没有工作人员了，但是事实上库克郡公共监护办公室里，还有几位工作人员如往常一样在加班。[4]当时的撤退信息令人迷惑，各种不同的消息互相矛盾。公共监护办公室的人根据撤离到楼梯井的信息从 7 楼开始向楼下走，但是走到下一层发现门被锁了。更糟的是，尽管楼梯井起着导出火灾烟雾的作用，但是这栋大楼里的楼梯井却把烟雾都聚在了里面。当时没有人知道楼梯井里锁着人，甚至也没有人知道门被反锁了，但是随后有人惊慌地拨打电话说明了情况。在那场火灾中共有 6 人丧生，其中有 3 人是公共监护办公室的长期雇员。

在接下来的几周和几个月里，帕特里克·墨菲多次上电视来回答问题。为什么楼梯井从里面反锁了？为什么救生员没有发现在楼梯井里的人？为什么撤退信息如此令人迷惑？谁为这些工作人员的死负责？与此同时，本来已经十分拥挤的罗斯福大街办公室需要为商业区仍然在岗的雇员腾出地方，那里是他们工作的地方。要修复商业区办公室里的烟熏、烧损、水管损坏需要几个月的时间。

就像亲戚之间在危难之时对家人敞开大门，律师也一样，他们共享办公室，支持性的员工共享隔间，所有人共享计算机。在团结协作的公共监护办公室里，所有信息都被共享，包括在哪里停车、去哪里找午饭吃、如何平衡手头没处理好的案件以及说明当事人的危机。之前的某一段时间，一些在罗斯福大街大厦里的人羡慕商

21 业区办公室的雇员，因为他们工作压力比较小，而且貌似当事人的数量也比较少。按照他们以往的分工，青少年和家庭关系在罗斯福大街被管理，而成人和房地产问题在商业区处理。有些在一个办公室工作的人从来没见过在另一个办公室办公的人。在事故发生后几个月的空间分享过程中，组织里互相尊敬和合作的氛围愈加增强。大家团结在帕特里克周围来解决某个人致命的错误。

当商业区的大厦重新开业的时候，人们为纪念在那次火灾中遇难的雇员举行了一场活动，下述文字随后在公共监护办公室的网站上出现（Cook County Public

Guardian，n. d.）：

> 10 月 17 日发生的悲剧事件让我们悲痛欲绝。我们深切缅怀在华盛顿西大街 69 号库克郡行政大楼里，在大火中吸入烟雾而不幸丧命的同事。萨拉·查普曼（Sara Chapman），38 岁，是公共监护办公室家庭关系部门的一名律师。她把生命中整整 10 年的时间都奉献给了办公室，为了孩子们的权利勤勤恳恳地辩护。莫琳·麦克唐纳（Maureen McDonald），57 岁，是一名退伍 20 年的军人，他在库克郡公共监护办公室帮助记录被监护老年人的财务和资金安排。约翰·斯莱特（John Slater），39 岁，在公共监护办公室家庭关系部门工作了 8 年。他热心地为每一位当事人辩护。上个月他刚刚拒绝了一次晋升机会，因为他不想失去与他所服务的家庭之间的联系。

要想夸大公共监护办公室员工对组织的激情和奉献精神是很难的。这个办公室的独特之处，加上员工每天常规工作的情绪管理需求，再加之火灾遇难事件和巨大的组织变革，使得公共监护办公室成为了检验情绪工作的理想对象。

公共监护办公室的日常工作主要涉及执法调查、社会工作及客户宣传。因此，这里需要一种平衡，以男子汉文化所包含的坚毅情感补充公共监护办公室所承担的仁慈功能，比如管教。所以我们选择的第二个研究单位是一个国家机构——伊利诺伊管教局。2005 年的春季，我们访谈了几位该部门的官员。

1.7 伊利诺伊管教局

管教局（Department of Corrections，DOC）的使命是通过监禁和监管系统，使得犯罪分子与公众隔离，保卫公众不受犯罪分子的侵害，确保犯罪分子拥有宪法所赋予的权利并坚持一些项目来促进犯罪人员成功地再次进入社会（Illinois Department of Corrections Fiscal Year 2003 Annual Report，p. 1）。

和其他公共服务机构一样，这个部门的工作也比简单地看其部门使命要复杂得多。一些员工告诉了我们原委。除了在斯普林菲尔德的总部办公室，伊利诺伊全州共有 76 个分支机构，其中包括 27 个管教中心，7 个因犯劳动营，2 个训练营地（boot camp），8 个成人拘役中心（adult transition centre），8 个青少年管教中心（juvenile institution）和 24 个假释办公室。管教局容纳了 46 103 位成人和青少年囚犯，监管大约 34 572 名成人和青少年假释犯（Illinois Department of Corrections Data，June 30，2005）。这家机构提供了数以百计的项目和服务来改造罪犯，其中包括教育、职业和生活技能训练及药物成瘾治疗项目。无论何时，伊利诺伊监狱总有超过 25 000 名罪犯需要某种形式的毒品干预，包括全面医院治疗（Illinois Department of Corrections Fiscal Year 2003 Annual Report，p. 3）。该机构 2005 财年的预算惊人地达到 1 207 504 626 美元。2005 年 6 月 30 日员工共计 22 988 人（其中包括一般受益基金员工 13 670 人；成人保安员工 8 427 人；青少年监禁员工 891 人）。

组织风气

伊利诺伊管教局的工作可不是缺乏勇气的人能胜任的。伊利诺伊州的犯罪人数从 1994 年的 36 543 人增长到 2003 年的 43 418 人，增长接近 19％。另外还有33 702 名犯罪分子在强制性监管释放中。截止到 2003 年末，成人罪犯数量超过该州额定容纳能力的 38.2％（Illinois Department of Corrections 2003 Statistical Presentation）。到 2010 财年，预计罪犯人数将增长至 48 513 人。如此拥挤的情形恶化了已经高压的环境，特别是在机构处于预算缩减状态，更少的员工要对更多的罪犯负责时，在这个部门工作是十分危险的。个人的人身安全危险是典型的职业危险。根据最近（2003）的年度报告，人身侵害者（主要是谋杀、武器、殴打攻击）以及性犯罪者约占监狱人数的一半；毒品犯罪者大约占 25％。监狱人满为患加重了危险系数。

与罪犯人数逐年增长同时发生的是，"管教是整个国家雇佣人数增长最快的领域"（Quinn 2003，p. 281）。管教局面临的最大挑战是招募和留任高素质的员工。但是，在管教领域受教育程度高的员工对工作不满意的程度也高（Quinn 2003）。调查同样证实了这个结果。一位被调查者写道："在得到斯普林菲尔德伊利诺伊大学的学位之后我在同一个岗位上工作了三年。我拥有大学学历，应该有更多的机会得到晋升。毕竟，州政府为这个学位支付了学费。人们会想为什么州政府为教育花了钱，并且花了一大笔钱，却收获不到播种的果实呢？"另一位被调查者说道："我已经在我现在的职位上足有五年时间了。我被很多人忽视，他们工作经历没有我长……而且在工作岗位上也不够尽职。大多数……能得到晋升的人是因为他们在管教机关里做着与管教关键工作毫不相关的事情……"

这个组织的结构是军事化的风格，基于命令链形成，按照劳动技术划分层级（Quinn 2003），这使得员工产生了脱离感。评估方式是根据分层的系统奖赏记录和常规绩效。选举周期经常产生部门管理层的变化，尤其在这个机构，近期整个州选举结果是在行政和立法分支产生了人事变化。甚至是更近期，在州立机构范围内对于采用赞助的调查也将目标锁定了管教局。政治任命带来的员工流失，其后果是，员工比他们的主管和上级经历更多的管教事务和政策。当提及新的管理任命的时候，一位雇员评论道，"这些新管理者需要被教导……他们在进行变革之前不去了解事情是怎么做的。他们在还没有弄清楚系统是怎么建立的之前就想做出变化。看起来'新管理层'关心最少的就是管理。""加了更多的书面工作，晋升机会反而更少了"，这些是常见的意见。另一位被调查者总结了境况：

缺乏具有管理经验的固定的管理者是造成我们部门士气低下的最主要原因。他们在制定使部门利益最大化的决策上缺乏技巧。我和同事向其反映一些需要处理的事件，但是直到这些事件变成了危机他们才去回应。已经太晚了，我们必须去收拾残局。在他们对我的管理上我一点信心也没有，这是我认为士气不高的原因。填写这份调查竟然变成了我今天工作的亮点，这太恐怖了。

员工认为他们的工作技能和专业知识未被重视，他们能够为管教过程和程序的改进提供帮助的事实也未被认可，并且不被鼓励。"我最大的抱怨是那些管理人员不允许我们在制定能够直接影响工作环境问题上的决策中进行协助"。除此之外，员工自身感受不到被赏识。[5] "如果上层管理者能够抽出时间，有规律地来到员工中间和我们交谈……哪怕仅仅说声'你好，工作辛苦了'，那么生产率也一定会提高"。

性别歧视和"沙文主义"（chauvinism）成为女性员工工作满意度低的重要原因。根据 2005 年 8 月的全体员工总结，这个工作场所存在很明显的职业性别隔离现象。斯普林菲尔德一般事务办公室的数据证实了虽然女性构成了一般劳动力的大军，但是她们更像是在做辅助专职人员的工作（97.2%辅助性工作都由女性担任）或者是办公室/文书工作者（这其中 65.5%是女性），并且她们的工资普遍低于男性同事。女性在官员/管理者（仅有 41.4%）和专业领域（47%）代表人数不足，并且在服务/维持或技能行业领域没有一席之地。管理人员决定工作场所的氛围并且评估员工绩效，和其他管教机构一样，蔑视女性是一个严重的问题，特别是在老年男性守卫之中（Quinn 2003）。性别歧视对于女性职业提升和工作满意度具有负面作用，一位被调查者说道："对我来说，另一个工作满意度低的原因是和'男性沙文主义'领导共事……他们谈话时看低我们，并且对女性区别对待，我们怎么能高兴呢？这是'全男性俱乐部'，歧视总是无处不在。"

预算约束和追求效率也在很大程度上降低了整体工作满意度。"压力不仅仅是来自工作……也来自失业的威胁、预算的缩减、晋升机会的减少、员工做了空缺岗位的工作。"一位员工说道："我对于自己的薪酬比较满意，但是我觉得我是剁肉板的一块肉。""我在工作当中承受了太多压力，因为预算的约束雇员更少，所以我们要做更多的工作。整个州都在通过减少必要的工作岗位来应对预算危机。"另一位员工补充道。

此前工会活动效果甚微。不过近期 23 个州的管教机构的健康看护员工终于在未来 3 年增加薪酬和额外保险方面取得了一些成功，并且也在增加统一津贴和长期伤残救济金方面有所进展（Colindres 2005）。但是美国州、郡、市雇员联合会（AFSCME）、代表大多数管教员工的工会，预测其普通员工的未来形势会十分严峻。

"在过去 6 年之间我们已经失去了 15%的员工。"当地 3567 会长肯·克雷雷恩（Ken Kleinlein）说。"我们承受着难以处理的工作压力，并且长期强制性加班，州政府没有处理这个问题，反而不断削减预算，部门也就不断裁员。去年夏天我们的文书员工被裁掉了，所以现在我们管教员需要做文书员的工作"（AFSCME Council 31，2005）。

最后，员工只能寄希望于斯普林菲尔德一般事务办公室（日间运转）或者管教机构（24 小时运转）能够被调查，这样工作环境才能有所改观。员工期望管教机构当中各机构的安全水平以及机构容纳男性或女性罪犯等差异能够得到体现。

很明显，这里描述的管教局的士气大大低于公共监护办公室的士气。管教局员工认为部门管理者既不关心人，回应性也不高；公共监护办公室员工认为部门管理者就像他们看待自己一样：承诺、投入、具有良好的回应性。因此在这两个地点，两种不同类型的员工营造出了两种不同的工作氛围。公共监护办公室具有专业的员工，能够处理当事人即刻的需求，但是行为受到正式法律诉讼程序的制约。管教局的员工服从于大型官僚机构的惯性，并且受到政治形势的双重打击，这些员工每天面对的是不想待在监狱的重罪犯。

随后我们在公共监护办公室和管教局都进行了访谈，很明显两个机构的员工在工作中都涉及情绪工作，但是他们在理解这个名词的时候有一定难度。接下来我们挑选了第三家机构，那里员工的工作包括非面对面的"激烈"的情绪，我们假定这些员工可以用一个词语来描述情绪工作。我们选择佛罗里达州塔拉哈西警察局担任911 接线员的警察派遣员作为对象。访谈和调查时间在 2005 年的 6 月。他们的工作代表了一种较为特殊的情绪工作，在工作中从不需要以面对面的形式和居民交流，很少能得到一天工作的反馈，经常投入到"全新"的情绪工作中去。

1.8 塔拉哈西警察局 911 电话派遣中心

需要在危急情况下提供顾客服务的工作在情绪上是很紧张的。紧急情况 911 接线员的工作就是这样。911 接线员在描述自己的工作和他们进行情绪劳动时所使用的语言很有趣。访谈中我们将看到 911 接线员如何描述他们的工作和他们如何练习情绪管理，包括（a）在核对信息过程中保持自己的情绪，（b）展现胜任力和博爱，
26（c）展现情绪敏感性，安抚来电者。我们重点关注的是 911 接线员怎样能平衡工作中技术和情感的需要。我们的研究接下来收集了一些接线员的案例。

塔拉哈西位于北佛罗里达。这个城市的人口随季节变化，因为大学学生比较多，塔拉哈西是州首府。每年立法会议期结束之后，大学生的暑假也开始了，这时候繁华的大街变得宁静。这里的变化很大，可以从立法会议期的繁华大都会转变为夏日里慵懒宁静的小镇。塔拉哈西的平均人口是 255 000 人。

这个城市的在职员工约有 2 800 人，年度预算约为 5.39 亿美元。政府形式采取理事会/经理形式，并且有一位直接选举的市长。警察局雇用超过 300 名全职雇员。这个城市及其周边犯罪率较低，基本没有暴力犯罪。

公共安全通信员，也就是接线员，他们以轮换制工作，年薪在 21 860～50 315美元之间。最主要的功能是接收、浏览、优先传达通信系统中的信息，这个通信系统包括多条线路。对于接线员教育程度的最低要求是高中毕业，并且经受过一定的特殊训练，社区大学或者可证明的法律执行方面的经验也是符合要求的。他们经过

训练后上岗，应对常规和非常规的电话。电话接线员具有多种职能，他们经过多重训练，不仅作为警察接线员工作，同样也连线火灾、救援和急救服务机构。

更特殊的是，接线员身兼重任，可以操作整个紧急情况操作中心，包括复杂的通信系统，这个通信系统可以与公民、警察、火警、其他紧急情况机构以及支持部门取得联系。接线员也使用多种媒介进行反馈，例如广播、电话和计算机。他们负责接听全郡 911 火警电话，并且派遣市/郡和志愿救火队去救火。此外，他们不仅要负责操作和监测派遣警察和火警的广播频率以保持每个被派遣者的处境、定位、任务和安全，还要监测州长的官邸、副官、财产、紧急警报、火灾警察情况。最后，他们接听非紧急情况专线，包括聋人电信设备（telecommunication device for the deaf，TDD）和犯罪制止者（crime stoppers）。

电话接线员的技能要求包括使用国家犯罪信息中心计算机系统，这个系统用于寻找被通缉的或失踪的人口、机动车信息、驾驶证信息、输入或者取消被盗财产记录以及一些佛罗里达州当地机构、州立机构和州以外机构的行政信息。其他计算机工作包括搜索授权的刑事司法信息系统，为在某领域有需求的警察提供信息，并且保持记录和文件，比如救护车联系记录、侵入文件、限制令文件和紧急情况业务联系文件。

接线派遣工作需要知识和技能的结合。第一，派遣员（接线员）必须能胜任一些硬性技能或者技术技能，比如熟悉某地地形、道路网络、附近区域和主要商业区及住宅区位置。这对和呼叫者交流信息，以给予准确的回应是十分有效率的。另一些硬性技能包括公共安全派遣的规则、规章、程序方面的知识，以及操作广播发射和接收设备的方法和程序。除此之外，派遣员（接线员）必须熟悉联邦、州、郡电传计算机系统，必须能够保持不同的记录，必须能够打字。

第二，接线员也需要一些不确定的或者说是软性技能，因为他们面对的是处于危机之中的居民。这些能力包括倾听、理解、保持、区分、制定快速而准确的决策、迅速冷静应对紧急情况，同时履行多种职能，与同事、上级和公众通过口头和书面方式有效沟通（City of Tallahassee 2003，p. 377）。

技术和情感的技能混合使得这种职业尤其适合进行情绪研究。鉴于派遣员（接线员）面临的危机情形既紧急又重大，这份工作具有其他工作没有的复杂水平。在通常的 8 小时轮换工作过程中，派遣员（接线员）可能接到在危急情况下的居民打来的电话，此时他需要安抚呼叫者；也可能接到恶作剧电话，这种非紧急情况电话，派遣员（接线员）仅仅提供基本的技术信息。J. B. 戴维斯在调查 911 接线员之后发现"几乎每个 911 接线员处理的电话……都需要情绪回应"（J. B. Davis 2005，p. 75）。当面对一位紧急呼叫者的时候，情绪工作的水平要迅速提升，这样能够有助于最小化进一步伤害或者救人一命。此外，所有电话都进行了录音，所以任何判断或程序失误都将成为公共的记录。

我们决定研究三个组织——公共监护办公室、管教局、911 电话派遣中心，是源于三个基本的想法。第一，尽管已经有学者研究情绪和工作场所中性别的影响（Anker 1998；Erickson and Ritter 2001；Guy and Newman 2004；Leidner 1993；Simon and Nath 2004)，其他学者例如斯坦伯格和菲格特（Steinberg and Figart）（1999a）呼吁当研究情绪劳动的时候先停下来预想一下性别工作的概念。他们的观点是从对护士和警察的调查中得出的。尽管二者具有与性别相关的技能要求，但是两种职业的情绪劳动是可以比较的。第二，这些机构的选择使得我们有机会询问不同教育水平和专业化程度的工作者。第三，这些机构彼此互为补充。在管教局，所有员工的工作都是和服务对象面对面的。在公共监护办公室，与当事人的互动既有面对面的交流也有电话交流。在911电话派遣中心，交流是严格的电话交流。进一步讲，情绪劳动的直接性在911电话派遣中心是非常明显的，这是因为派遣员（接线员）直接接听处于险境中的人打来的电话。在管教局和公共监护办公室，工作中大部分时间都没有戏剧性的大事件，平时的工作环境都是平静和积极的。

1.9　在上述三个组织工作的员工的故事

对于我们当中一些对政府没兴趣的人来说，在一个管教机构、服务机构或者是911呼叫中心度过一段时间将为这些在其中工作的雇员提供不一样的看法。我们通过下面的引文用来解释说明。之所以选择这些引文是由于以下三个说明情绪劳动的问题：（1）在进行情绪劳动的时候，积极的方面是什么？（2）在为他人提供服务的员工筋疲力尽的时候是什么表现？（3）什么是有效的应对策略？也就是说，哪些因素区分开了擅长做情绪劳动的人和不擅长做情绪劳动的人呢？回答这些问题之后，也就有了对一系列人力资源管理实务的理解：招募、选拔、薪酬、培训、发展和保留。下面这些故事是推动本书发展的主要内容。

情绪劳动的好处

就像前面所说的，情绪劳动既有好的一面又有不好的一面。我们的研究结果证实了这一点。被调查者描述了他们工作当中好的一面，例如有人认为情绪劳动提供了一种对负面疲劳的平衡力量。对于很多情绪工作者来说，工作本身的内在价值和服务他人的机会代表了一种有力的驱动力。工作投入（engagement）被一位911接线员视为"有限制的热情"（bounded enthusiasm）：

29　　　　我问我自己为什么来这里这么多次。我不知道。这很有趣。的确很有趣。你知道我不喜欢用乐趣这个词——但是这个词很好。和不同的人聊天我觉得兴趣盎然。在电话上可以遇见不同的人。人们来自各地——不同的生活、不同的肤色、不同的一切，这很有趣。你知道吗？有时候你接起电话会想，我不知道自己是不是可以再次这样做……然后你又回去继续疯狂而紧张的工作。

一个同事用这些话来解释：

我在学校……教了很多年书，我还在保险公司工作过，我做过各种工作，但是这份工作——它在我的血液里。我真的有成就感。我一直有这种感觉。工作的时候我觉得自己创造了价值……我认为是从我自己的血液中散发出来的……这与在管教部门工作，和犯人一起被锁在监狱是完全不同的……总之我享受这份工作。我享受在电话上帮助他人的感觉。我享受帮助其他长官，我享受帮助我的同事，因为我们最需要这种感觉。

其他被调查者说他们的工作是"理想工作"（dream job），并且具有个人成就感和专业成就感，感觉就像"具有同时在空中玩 12 个球的能力一样"，但是也"很辛苦"（good exhaustion）。下面是一位管教超过 200 名罪犯的管教顾问的话：

我完全喜欢我的工作，我喜欢自己具有当他们需要平静的时候能够让他们平静下来的能力，我喜欢自己能够在该严肃的时候严肃……我一年之前成为了一名顾问。在那之前，我做了 20 年的会计，工作十分无聊，所以我找了这份工作，实在太有趣了，每一分钟都充满乐趣……［囚犯们］欣赏我为他们做的事情，他们这么说的……我刚刚从囚犯那里得到了良好的反馈……我从他们那里得到了对自己工作的肯定……我［在政府］工作了 26 年，所做的不过是在桌子前坐着弄会计的东西，没有完成任何事情，没有从积极的角度影响任何人。但是现在我觉得我发挥了作用。我知道我做到了。所以我现在非常感谢自己的生活，感谢自己的工作。

综合这些人的说法，他们在表达"理想中的公共服务框架"（public service frame）（Box and Sagen 1998，p. 196）。从他们表达时精力充沛的状态、他们表达出的工作投入和高效能，我们看出这些人积极地投入到工作当中。但是，也有一些人发现自己在另一个极端……他们感到筋疲力尽。现在我们将目光投向他们。

在实践中的倦怠情况

倦怠（burnout）是确实存在的，这个词汇对于许多被调查者来讲太熟悉不过了。倦怠最主要的几个维度就是情绪耗竭（个人压力）、去人格化（对他人和工作反应消极）和低个人成就感（消极的自我评价）。这几个方面都在我们的被调查者 *30* 中体现出来，我们将在下文中说明。

在管教员工中的倦怠情况是非常多的。[6]对于员工来讲，工作条件危险、缺乏公共和上级管理者的支持，这些因素的共同作用产生了巨大的情绪劳动需求。对于管教员工来说，情绪管理是惯用的做法。不能够"使情绪稳定下来"（set it down）带来了这样的说法：

我们的工作在情绪上的难度是非常大的。因为你不仅要控制自己的感觉，

还要理解他人的感觉，并且在同时做出些什么……对我来说最有压力的是不能
表现出慌乱，必须让自己显得平静，这样做着实需要做出很多努力。有时晚上
回家我觉得十分疲惫，因为我必须表现出专业，甚至在我不想那么做的时
候……紧张的感觉就这样在我身上出现了。就好像整天带着压力生活一样。因
为工作不允许我大声呼喊、尖叫，所以我只能默默忍受。

在工作中只有一点，哪怕一点感觉到自己不想参与到工作之中都使得一个人不
知所措。一位管教官员谈到了每天从不停止的压力：

> 我觉得大多数压力和情绪在处理囚犯的时候出现，并且持续到回家的路
> 上……压力会不断找到你，我就不能有一分钟清静吗？不管身在何处我都感到
> 压力。走路的时候，打电话的时候，压力无处不在。我就不能有一分钟清静
> 吗？从来没有，我有的只是不断问这个问题。我觉得这就是你开始说的部分。
> 我想摆脱，你知道吗？……压力让我筋疲力尽，无论我在那里，只要有囚犯，
> 他们总是想要什么东西，总是想要什么东西……

他的同事描述了自己感受到的压力：

> 任何说手机能解放我们的人都疯了，因为现在手机能找到我在哪里。我带
> 着呼机，他们能在教堂找到我，在家找到我……我还不能丢下它，不能丢下
> 它。我觉得这成为了另一个很大的压力来源……我要是想拿下呼机，只能走到
> 伊利诺伊州以外的地方才可以。

这些被访谈者提及的情绪耗竭是令人信服的。同样令人信服的还有上班（和下班
后）的情绪固化，以及伴随着筋疲力尽的去人格化情况。一位 911 接线员解释说：

31

> 我接到了一通在医院的枪击电话……是一群疯子干的。我们也经历了其他
> 的诸如此类的事情。你问我为什么能如此淡定？这就像是一层情绪的茧，就是
> 这层茧让你能够继续。也不是必须要训练的，就是经历、接触到这些事情、多
> 次临近死亡才让我变成这样……我的冷漠会一直存在，直到我再次感觉到真正
> 情绪的时候。

他的一位同事这样说：

> 当我刚做这份……工作……我是十分富有同情心的，比现在多很多，我注
> 意到了。这样的状态直到有一天晚上一名同事被枪击，但是我仍然需要工作，
> 做广播派遣，我那天晚上一直在接听电话。我十分情绪化，但还是试着接听电
> 话，但是这些人……因为派对太过喧闹而在电话里冲你尖叫，而你还必须要表

现得友好……和专业……但是你知道在那个时刻，我个人所经历的那一切，我最想做的就是告诉他：你知道吗，你打电话来说那个派对很吵，那不是现在最重要的！……我们有人要死了，你能不能有点同情心和给我们一点理解？……他们就那么无理取闹，我觉得那就是我的爆发点了……这世界上就是有那么多无理取闹的人，根本不在乎别人。他们以自己为中心，从那以后，我就没有那么多同情心了，特别是对于像那样的来电。

这样的"冷漠"（hardening）和"麻木"（deadening）也就代表在工作中经历了反复多次的危险工作之后，人们对"高水平"的肾上腺素水平变得麻木：

> 我被塞到了这个老旧的电话系统里……戴上耳机……接听电话……你能听到［一阵］深呼吸，就好像所有的齿轮都开始运转……这就是要开始工作的时候。肾上腺素随着电话而变高……过一会儿那感觉又没有了……你的肾上腺好像关闭了，能够让常人激动的事情对你不产生任何影响。你知道，我必须像高空滑翔一样做事情，来感到实实在在的兴奋感觉。
>
> 我已经像变了一个人。这份工作让我面目全非。我的意思是从 A 点到 C 点，我已经不是原来的刚参加工作时的自己……因为我已经看得足够多。我比我能想象的要更加麻木。

情绪耗竭同样能在工作中表现出低个人成就感。后果之一就是没有能力去保持职业"优势"（edge）和平衡，一位来自公共监护办公室的员工这样说：

> 当我刚开始在办公室工作的时候……我会这样说，从心理上讲，我已经有第二级的心理压力混乱……你不知道，孩子们会遭受到多严重的虐待和忽视，如果你有孩子，我是有的，你的思路肯定是混乱的。你怎么能拿长绳鞭打一个小小的孩子，况且还是亲生的孩子？为什么会有人把孩子放到滚烫的浴缸里？ *32*

更多的人表达的是无望感和冷漠。没有具体的成功的证据使得人们感觉到什么都没有意义，理想破灭和无助，这些都是情绪耗竭的证明（Pines and Aronson 1988）。许多被调查者，不管他做什么工作，都有一种不管自己多努力工作都不能对当事人的生活产生持久影响的无力的感觉。在描述一个同事的状态的时候，一位律师的话中充满了宿命感：

> 我们不能控制发生在我们当事人身上的事……他被他的工作所折磨——他失控了——无论他做什么，他都不能帮助那些孩子……我们当事人的前途暗淡无光……我们做的 99% 的事情之前都已经做过了。

另一位在公共监护办公室的同事这样说道：

　　在某一个时间点上你只能放弃。如果他们［当事人］不想和你交谈，他们不想说话，你只能……也许某天再试一次……这真的是你所能做的所有事情了。而且你不能感情用事。……当你想和某人说话但是他不想跟你说话的时候，这是种糟糕的感觉。这根本就是种拒绝……所以你只能告诉自己他们有权不和我谈话……那我又为什么要把自己弄的这么慌张？……我不安的唯一原因是每次我都想要成功——我的意思是我们在现实里工作。我们在和人打交道。如果我们和机器打交道，是的，我会一直成功。

　　对于那些职业是为人服务的人来说，帮助他人会让人感受到生命的意义，但是不能帮助他人会让人感到压力。举个例子来说，过多的间接体验当事人的生活，会使人产生过度认知（overidentification）、不实际的期盼（unrealistic expectation），最终会导致痛苦的失落感（Edelwich and Brodsky 1980）。过多地介入当事人的生活会打破工作应有的"远离的关心"（detached concern），并且导致员工丧失客观判断。一位公共监护办公室的律师提供了这样的例子：

　　一个我接手的受性虐待的当事人……她被自己父亲强奸了七八年——她是个优等生，没人知道她家里发生的这些。但是她最后忍无可忍在高中向她姨母说出了这件事，她姨母收养了她，她取得了明尼苏达大学的全额奖学金。她做我的当事人已经8年了，她5月给我打电话说她要回来了，因为她大二的时候怀孕了，你知道吗，我放下电话开始抽泣，随后想，在她生活中的所有事情我觉得我们都在和她一起度过，所有事情都变好了，我认识到我对她倾注了很多自己的感情。我已经有13位当事人离开，他们中很多人都在我生命中停留过很长一段时间，我不知道年轻律师是如何做这件事儿的。

　　在一位管教局的高级管理者退休前夜，我们访问了他，他的话语中充满了悲伤。下面是他表述沮丧和失信的感觉：

　　在我的职业生涯里我是否感到筋疲力尽？是的……这很悲伤……在这里我学会的，同时也是我怨恨的，就是我不再相信任何人。我实在不喜欢这种感觉。我也认为这伤害了其他人。你不能信任任何人……我知道他们欺骗了我。我和大家都看到了。因为管教局是一个非常大的机构……你就像保护家庭成员一样互相保护这里的每个人，我觉得所有的工作问题在与同事们工作的时候就都解决了……这就是我说的为什么不能信任的原因，你知道的，我不相信任何人……不像我在这里刚开始工作的时候那样信任别人了。

　　倦怠被形容为没有能力脱离（"逃脱"）工作，被巨大的压力困扰，变得麻木不仁，没有能力保持专业精神，时常感到无望、冷漠、沮丧，缺乏信任感。值得一提的是，我们访问了很多人，他们或是成功地应对了倦怠，或是还没有向倦怠屈服。

但值得注意的是，员工流失率很高，只有在岗的人才能接受采访。

每个在那种情况下的人都显得有些极端，但是他们所经历的是这些公务员和其他公共服务领域的员工每日工作生活的一个缩影。这些故事引出了这样一个问题：这些员工在工作中经历了这么多极端的情绪，是什么使得他们克服这些困难并且在第二天精力充沛地工作呢？

应对策略

尽管沉醉于饮酒或者暴食是常见的应对方式，但是我们的被调查者却有自己有创意的对策。[7] 抽出一些"休息时间"（time-out）放松（不管是风和日丽还是暴风骤雨）是其中的一种策略。"休息时间"是与任何高水平的情绪压力或精神压力相关的概念（Pines and Aronson 1988，p. 189）。员工可以利用空闲时间自主选择做一些没有压力、不涉及个人的工作，这段时间内的职责暂时由其他同事接管。例如，许多 911 接线员报告说在一通非常有压力——"情况紧急"——的电话之后，他们就会暂时结束工作，将他们的工作移交给同事，然后暂时离开一段时间。一些人在街区附近转，一些人哭泣，一些人找到安静的角落自己待着。当他们回到工作岗位的时候，他们会继续接听电话。 34

> ［那个小男孩］回去叫醒他妈妈……他说他妈妈生病了，叫不醒她。然后他的姐姐进去了——他妈妈已经死去。这是最可怕的事情……我在大楼周围绕圈，为了这件事大哭——我走出了大楼，一遍一遍地绕着大楼转圈。

这种建设性的、暂时的回避（withdrawal）是积极的，因为临时的情绪休息可以使员工恢复情绪，于是其提供的服务可以继续维持（Maslach 1981）。一位 911 接线员解释了他如何处理工作，并提供了在工作过程中有关情绪劳动的描述。他所面临的挑战是如何同时做到既关心又不关心。

> 一方面你需要设身处地、帮助他人处理问题，但是一旦你到了他们最需要你的时候，你必须控制自己的情感，冷静处理问题。所以你必须同时做到既关心又不关心……你并不是在控制［自己的］情感，你只是在自己处于危机模式的时候不加入私人情感……我不知道该如何告诉你这是怎么实现的，但是这就像是在你的情绪上放置了闸门，你遇到了情况，就需要把闸门关上，这样你才能做些努力来帮助他们。

能够作出区分的能力是一种补充性策略：

> 上夜班的他做得一直很好，直到他接听了一通电话，那个人对打电话的他扣动了扳机。对于这种职业，真的扣动扳机的情况很少见，但是……在那之后

[他] 不会回来了……那些能够作出区分的人，比不能够区分的人可以更好地胜任工作……你要学会摆脱……我现在吸收的可能比我应该吸收的还多，但是……你要学会摆脱痛苦的经历，把它们搁置在一边。

当身体上的远离不能实现的时候，员工使用情绪上的回避（withdrawal）作为摆脱工作压力的工具。消极的"缺席行为"（absence behavior）（Nicholson 1977）以及"时间滥用"（time abuse），比如用更长时间休息、打电话说生病、用更长时间做文书工作、早退和工作拖沓，这些都是通过减少和当事人接触的时间来远离工作的方式（Pines and Aronson 1988）。在管教局的一名员工给我们提供了这样一个例子：

35   那个员工整个星期都说生病了。她总是在她该在岗的时候找借口不来……我和员工们之间总是有些问题，就是使用时间的问题……我的意思是，他们总是在最后一分钟打来电话说不来工作……［描述另一位员工］他从来不在这。他总是打电话来。他总是想办法不工作……顾问给我的最大问题就是他们不来工作。

情绪"关闭"（shutting down）引起的规避行为更加戏剧化。一位管教局的被调查者解释道：

    我叫它关闭。我关闭了自己的情绪……我试着把情绪关闭，试着做到非常专业。我靠关闭情绪应对压力……当工作使我变得情绪化的时候我就会关闭情绪。

另外的被调查者处理情绪的时候用到了行为转变，这是由情绪盔甲构成的：

    当我知道我需要和女［囚犯］打交道，我做了准备……当我值班的时候，做完文书工作，从办公桌站起来，从［双门］走出去，我的个性开始改变，我变成了另一个人，好像自己是女皇一样……我变成了［史密斯］女士，那个职场女性……我在心理上这样做是因为我要离开办公室……我能感受到——我知道我在做什么。我认为自己学会了故意这样做，当我知道我要面对她们的时候。

另一位情绪劳动者——一位 911 接线员，这样说：

    当我来到这里我就做了改变——就好像你穿了一件盔甲衣服，你知道，你仅仅是需要做到强悍。

另一策略是依赖"黑色幽默"（gallows humor）作为一种释放。被调查者报告的一种应对策略是幽默地公开讨论感受。他们为了宣泄而对他们的当事人开玩笑。一位在管教局工作的员工解释说：

> 我们经常开玩笑……他们不会发现我们说的搞笑的事儿，因为很多时候只有你们知道你在说他们其中之一——我们区域的服务代表（services rep）生气时就喜欢叫罪犯"袋子"（bag）。"袋子"（bag）——是由"女巫"（hag）和另一个单词（bitch）组成的。她生气就说"袋子"——我们就笑……这就是我们开玩笑的方式……这样使我们放松。

一位 911 接线员描述了她的策略：

> 这，你知道，有点像哲学态度。一旦你放下电话……你可能会大笑……我就会说，我刚才接的这个男人，有点像通风报信似的闲聊，我接的这个男人说他被揍了，哈哈哈……我们就觉得好笑，然后继续接听下一通电话，所以呢这有点像和隔壁的邻居闲聊。

同事的支持，提供了因情绪劳动产生的沮丧和痛苦发泄的出口。同事之间了解彼此的工作需求，可以以朋友和家人无法做到的方式让大家了解并设身处地地为同事着想。这种设身处地地为彼此着想是基于分享强烈的情绪工作经验达成的。合作的强烈程度可能在员工生活中非常重要，有时候可能和家人关系一样重要。根据三家机构中员工的描述，基于工作的关系对他们非常重要，它可以使工作变得有意义。从组织绩效角度讲，支持性的员工关系——特别是互助和人际促进过程——产生了良好的、令人自豪的绩效结果。这创造了令人激动的团队精神。一位 911 接线员讲述了这样一个故事：

> 我们有一位同事，她的孩子白天需要照顾。我们从照料中心接到了一个电话，她的孩子……我们不知道如何告诉她。因为在那个时刻，她的孩子还活着，但是我不知道如何告诉她需要去医院。所以我就让另一位同事和我一起去跟她说，在她到医院之后，最后我听到她说的是"天啊，请帮帮我的孩子！"我的意思是很多年过去了——我仍然很情绪化，你可能从来不知道。

为什么有的情绪劳动者留下，而有的离职了呢？我们相信答案的一大部分是基于一个事实，这些员工在工作中也许经历了全身心投入和倦怠。在"和人打交道的工作"（people work）中总有高潮和低谷，这是一个工作的两个方面。应对策略可以让员工"渡过难关"（just get by），或者应对策略是他们自己给自己工作的奖赏。

下一章我们将讨论情绪工作有效性的理论和实践。从三家机构中获得的员工的访谈内容将有助于我们的讨论。

注　释

[1] Cook County, Illinois, Office of the Public Guardian website: www. publicguardian. org, accessed December 25, 2006. OPG perceives itself and operates more as a dynamic advocacy organization than as a rule-bound county bureaucracy, which is reflected in its choice of Internet extensions for its website, "org" rather than "gov", and its relationship to the primary county sites: www. co. cook. il. us and www. cookcountygov. com.

[2] Cook County Info Center, www. co. cook. il. us/index. php, accessed December 25, 2006.

37

[3] Cook County Public Guardian P. T. Murphy, personal communication, August 13, 2004.

[4] 事实上，公共监护办公室的工作描述陈述得非常清晰："位于这一岗位，为了履行职责，需要每周工作超过 40 小时。"

[5] 事实上，我们的研究受到了管教局员工的猜疑，他们说他们怀疑我们来这里是州政府"实际上"在做裁员的努力的一部分，来确定哪个工作需要被裁掉。

[6] See, for example, Gerstein, Topp, and Correll (1987), and Maslach, Schaufeli, and Leiter (2001).

[7] 应对是压力和适应之间的联结（Pines and Aronson 1988）。应对策略在追寻"远离的关心"（detached concern）（Lief and Fox 1963）的过程中，可以是很有建设性的，"远离的关心"是指通过远离没有摆脱心理困扰、难以进行情绪解脱和置身事外的、已经去人格化的或者是死板的员工从而管理压力的方法（Golembiewski and Munzenrider 1988）。运用这种应对策略只能证明员工的努力，但不能说明员工成功。

第 2 章

公共行政理论和实践的脱离

情绪劳动是政府构建"过程"和"结果"的工具。这使我们将注意力放到关爱（caritas）功能，关爱功能是公共服务的核心，也是工作开展的方式。

> 每一个月我都做死亡检查……这是我最不愿意做的事情……准确地说，就是一整个下午听着一个又一个婴儿死去的消息……我不得不说我有很多空闲的时间考虑辞去这份工作。这份工作让我变傻了……但是无论如何我总是会来……我在这里工作感觉到自己有价值，这就足够了。要是我没有什么作用，我何必还做这份工作呢？（公共监护办公室的一名员工）

为了定位我们的研究和解释公共服务工作的意义，这一章将检验公共行政领域的发展以及识别一些普遍引用的价值。接下来，我们参考其他学科的成果，检验关爱理论，参考的学科包括社会学、女性经济学、心理学、护理学、教育学和社会工作。对于关爱的关注说明了公共服务实际实施与公共行政理论发展之间的脱离。

在理解公共行政实践的过程中，关爱的架构必然包含在其中（实际上十分重要），但是它却未被阐述。在现实中理性和效率的价值占主要地位。在卡米拉·斯蒂弗斯（Camilla Stivers）、谢里尔·金（Cheryl King）、O. C. 麦克斯威特（O. C. McSwite）近期成效卓著的研究和少数其他学者的研究之中，在文献上有一块真空地带，这块真空地带介于关爱理论、服务价值和相关工作之中。关爱作为一种价值，没有进入主流的公共行政论述之中。没有在范式中取得一席之地，关系工作的概念和它的重要组成部分——情绪劳动也就缺席了。本章一般性地阐述巩固公共行政的情绪劳动，尤其介绍拥有不同性别员工的官僚机构的情绪劳动。

2.1 关　爱

　　关爱功能在公共行政文献中的缺失和情绪劳动概念作为理论概念的缺失与关爱在其他学科之中受到的优待形成了鲜明的对比。情绪劳动领域最基本的情况是研究流派已经分为两派，一是组织"理性"视角以及组织、开发和管理中情绪的作用；第二个流派是将研究重点放在了治理情绪表达的规则上，关注以服务为基础的职业，例如柜员、社会工作者、顾问、法律实施职员和调整性职员。

　　公共监护办公室、管教局、911 电话派遣中心的员工的话强调了在公共服务中关系工作无处不在、意义非凡。很大程度上讲，情绪工作是公共服务的重要基础，也是关爱性职业（caring professions）的支持性力量。

　　在揭示本章主要内容的时候，我们想起了在学校对学生完成博士最终课程的时候提出的一个问题：如果你必须在效率的价值和回应性（是为民众的回应性而不是在时间上的回应性）的价值之间选一个，你会选哪一个？学生们没有犹豫，都选择了"效率"。我对这个答案非常惊讶，这种惊讶引起了本章的主题。选择"效率"即是从"过程"角度看待公共行政，从（科学）管理方法的视角看待公共行政。"回应性"提出了一种竞争方法，也就是政府究竟最需要努力地做"什么"？简·亚当斯（Jane Addams）这样说："［商业集团倡导的市政改革努力］将它们的注意力格外集中在方法上以至于它们没有考虑市政的最终目标。"（Addams 2002 ［1902］，p. 99）政府的最大问题，亚当斯认为，不是政府如何运营，而是它们应该做什么（Stivers 2008）。用行政运动的方法来运营政府机构逐渐变为一种"管理"和管理专业技能，是合情合理的泰勒主义（Taylor 1911）。麦克斯威特提出了一个竞争性的方法：我们必须转而通过"与彼此之间开发各种关系，来让我们弄清楚接下来要做什么"而创造一个世界（1997，p. 261）。

　　但是，我们这个领域的（传统的）智慧遗产充满了"如何"更好地去"运行"政府的内容。再创造运动不过是关注方法和技术的长期改革努力的最新进展。例如，范里佩尔（Van Rioper）认为格罗弗·克利夫兰和罗纳德·里根的治理是在追求"如何去治理"而不是"治理什么"的项目（1983，p. 487）。但是在我们传统的领域里没有好好讨论的就是"什么"才是政府应该做的。引用沃尔多的话，"正式的组织分析，没有考虑到激励他人，只是无意义的、单调的阐述"（Waldo 1948，p. 211）。

　　这就将我们引入到这样一个点上：情绪劳动的概念和关爱与服务的价值就像一

面有力的透镜，能够透视我们这个领域的基础知识。这种视角可能使得我们这个领域传统的叙述基础更加复杂，这种叙述已经被保罗·范里佩尔、卡米拉·斯蒂弗斯、狄丽莎·伯纳（DeLysa Burnier）、谢里尔·金，O. C. 麦克斯威特、拉尔夫·赫梅尔（Ralph Hummel）、欣迪·劳尔·沙克特（Hindy Lauer Schachter）、孔·俊（Jong Jun）、罗伯特·克雷默（Robert Kramer）和其他学者予以了质疑。

情绪工作说明了在我们领域内遗失的联结，也就是，关爱和关系工作的伦理。行政不仅是我们试图设计有效治理过程中的管理规则元素，行政也是人际主观过程，但是后者看起来只是逃跑似的从我们的理论中不见了（Stivers 2005，p. 38）。除了范里佩尔倡导的"重新应用我们长期的和一般的社会道德，以务实的和真正的关爱为基石"（1983，p. 489），"关爱，关系到公共行政的优劣问题，却仍然是一个不易记住的概念。很少有人清晰地在美国公共行政学术团体内将关爱作为价值或实践写出来"（Burnier 2003，p. 530）。在实践中不是省略就是委托，人们对关爱问题显得漫不经心，就像我们的被调查者所说的一样。

2.2　情绪工作与关爱的定义

斯蒂弗斯借鉴领导力，认为领导力已经成为公共行政的"燃素——也就是一种神奇的物质，在发现氧气之前，被认为是能使其他物质燃烧的物质"（2002，p. 62）。同样的术语可以被准确地应用在情绪工作上。大多数公共服务工作需要人际交流，通常是在艰难的情绪环境中。有一位社会工作者讲述她工作的性质时这么说，"我们必须要开发这些关系……为了让我们的当事人……告诉我们他们内心深处的、最黑暗的事情，或者无论在发生什么——对吧……［我们］必须营造……融洽和谐的氛围"。

关系技能对于完成工作很重要，但是只是近期才开始作为先决条件受到重视，关系技能在公共项目中扮演了一个重要的角色（Guy and Newman 2004，p. 289）。

情绪劳动需要员工压抑自己的私人感情，以表现出"合宜的"工作相关情绪。与体力劳动不一样，情绪劳动是"看不见"的：不能被测量，很少能被看见、摸到或者听到。需要情绪劳动的工作具有三个明显的共同特点：第一，它们都需要与公民开展人与人之间的联系；第二，情绪工作需要员工管理他人的情绪状态；第三，它们允许雇主控制雇员的情绪活动（Hochschild 1983，p. 147）。简短来说，关注的焦点是作为商品的、可以买卖的情绪绩效。一位负责女犯人的管教局官员这样说：

作为管教局官员，所负责的不仅仅是安全问题。被监禁的犯人有大量的情绪需要……我们有时候可能过得不太好，但是我仍然需要保持专业水准……专业水准就是当你进入一个单元，女犯人可能骂你，给你白眼，你知道，仅仅因为你进来……晚上你可能必须与女犯人谈话，因为她的不当言行……保持专业水准就是你必须忍气吞声……控制住自己的情绪……你不得不做，并且要——我该用什么词描述？——心地善良。

在定义和实践中，情绪劳动和关爱联系在一起。但不是所有情绪劳动都是关爱劳动，但是关爱劳动是一种情绪劳动（Himmelweit 1999，p. 34）。关爱，源于拉丁语"cura"，意思是给他人关心、承诺和照料（Leininger 1988，136）。在一段关系（*relation*）、一个承诺中，一个人表现对他人回应性的态度时，关爱是最基础的（Brabeck 1989，p. 87）。给予关爱，挑战了理性和情感之间的界限（Abel and Nelson 1990，p. 5）。而根据海德格尔（Heidegger），金和斯蒂弗斯（1998，pp. 38–39）所说，"关爱使得彼此之间的关联和关系成为可能……关爱是那种体贴或者关心，能够让我们彼此熟悉，使我们周围的人和事团结在一起，并且让我们注意到这些彼此联系的、充满关爱的关系"。

关爱的定义多种多样，有人认为"指的是直接（或非直接）抚育的和技巧的活动、过程和决定，是在帮助他人的过程中，所反映出的设身处地的、支持性的、同情的、保护性的、救济的、教育性的以及其他一些行为特性，这些行为特性依赖于被帮助的个体或群体的需要、问题、价值和目标"（Leininger 1988，p. 115）；有人认为是在照料他人、回应他人和支持他人的过程中的心理的、情绪的和体力的努力（Henderson 2001，p. 131）；也有学者认为关爱是围绕着人类经验的一个概念，包括关心和管控他人的幸福（Staden 1998，p. 147）；关爱意味着"将心比心"（Noddings 1984，p. 24）；关爱他人是"一个人满足另一个人的需要，关爱者与被关爱者面对面互动，这在整个活动过程中是个非常重要的因素"（Kittay and Feder 2002，p. 163）。一位管教局的顾问提供了他如何进行情绪工作的说明，并且与其女性同事如何进行发挥同样功能的情绪工作进行了对比：

我的教育来自艰苦的磨炼。她呢，有硕士学位，而且是一位非常有学问的女士。她那样做事情，而我这样做事情，我们却能够合作得很愉快，也没有问题……她告诉我去和［犯罪者］交谈——试着变得亲近——不是身体上的亲近，而是一些情绪上的亲近，一些她的［犯人］当她不在的时候会到我这里来。

情绪工作如何适用于传统的公共行政创立的脚本呢？情绪工作在这种创建的叙述中是如何被定义的？我们将转而研究这些问题。

2.3 行政科学还是公共服务？

谁会关注行政科学和公共服务是否会被同样看待或者看作是同一个事物？也许

是理查德·格林（Richard Green），因为他说："我们对于公共行政基础的理解非常重要。这是我们提升职责、功能和实践的广泛前提。这个前提从公众角度塑造了公共行政的形象，因此影响了其合理性。"（Green 2002，p. 556）格林的目标是论证建国时期是现在公共行政的源头时期，特别是亚历山大·汉密尔顿的公共行政理论，他的一般前提适用于我们的领域。"如果公共行政者将自己看作是经过通用的行政科学训练的技术人员，而不是在一个根据具体政治文化和制度结构调整的行政之中为了服务公众而进行社会化和受教育的人，那么就有问题"（p. 556）。我们认为有问题的是，被公众感受到的公共行政者将他们自己仅仅看成在政府机器里公正的无足轻重的官员，而不是在关爱工作或者说"灵魂工作"中的民众公仆（Kramer 2003，p. 6）。克雷默的论述更胜一筹：

> 治理不仅仅是公共行政机制，也不仅仅是这个机制里的成本收益分析……人类关系位于治理的中心……所有公共服务都是为人服务……你必须在情绪层次上与人交流……可以说人与人之间的关系是治理的 DNA。（2003，p. 2）

在回顾公共行政的治理遗产的过程中，放置在行政科学（science）和效率崇拜上的注意力盖过了对公共服务（service）的关系的注意力。事实上，这个领域发展的论文可以被概括为理性和效率的价值、科学规则、客观性和普遍管理过程的证明。在诸多论文中，都没有谈及服务目标和关爱价值。

> 在公共行政的初创期，公共行政向科学之神（god）表示了致敬，管理科学领域的开发规定了管理的原则就是强调效率。从最理论的意义上说，效率之神……是简单的、清晰的、短视的。（Guy 2003，pp. 643，647）

通过情绪工作和关爱功能的透镜，我们回顾了此研究领域传统的原则，科学（暗示着无私利性）的原则优先于服务（连通性）的原则，这是不可否认的。甚至是粗略的文献回顾也能证明这种观点。从伍德罗·威尔逊到新公共管理，政府的事务和公共行政的市场化已经认可了（技术的）效率和（客观的）理性的价值。

还有几个突出的例子巩固了这个观点。在伍德罗·威尔逊 1887 年的论文中，他宣称公共行政需要类似于商业和专业性的方法。1903 年弗雷德里克·泰勒的《店铺管理》（*Shop Management*）加速了进步时代的到来。泰勒认为科学研究能够提高效率和理性，这成为了行政运动（The Bureau Movement）的信条（Schachter 2004，p. 44）。1909 年，弗雷德里克·克利夫兰（Frederick Cleveland），纽约市政研究局的一位领导，写道"科学是一种准确的、坚定的、常识性的法律汇编……"（Cleverland 1909，p. 176）。"为了减少混乱，行政因此必须成为一种科学……一种以最好的方法完成任务的科学"（Stivers 2002，p. 42）。1912 年，科学管理观点开始萌芽，与此同时，效率部门的公务员事务委员会也开始创建（Van Riper 1983，p. 482）。

20 世纪 20 年代，"机构官员"是经济和效率的理想旗手。他们相信理性和科学的方法对于根除社会问题是至关重要的（Baines，Evans，and Neysmith 1988，p. 34）。1926 年，伦纳德·怀特（Leonard White）认为"对于行政的研究应该从管理基础开始……行政仍然是一门艺术，但是需要逐渐将其转变为一门科学"（White 1926，p. ix）。1927 年，威廉·F·威洛比（William F. Willoughby）发表了他的《行政学原理：以美国国家和州政府为例》（*Principles of Public Administration：With Special Reference to Wational and State Governments of the United States*）。1937 年，布朗洛委员会认为"真正的效率……必须建立在政府的结构之中，就像建立在一部机器中一样"（Brownlow，Merriam，and Gulick，p. 2）。而古利克（Gulick）和林德尔·厄威克（Lyndall Urwick）的《行政科学论文集》（*Papers on the Science of Administration*）提供了直接支持行政作为通用过程的论文集（Van Riper 1983，p. 481）。金和斯蒂弗斯总结道："自从进步时代开始，公共行政已经成为一种工具化的、管理学化的趋势，公共行政被用来衡量科学方法在公共事务中的处理，并建立起对中立知识的认知。"（1998，p. 106）

在众多传统的叙述之中，缺乏对实用主义、经验、关爱、回应性、"公共性"（publicness）和服务导向的论述。情绪劳动所关注的关爱道德以及那些关系工作基本上无人呈现。中立竞争力的概念和对"关爱"的关心二者之间存在基础的矛盾。简·亚当斯和她的支持者基于他们的经历，将关注点放置在"亲密而人性化"（up close and personal）地处理社会问题，这与行政科学"机构官员"（bureau men）所持的观点大相径庭。一位公共监护办公室的雇员为我们描述了目前的状况，明确地表示了"个人情感"的存在：

> 你的确需要做情绪工作，你知道，如果你开始见一个又一个孩子，你可能会对他们产生深厚的感情。此后你开始了解他们的养父母和周围的人……你开始关注每一件事情，特别是像某个小男孩的哥哥死掉了这类事情。你知道的，他记得他的哥哥。事情发生时他就在那里，因为年纪小，他慌张地乱说一通，你不会得到"爸爸做了那……那……那……"这样的话，但是你知道吗？他做得很好。

45 　女性学者和思考者的贡献很大，她们侧重了对关爱关系的研究，但这些研究数十年来一直被忽略。这些"被遗忘"的女性［例如玛丽·帕克·福利特和拉弗内·伯奇菲尔德（Laverne Burchfield）］正在被我们重视，因为她们的研究强调了我们基础的叙述中的不足之处（Burnier 2004）。而且她们的研究也向传统观念提出了这样一个问题，究竟什么是"工作"。

2.4　工作理论

我们对工作的理解是从我们的基础原理得来的，而我们的基础原理立足于威尔逊的、泰勒的和韦伯的基本假设。对于大部分研究，工作理论和关爱被认为是不相关的概念。根据希梅尔维特（Himmelweit）的研究，"目前研究形成了一分为二的局面——家庭、关爱和女性是在一边，而工作场所、付费劳动和男性在另一边——这需要调整，来消除扭曲的二元论，因为这种二元论让关爱无法逾越障碍进入工作场所的研究之中"（1999，p. 28）。

为了展示传统公共行政理念和在实际公共服务中情绪劳动作用的这种对比，克雷默（2003）描述了卢瑟·古利克 70 年前的工作。卢瑟·古利克改进了行政的、机械论的、非人性化的、无情绪的模型，并且认为公共行政"应该是平稳的机制——像传送带一样传达人民的意愿……"（p. 140）将这种观点同一家社会服务机构实践相比：

> 这家办公室没有真正进行评估。我们不填时间表，不填工作表……你不做的事情之一就是去雇用那些有严格计划的人，或者去雇用那些说，这就是我被计划的一天，我必须做 A、B、C、D 的人。在这里不是这么运行的……我们……就做眼前事。如果你做不到，就别来了，因为最好的计划在这里只要一周就形同虚设了。

韦伯模型认为"人应被视为机器"，同样也是"形式的、非人性化精神的主导，'不怒不苦'，这个模型是没有仇恨和激情（sine ira et studio）的，因此也没有感情或者热情"（Weber 1922，in Boone and Bowen 1987，p. 16），这个模型需要公共行政者"冷若冰霜"（souls on ice），并且对待各种人际关系"没有同情或者是热情"（Thompson 1975，as cited in Kramer 2003，p. 14）。因此，劳动的理性分工、层级控制、绩效标准、选拔和晋升基于技术竞争力、正式的记录和沟通，也正是这样，在我们脑海中工作分类和绩效评估已经根深蒂固了。一位管教官员这样解 *46* 释道：

> 这决定于工作是什么。我的意思是，如果你是一个负责具体细节的官员，你需要开车到处走，接取财物、送盒饭。好吧，当他及时地做这些时，他能做得很好。但是让他到一个单元并独立管理一个单元，处理 145 个囚犯的所有事务，这就完全不同了。因为对待 145 个囚犯的工作要比在外面和两个人一起开卡车的工作更加情绪化。

官僚性质本身就预测了或者说塑造了工作的性质。根据韦伯所说，"官僚越加开发，就越会变得'不任性'"（1968，p. 975）。在拉尔夫·赫梅尔对官僚的尖刻批判当中，他谴责韦伯模型。他问道："难道公共服务官僚机构不是为了提供公共服务而存在的吗？"（1994，p. 31）赫梅尔解释道：

> 官僚机构官员的心理经历是这样的：……官员被要求成为没有良知的

人……那些服从的人变成了没有心的人……官员被要求将他们的情绪放在家。但是所有的人类都会——将自己和他人、工作目标、工作本身联系起来——并且有感情地进行着……我们为我们的当事人着想——同情或者蔑视……或者其他……结果是，未意识到的感觉悄悄地与我们工作中的人和事联系在一起——有时混淆了，有时又促成我们有能力完成工作。(1994，p. 112)

虽然情绪劳动在工作中的存在被证实了，用乔伊斯·弗莱彻（Joyce Fletcher 1999）的话说，感受的表达和管理却"消失"了。因为感受的表达和管理不适用于流行的"工作"范例。同样的，给予关爱也在管理机构中难以生存。官僚机构中的一般性和给予关爱的特殊性之间的矛盾使得它们难以和谐共存（Abel and Nelson 1990，p. 12）。

如在第 1 章中所说，城市化创造了家庭和工作之间的两分法，每个领域都需要不同的行为。而男性和女性角色的划分，使得男性成为了公共领域的主要工作者，女性成为了私人领域的家庭工作者，角色的划分成为了劳动市场认知和评价技能的方式（Baines，Evans，and Neysmith 1998，p. 52）。构成工作道德的规范反映了资本主义经济结构，这种结构优先考虑公共工作的完成以及"富有成效的"市场，也就放弃了女性在家所做的看不见的关系工作（ibid.，p. 47）。

47　　　　进入了家庭的私人领域，给予关爱也不可见了。关爱的世界比雇佣世界更加艰辛。因为工作的定义与市场密切相关，而关爱的这些特点让人难以将其当作工作。毕竟，就算情绪工作完成了，它看不见，也不能被衡量价值！(Baines，Evans，and Neysmith 1998，p. 239)

根据"市场价值"制定工作价值，更加巩固了现状，因为情绪劳动和关系工作任务不存在于普遍理解的工作范围之中。女性经济学家南希·弗布里（Nancy Folbre）说："我一直担忧的是经济学家对所谓的'市场'过度自信。"(2001，p. 231) 这种想法无法从文化角度理解价值。他们不认为工作中需要"让员工在拥有机构的同时拥有情绪"（Himmelweit 1990，p. 34）。对于明确的、可测试的技能的强调，抑制了与工业领域标准无关系的行为，或者说是使那些行为"消失"了，甚至当此行为直接与组织目标相联系时，也同样被抑制。一位顾问提供了这种工作的现实：

我们看到过各种当事人……那些［已经］经历过严重的性虐待的——一家人出去参观某地的时候母亲一直给其下毒的孩子……从 9 岁到 12 岁一直被继父强奸的小女孩，我想说的是，我们遇见过情况非常糟糕的当事人……而且全在一周之内，让你觉得……天啊，我有这么多糟糕的案子……你回到了……那种情绪忽上忽下的日子里，因为——现在——真的既紧张又压抑，你知道吗？

总的来说，市场的任务元素和绩效评估的"客观"方法，依赖于工作的思想体系，这种思想体系是由适用于产业但不适用于服务工作的规范构成的。传统的行政语言是科学管理的语言，例如控制幅度、官僚层级、权力、劳动分工。但是关注关系而不是控制的行政实践运用的是完全不同的另一套语言。

2.5　关爱理论（Theories of Caring）

为了从关系的视角讨论行政工作，我们首先必须做的就是放弃政府是种机器的理念。卢瑟·古利克提供了这样一种思路：

> 如果放弃机器模型，我们认为政府是一个有机体，一个生命有机体，对于政府组织我们有完全不同、更加准确和具有建设性的理解……政府里的员工不再是无足轻重的官员，他们是子生命体，每个人都有自己的生活、健康、关系和工作需要做。（1976，p.9）

卢瑟·古利克的转变是有启迪作用的。20 世纪 30 年代，他在早期研究中将政府比作机器，大概 40 年之后，他又将政府看作是生命有机体。这是另一种更完整的表述方式，这种行政理论逐渐被人们所认识并且有了新的表述方式。这种表述方式是关于关系的，其中包括关爱、洞察力、协作、勇气和直觉。关爱视角强调的是价值，包括例如周到和回应性，以及关系和情绪联结的重要性。这些看似"不科学"的词汇不是新词，但是他们对于行政理论来讲是相对新的词汇（Regan and Brooks 1995，p. xi）。特别是，关爱包括开展一段关系，"而不仅仅是对陌生人进行情绪上的服务"（Himmelweit 1999，p.35）。更进一步讲，关爱这个概念使得我们超越了原来传统的女性二分法的假设：付薪/非付薪，公共/私人，正式/非正式（Bains，Evans and Neysmith 1998）。

这种关系型的表述方式是社会服务所和城市俱乐部里女性的母语。斯蒂弗斯（2000）提供了这样一段话：从公共行政领域建立之始，公共行政就面对着两条具有分歧的路线：一种是官僚男性的科学导向，另一种是居家女性的关爱导向（参见 Schachter 2002 for a critique）。[1]"事实上，美国的公共行政没有很好地审视就选择了一条道路，而拒绝或者说是遗忘了另一条。"（Stivers 2005，p.27）系统化和关爱之间本可以存在互补性的推动力，但是性别动力学那时却在系统化和关爱之间造成了分歧。男性改革者认为需要将公共行政变得男性化，让公共行政变得"有肌肉"，也就是将其变得科学化、商业化（Stivers 2002，p.8）。斯蒂弗斯这样解释做这样决策的原因：

> 我认为，公共行政偏爱科学管理而不是活跃的市政内务处理，也就是偏爱效率多过关爱，至少是因为害怕政治家就性别问题谴责市政改革者：特别是将

48

市政改革者同女性与人为善的活动相联系的过程，会对他们的男子气概产生威胁。

斯蒂弗斯近期的工作"探索一条少有人走过的路：基于家的理念的公共行政……家为公共行政提供了关系型的现实。这种现实可以用来以另一种方式理解效率、控制和竞争"（2005，p. 27）。家的本体与抚育和关爱相联系。这些价值在居家以及俱乐部女性的工作中得以体现（2005，p. 35）。回想起这个问题，与官僚男性认为城市是商业形式，而居家女性认为城市是家，社区是一个大家庭相类似，因此，她们的改革因为"市政内务处理"而闻名，她们的工作被视为"公共母性"（Stivers 2000，p. 9）。[2] 例如，女性城市俱乐部，将其工作定位为"'联结家庭和市政厅'，城市中家庭和所有生活都无法摆脱与市政厅连在一起——女性关心食品检查、工业安全和清洁空气"（Flanagan 1990，p. 1048）。

简·亚当斯，芝加哥赫尔之家①的创始人，就生活在这样的现实里。从实际创办起这个机构开始，她就从家和社区的角度阐述了关于行政的务实观点，并且不认同效率对于有效的行政管理至关重要的理念。她使用"家庭"来比喻一个更广的社会，家的特点即关爱和抚育，在家庭中，每个人都被视为真真正正的人，被给予尊重和关爱，而不是以抽象的（案例）和数据对待，就这样，她阐述了一种根植于关爱和抚育的治理理念（Stivers 2008）。

当伯纳振臂疾呼"公共行政领域一定会有关爱的声音"（2003，p. 538）的时候，斯蒂弗斯、亚当斯和其他人（也包括伯纳）的声音代表着一种新兴的理解方式。福利特的组织化思维预见了在关系中关爱的重要性（Burnier 2003，p. 536）。赫梅尔和斯蒂弗斯批评政府变成了"逐渐致力于技术性的规则和程序的特殊化实体，不去管这些技术化的规则和程序是否关照了现实生活问题。理性，特别是工具化的理性，超越了关爱"（1998，p. 29）。他们倡导开发一种以周到和连通性为标志的"关爱政治"（p. 38）。孔·俊列出了一系列有公德心的行政者应该尝试表现的优秀品质，包括表现出"富有爱心和富有同情心"（1999，p. 224）。这些特质惯常地展现在公共服务的过程中。一位医院服务监管人提供了这样的一个例子：

> 一位女士在我们的健康关照单元，她患了癫痫……她说……我拒绝接受治疗……我问为什么。她回答道，同病房的人总是知道我要治疗去，他们觉得我有毛病……我就问她，为什么你要在意别人的想法呢，因为你在接受治疗，而且治疗的结果可能影响你的一生……你不需要担心在病房外的那些人的想法……你要考虑自己的情况，你多次提到过情绪问题……然后，她开始哭泣……说，你知道吗，从来没有人听我抱怨过，并且真正地关心我这个人。

这种情况使我们发现了公共行政关爱方向的指导性价值。在某种程度上关爱视

---

① 创立于1889年，是美国最早意义上的收容中心，同时被认为是美国的睦邻中心最具代表性的例子，它大部分是针对移民和难民提供社会和教育的服务。——译者注

角能够成为另一种公共行政的理论框架，这样我们的理论基础就由原来的官僚和市场变为了与"他人"的关系和体贴（Burnier 2003）。性别动力学激发了如下的转换：

> 理论学家也许会赞美具有良好的回应性并且懂得关爱的行政人员的美德，这些行政人员服务于公共利益，但是直到我们意识到回应性、关爱、服务在文化上都是女性的特质，这时候争执就将不断出现，正是由于这个原因在公共行政领域，我们显得非常矛盾。（Stivers 2002，p. 58）

如果关爱的理论处于公共行政文献的边缘，那么在姊妹学科中关爱理论是否是成功的呢？甚至在这里，记录也是有差异的。莱宁格尔（Leininger）询问为什么关爱基本没有受到以人为本的科学家和关爱者的重视（1988，p. 4）。赫希曼（Hirschmann）和利伯特（Liebert）（2001，p. 7）询问：为什么思考者如此奋力地工作却未将关爱纳入研究背景之中？人们猜想，答案可能在他们自己的研究发现中。

在莱宁格尔对护理文献的回顾中，她发现关爱和情绪工作是护理职业的必要条件。但是，在 20 世纪 70 年代中期之前，在护理领域几乎没有对关爱和关系方面现象的关注。根据莱宁格尔所说：

> 虽然护士们口头上说她们给予患者关爱，并且她们探讨护理关爱的活动，但是事实上在专业的护理理论中仍然没有有关关爱以及关爱理论和实践关系的认识论的、哲学的、语言学的、社会学的和文化方面的系统研究。（1988，p. 3）

莱宁格尔总结为关爱已经渗透到了护理活动当中（1988，p. 18）。鉴于主导地位的医疗（科学）模式和其专业化程度，除了认识到医疗工作中包含"情绪区域"（Bolton 2000，p. 580），关爱的价值仍然处于被淹没状态。

情绪劳动、关爱和情绪参与/远离的统一体，这些寓意深刻的概念已经深入到了公共服务中，就像他们已经深入到了护理实践中一样。多种职业对于这些特点都给予了同等的重视，包括教师、咨询、社会工作、管教工作、消费者事务工作和其他一些工作。举例来说，教师在授课过程中，建立良好的关系是其目标之一。里甘 51 （Regan）和布鲁克斯（Brooks）认为关爱是教育的精髓，传授过程需要包含"母亲般的关爱、同情、关系和合作"（1995，p. 6）。女性学者，如心理学领域的卡萝尔·吉利根（Carol Gilligan）、哲学领域的内尔·诺丁斯（Nel Noddings）和经济学领域的南希·弗布里都从她们各自的学科角度对关爱进行了论述。吉利根（1982）通过阐述一种关爱的道德来向我们传达了她的"关爱之声"，其基本的考虑是"没有人受伤"（Burnier 1995）。

上述的这种观点与我们对公共监护办公室、管教局和 911 电话派遣中心的访谈相一致。没有人否认他们的情绪工作也是一种实际的工作。和社会中最脆弱的群体打交道、为受虐待的儿童和老人辩护、为那些即将重返社会的成年罪犯进行咨询、为正在进行中的犯罪现场的受害者传达信息，再也没有比这些更实际的工作了。接下来是一位看守人对他工作进行的描述：

> 我觉得我的工作就是每天和人打交道……我认为情绪劳动的确在很大程度上与我的工作相关。我觉得我的情绪劳动和每个人的情绪劳动都有关，但是我不认为你真的（会关注情绪劳动）——你不会到监狱环境来思考情绪劳动。我也不觉得谁会思考这个问题……我觉得我每天每分每秒都在参与情绪劳动……我工作中最困难的部分是我有1 900个罪犯和400名同事。你知道的，你需要走出去和罪犯交流。

像这位看守人所说，情绪工作存在于实践工作中。那么，为什么情绪工作不被重视、不被付薪，难道它在"实际工作"的范畴之外？中立（公正）的行政能够关照基本的、从未通过中立方式实现的人类需要吗？（Hummel 1994，p.14）员工亲口所讲的话、他们对于研究问题的回应，提供了更进一步观察明显的事实的机会。以数据形式产生的调研结果帮助我们揭示实际的公共服务实践。这些数据从完成调查的员工中收集而来。

表2—1显示的是三家机构的回应率，以及性别、婚姻情况、种族的统计分析。人口统计学特点在表2—1和表2—2当中说明了回应者不同的受教育水平、不同的经历以及不同的中等收入水平。公共监护办公室（社会工作者）的特点是女性员工在样本中占多数，这显示了女性员工通常在基础工作中所占比例较大。

52   表2—2显示了所有回应者的受教育水平。回应者的受教育水平从高中到博士，其中61％的员工至少拥有大学学历。一般来讲，这与公共部门的实际情况相符合。公共部门的工作与私人部门相比，需要更高的受教育水平。在回应者之中有77位律师，这77位律师均在公共监护办公室工作。其他的受教育群体平均分布在三个机构之中。薪酬范围在基层工作者和管理者之间。

表2—1   **样本特点**

	公共监护办公室	管教局[3]	911电话派遣中心	总计
受调查者人数	139/270	135/324	34/40	308/634
回应率	51.5％	41.7％	85％	48.6％
女性	106	77	22	205（66.8％）
男性	33	57	12	102（33.2％）
已婚	50％	58％	50％	161（53％）
种族：白人	52％	90％	70％	217（71％）

表2—2   **被调查者的受教育水平和薪酬水平**

高中或者GED	4.6％
技术培训	2.6％
大专	20.8％
副学士学位（拿到美国修满两年课程的肄业证书）	10.4％

学士学位	17.6%
相当于学士学位的学位	7.2%
硕士学位	9.8%
法学学位	25.7%
博士学位	0.7%
其他	0.7%
被调查者的薪酬	
＜$20 000	0.3%
$20 000～$29 999	9.3%
$30 000～$39 999	14.6%
$40 000～$49 999	32.5%
$50 000～$59 999	21.5%
$60 000～$69 999	9.3%
$70 000～$79 999	7.9%
≥$80 000	4.6%

首先，大多数（79％）的员工报告他们更喜欢和人一起工作。喜欢和人打交道的员工比例很高，接下来展示的是被调查者回答调查题目的图表。每个图都解释了 53 一个理解员工情绪劳动的视角：图 2—1 显示了员工需要进行情绪劳动的频率，图 2—2 展示了员工对他们进行情绪劳动所需能力的评级情况，图 2—3 展示了员工必须在表达一种感受的时候抑制自己情绪的频率。

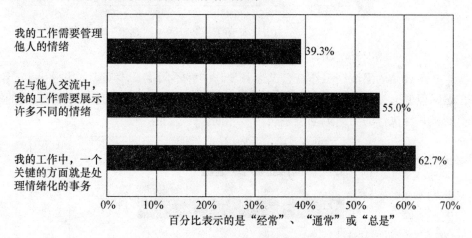

图 2—1 员工需要进行情绪劳动的频率

图 2—1 说明了大多数员工都进行情绪劳动，不管是处理情绪化的事务，还是当与他人互动时展现不同的情绪或者管理他人的情绪。图 2—2 说明了员工对他们进行情绪劳动所需能力的评级情况，换句话说，此图说明了员工在情绪劳动方面能够达到的效能水平。条形图展示出 3/4 的员工认为他们善于让他人冷静下来，基本同样多的人认为他们在处理情绪化事务时有过人之处。

问题的反馈显示出员工需要实践不同形式的情绪劳动，从展示基本的礼仪到在艰难的环境下安抚焦虑不安的人，使其走出困境。这样的情景对他们的日常工作有何影响呢？答案是员工不仅需要完成认知性任务，也需要完成情绪劳动任务。比工 54

作要求更有挑战的问题是如何抑制自己的感受并且表现出另一种情绪。这是演员在舞台上所能做的事情。在某种程度上，员工每天都必须执行情绪劳动，很明显，使用情绪劳动的技能与执行其他工作职责密切相关。图2—3展示了员工必须要隐藏情绪的频率。事实上，抑制自己的情绪并且表现其他情绪的能力在完成列在工作描述里的职责时经常是必要的。将近3/4的员工报告他们必须要表现出"超常的好"、超过1/3的员工认为必须在执行工作的过程中压抑自己的真实情绪。

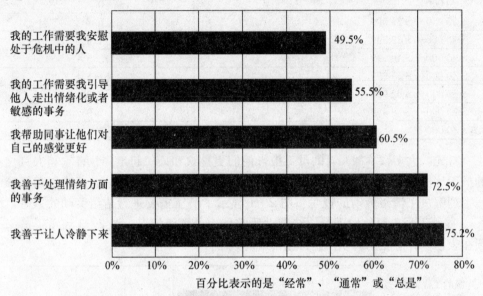

图2—2　员工对他们进行情绪劳动所需能力的评级情况

这些图表显示出情绪工作在公共服务工作中并不陌生。事实上，几乎每位员工都在不同程度上被要求实践情绪工作。员工自陈报告显示，他们执行情绪劳动的能力不同，并且执行的情绪劳动类别也不尽相同。

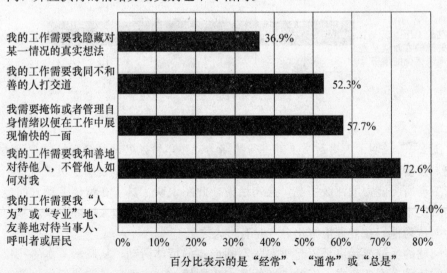

图2—3　员工压抑自身情绪的等级

德怀特·沃尔多认为公共行政事务从业者和学者在全力应对"人与人之间的合作"问题。在公共行政领域很少有问题是简单的技术性问题（Stivers 2000，p.135）。社会工作者安慰受惊的小孩，律师助理安慰青少年当事人，调查者为了得到线人的信任百般变化自己的行为表现，公共律师介入危机干预过程，管理者重振员工的精神，行政人员受委托担任代理母亲。这些人的工作不像技术人员那样的"中立专家"仅仅做好"自己的工作"。他们的工作特点就是关系型的，工作本身就涉及相当多的情绪劳动。但是他们的大部分工作以及其他进行情绪劳动和给予关爱的工作，都没有被正式对待。正像第 1 章所说的，情绪劳动不包含在任何一个正式的工作描述之中，也没有被纳入绩效评估之中。情绪劳动不可测量、没有记录。在关爱关系中的大部分工作都是"未知"的。

情绪劳动"错综复杂的特点"（Fisher and Tronto 1990，p.40）——与死亡打交道，给予关爱，与不讨人喜欢的、怨气重重的、顽固的或者敌对的当事人接触，与社会中最有需要、最脆弱的成员互动——说明了公共服务日常实践与正式管理效率理论之间的鸿沟。单纯的技术在处理人们生活的过程中无法发挥作用。

不能为了取悦捣弄数字的人就把人类服务转换成一种商品。概念的两分法，例如公共/私人、效率/民主这种分法在我们检验实践的时候是不能持续的（Stivers 2002，p.127）。每个当事人、公民和行政者每天都会做出一些判断，例如关于如何做好一份工作以及如何做好一位行政者。作为一种价值和实践，关爱与这样的判断密不可分（Burnier 2003，p.541）。情绪劳动就是这样的实践。一位公共监护办公室的社会工作者这样说："你回到家感觉，噢，我真的完成了一些事情……你真真切切地感受到了这种……感觉……你看到了自己工作的成果……我通过做自己的工作直接影响到了我当事人的生活，而且是朝着好的方向发展……这真是种愉悦感。"目前我们需要的是公共服务实践与公共服务理论框架之间的调整。当我们观察到的世界与理论要求的世界不相一致的时候，就应该修正我们的理论。

在某些工作中出现了组织屏障，阻碍员工进行情绪工作，组织屏障使员工嘲笑情绪劳动、罢免情绪劳动，或者在一个组织内的高层次员工激活了"地位屏障"，将关爱的任务给了低收入的员工。这种保护性的措施使得员工不愿发挥关爱的功能，这样有损于公民和国家之间的关系。组织和地位屏障是这样造成的：高层级的员工收集信息并处理，低层级员工与处于危机中的人交往互动，并且说明可能的后果（Stenross and Kleinman 1989）。例如，医生开一份化验单让病人做化验，但是让护士解释结果。招生委员会可能会拒绝申请人，但是让项目助理来传达这个消息。

做好一份工作所需的不仅仅是知识。在任何一个部门进行快速调查就能知道谁更善于让人稳定情绪、谁更善于让人团结在一起工作。在组织中很容易分辨谁在需要的时候没有进行情绪工作。举个例子，董事依靠秘书，男性警察依赖女性警务人员。性别和地位屏障联合起来让情绪工作不成比例地施加在部分员工身上。

2.6　结　论

本章的目的在于说明在公共行政理论发展过程中有一个缺失的环节，并且在经典理论中引入情绪工作和关爱理论。在相关学科的文献中对于关爱和情绪工作的论述比较多，但是除了少有的几个例外，公共行政领域还没有对关爱理论和情绪工作的论述。我们这个研究领域的词汇还被工业时代、官僚主义和市场所主导。我们脑海里想到的是工厂工人、刚性控制、科学原则、流程再造、重组、再造、公共企业家和管理知识这些词汇。这些是使政府如何最大程度发挥作用的词汇。我们学科中基本上所有的对话都是围绕如何实现公共行政的科学地位展开的。我们不太可能质疑在我们的领域将科学视为目标和指导价值的恰当性（Stivers 2000，p. 131）。政府可以而且应该做的事很少受到关注。在进步的社会改革者的领导下，政府将着眼于改善民众生活条件，并且"力争将科学应用于生活服务之中"（Stivers 2000，p. 136）。毕竟，公务员每天都这样做。

政府工作是与有小缺点的人相关的工作。当应用关爱理论和情绪工作的时候，我们领域的正式语言忘记了这一点。"如果我们想让公共行政学术研究有能力讲真话，我们就必须讲有意义的话"（Guy 2003，p. 652）。而关系、融洽、互动、同情、服务、干预、关联性和灵魂工作构成了这种关系型管理视角的词汇。

公共服务理论关注民主的实践、公民参与、多数原则，但是很少触及公民和国家之间的交流。对于公民和国家之间交流中关爱的认知就更少了。也许原因与护理理论家所说的类似，这种情况没有体现出"在理解一个有关性别和贬值的概念的过程中政治上的精明"（McEwen and Wills 2002，p. 45）。

我们生活在一个服务型经济的时代。微笑服务、私营部门长期的口碑，正在获得公共领域的一席之地。一个客户导向的目标通常与关爱和情绪工作联系在一起，也就是帮助那些在水深火热中的人。俄克拉何马市大爆炸、"9·11"、地震、洪水和海啸这些灾难中关爱工作和情绪劳动在减轻当事人痛苦的过程中发挥了极大的作用。而日常的人类服务领域的情绪工作也同样繁重、同样被迫切需要，值得我们注意。

总而言之，通过情绪劳动以及关爱和服务的价值这个透镜，我们看到公共行政领域中的缺失，也了解了在公共行政过程中什么叫做真正的"工作"。对实践中情绪劳动（包括案例）的关注，强调了公共工作的（人类）特征。事实上，我们建立了一个精神上的公共服务框架（Box and Sagen 1998）。在公共行政者面前最严峻的挑战不是让他们的工作更有效率，而是将其变得更加人性化、更具有关爱特征。理性和效率的基础性价值，与公共行政实际的实施之间的吻合度比较低。现在已经到了突破这种偏差的时候了。

注　释 *58*

[1] 沙克特认为根据科学管理的论述，居家女性应该由社会负责。社会倡导理性调查是工作的一部分，用专业知识来为穷人解决社会问题和提供制度化的政府服务；效率的重要意义，被理解为最大化地使用一切行政资源（2002，p. 565；also see Schachter 2004）。

[2] 如果需要具体的大约 1913 年的芝加哥（男性）城市俱乐部和女性城市俱乐部的比较，参见 Flanagan（1990）。

[3] 一位管教局的被调查者没有标明性别，因此性别总人数比被调查者总人数少。

第 3 章

治理、公共需求和公民满意度

能够剥夺公民自由权利在商业部门并不存在。这种权利在公共服务部门存在，这使得其与商业环境不同。一位在监狱工作的管教局官员提及来探望犯人的家庭成员的时候这样说道：

> 有一些人来探监，他们觉得自己的家人在这里所以会很生气，但是我们又不是他们的家人被关在这里的原因。他们被关在这里是因为犯了罪，法官给他们判了刑。我们在这里只是做自己的工作……他们认为我们好像欠他们什么东西似的。你知道，[一个来访者]说，"顾客永远是对的"，我说，"在沃尔玛你是对的，但是这里可不是沃尔玛。这是监狱，探视只是一种权利。"

本章的目的是说明为什么政府在提供服务的过程中情绪劳动是必需的。我们将情绪劳动与认知/分析的表现区分开，并将情绪劳动的表现与公民满意度相联系。一位狱警这样解释道：

> 我必须要保持一切都在我的控制之下，很多时候你必须表现出强悍的一面，因为你要让他们知道你掌管着这个单元。如果你不是这样，他们就会看到你内心的脆弱，这让他们不听从你的指挥……在女性单元，我们也要和她们的家人打交道；我甚至和孩子们打交道，所以说，有的时候我表现出一副强悍男人的形象，而在接待室里或者在接待处工作的时候，我又必须变成温柔的男士。

关注公民满意度和服务质量就要求情绪工作得到良好执行。公民期待从零售销 *60*
售员脸上看到微笑，同样也期待政府能够提供良好的服务。公共执行、生产力、任
务完成与公民满意度之间的关系是毋庸置疑的。

　　正如前述章节所说，早先客观的、科学的效率仍然影响着当今的公共管理领
域。但是，如果 20 年来的政府再造和绩效管理的过程能够教给我们什么的话，那
就是工业时代的规范没有适应服务型经济的要求。就好像在时间隧道中一样，制度
障碍将传统的工作概念变成了永恒，这就使得我们很难看出目前的实践对不可见的
情绪工作的贡献。预见他人的反应、并与其进行情感上的交流，这是大多数公共服
务工作的支柱，特别是在健康和人类服务专业、公共教育、辅助专职工作、大多数
支持性岗位、政府职员和市民柜台交易等工作中。

　　很多对抗性的工作也需要预见他人的反应并与其进行情感上的交流，例如警察
调查工作或者审计方案工作。这些劳动密集型工作直接影响任务的完成。这里我们
让一位调查者说明他的情绪劳动经验：

　　　　我有能力在我的情绪即将失控的时候控制住自己的情绪。我还记得第一次
　　我发现了一个在保护令下的孩子，我和警察一起收回了那个孩子的监护权……
　　当时的哭闹声和尖叫声不绝于耳，那一次对我来说非常艰难……我还记得自己
　　非常情绪化，自我质疑了很久……随着时间的推移我的情绪已经不再那么波动
　　了——我猜你可以说我已经变得冷酷了。

　　另一种对情绪工作的理解也在逐渐发展之中。80 年前，在一篇 1925 年的论文
中玛丽·帕克·福利特通过讨论认为相对于"高一等的权利"，"平等的权利"更适
合工作环境（1942［1925］），这其中暗示着情绪工作的概念。现在我们到达一个时
间点，这里福利特已经提及她的观点，彼得·德鲁克（Peter Drucker 1980）开始
重视产业员工向知识性员工的过渡。两者都注意到了一个闪光点，那就是由于工作
环境的变化，员工在就业过程中需要一些新的技能，而在雇佣环境下，这些技能尚
未被传统方式标准化。他们虽然没有把注意力放在对新技能的识别上，但他们看到
了工作性质正在改变，人与人之间的交流占这种变化的一大部分。尽管情绪工作的
元素没有出现在他们的著作中，但是特别是在福利特的论述中，情绪工作可以作为
潜台词被推断出来。一位在管教机构记录办公室工作的女性工作者说明了这种新的
现实——情商、情绪劳动和认知性工作的综合：

　　　　有很多家属打电话来问我们某某某什么时候释放。一位女士今天上午打来 *61*
　　电话想知道她妹妹什么时候出来。外界的人们总是信口开河——这对于我来说
　　是很沮丧的，因为那不是事实，人们会对你告诉他们的话纠缠不休。也许他们
　　误解了，我不确定，但是你知道吗，跟你打交道的人是不同类型的人，他们在
　　压力之下精神紧张，他们的生活出现了问题，并且正在试图弥补这一切，我们
　　是被询问意见的人，我们是中间人。

情绪劳动的履行所得到的更多时候是沉默，而不是奖赏，但是情绪劳动影响员工的士气、员工招聘和员工保留、公民响应以及公民对政府的看法。情绪劳动是一个人力资本问题，它影响内在和外在的报酬、工作满意度，从负面角度讲，也可能导致精力耗竭。在公民与政府官员一对一的交流中，情绪劳动直接影响公民对政府的印象。

3.1　公众需求

一个机构的利益相关者可能成为"有需求的公众"和在履行工作职责过程中的有压力的员工。这些有需求的公众需要各种不同的回应。情绪工作是一个连续统一体，在服务交换的基本层面最简单的表达是"顾客永远是正确的"。这是在商业机构中最密切地反映出情绪劳动的例子。员工在面对批评和抱怨的时候需要表现出乐观和积极。在"投诉服务台"工作，工作人员不需要将自身情绪带入其中。而当处理服务对象的个人悲剧时，工作人员必须掩饰个人深层次的情感反应。举个例子来说，当社会工作者必须将一个孩子从她家里送走，或者第一个赶到事故现场的工作人员，都需要进行情绪劳动，抑制自己的情绪。一位911接线员这样描述道：

> 有时候，晚上你接起电话，每个人都像疯了一样，每个人都诅咒你。对他们而言，他们面临的问题是全世界最重要的问题，他们不会管谁被枪杀了、谁出了严重的车祸。如果有人抱怨隔壁派对噪声太大，那时候噪声是他们最重要的问题，他们需要你立即让人去那里解决问题。

3.2　公民满意度

在公共服务人员不足，但是必须要满足类似于商业机构的"顾客"期望的环境下，积极的交流就成为了衡量绩效的基准。当居民遇到了友好的基层官员的时候，他们更可能对其提供的服务以及一般公共服务有积极的评价。就像公民喜爱自己的国会议员但是谩骂国会这个机构，公民也许会抱怨政府，但是实际上他们会对特定的机构或者员工给予积极评价。

那些敏感并擅长面对面进行公共服务的员工使政府变得人性化。因为国家机构的目标是更好的绩效，情绪工作就应该被承认并且被纳入工作描述和奖励系统。这是一个人力资本的问题，直接影响公民对于政府的看法。

公民满意度的目标通过保持公民和国家之间积极交流的工作环境来达成。这就需要有能力、有经验、主动去行动，需要员工为自己的工作感到自豪。在达成公民满意度的过程中，工作满意度的主体是非常重要的变量。从积极的方面讲，情绪劳动赋予员工和公民之间的交流以意义，从而达成工作满意度。从另一方面讲，过多的情绪劳动对应过少的奖励，则会导致精力耗竭。首先看积极的方面，下述的评论描述了员工如何表述他们工作中有意义的部分："这里没人变得有钱，这与任何获得物质报酬不同。人们在这里工作是因为他们认为他们的工作很重要，他们感觉他们所做的事情有价值。"从另一个方面讲，如果他们没能开发出应对的机制，情绪工作可能最终导致精力耗竭。下面的评论说明了这个问题：

> 在我工作的第一年，我没有休一天假——我连感恩节都在上班——我每个假日都工作，认为无论如何，只要我付出的多，就能够解决所有问题。这不是真的，我吸取了教训。我已经重新开始练钢琴，我都 30 年没有练过了。

> 我每天来得早，回得晚。但是当我离开的时候，我真的可以把工作放在脑后。我不喜欢把工作带回家，因为这样我可以将工作和生活区分开。我能感到什么时候要离开这里一会儿，我试着注意这一点并且执行，因为我知道如果我那样做了，之后我会焕然一新，更好地做工作，并且更富有成效。

> 你需要不断地平衡所有这些事情，最终你必须把它们抛在脑后，否则你就会过度有压力，并且变得无效率。我们谈论了许多，疲倦的工作是无用的，因为你变得不再有效率了。

另一个在"富有感情地"传达公共服务过程中的困难是公民根本不理解能力限制，这就导致了居民期望和实际之间的落差。这种落差让事情更加复杂，使公共行政工作更加困难。举个例子，一位警察部门的电话接线员这样说："我们很难处理公民的预期：人们打来电话，随后又打过来问为什么你们还没有处理好我的报案，实际上，你知道的，我们不可能像在电视上一样一个小时内处理好报案。"

积极的工作环境培养了员工之间的友爱情感，这能使得员工开发"内部"笑话。在这样的例子当中，在工作中得心应手的员工懂得如何融入环境。一位在焦点小组的同事说道："是啊，每天有很多电话打来让你意识到基因库是真的、真的很浅。"

3.3　理性工作与情绪劳动

在社会学和组织领域的文献中，出现了越来越多的以情绪劳动为主题的文章。多数文章都阐述了一些关于二分法的问题，例如认知/分析，或者"理性"工作和情绪工作（Shuler and Sypher 2000；Domagalski 1999；Fineman 1993）。例如，有学者认为理性是一种规范而情绪对于效率和有效性只有破坏性的影响（Tracy and Tracy 1998）。为了在工作场所加入情绪的概念，帕特南和马姆比（Putnam and Mumby 1993）提出了一个概念，也就是"有限感性"，这与赫伯特·西蒙的有限理性相对应。他们认为官僚机构给予理性以特权，使得情绪体验边缘化。也就是说，"在组织日常生活当中，情绪通常与理性对应起来，并且情绪体验经常处于最小化

的模式"（p. 41）。我们同意帕特南和马姆比的批评，并且认为情绪工作在公共服务
当中具有很大的利用价值。一位在监狱中担任辅导员的人这样说：

> 你真的需要根据情况改变自己。这有些奇怪，因为你在根据访谈和文字处
> 理过程来改变自己。出于同样的原因，你需要做你自己，但是你怎么能做到改
> 变你自己，并且根据环境、根据他人的身体语言设计你的行为，而且不允许你
> 的任何消极信号表现出来呢？而且这些消极信号你很可能并没有意识到。

一位内部事务职员解释了为何一些员工在工作的情绪劳动方面表现得比其他人
更好。他的描述抓住了为了表现出色而"有感情"地互动的重要性：

> 你要知道如何接近人们来得到信息。我的同事当中有几个人就没有像其他
> 人那样的能力。他们得不到信息。在我的工作中我需要使用情感。我的意思是
> 也许你需要在你并不沮丧的时候表现出沮丧。

64

只要人力资源政策和程序不承认情绪工作的重要性，那么，情绪工作就很难得
到明确的定义，"良好的人际技能"或者"和他人相处的技能"就更容易被忽视。
这就产生了一个难题："理性"这个词汇本身就具有潜在的对价值和适当性的积极
性意味，而"情绪"这个词对于价值和适当性具有负面的意味。正如上文所说，情
绪劳动对于工作绩效至关重要，但这种手法只是假设，而不被认同和被付薪。具有
良好的情绪工作技能的求职者不会因为这种技能而被招募，他们运用情绪工作技能
也不会被奖励。

伊利诺伊州的绩效评估表格显示，仅有14％的表格不是在敷衍了事的识别和评
估情绪劳动（Mastracci, Newman, and Guy 2006）。许多公共服务工作的现实说明
了标准工作定义、招募和选拔过程当中存在的不完整性。一位公共监护办公室的调
查员解释道：

> 人际关系、倾听和提问的能力、获得信息而不让孩子们认为应该有一个正
> 确答案的能力——这些都是良好的技能，在实践中需要大量应用。这些人真的
> 很擅长于此。我认为这是一些人的天赋。令人惊叹。

对于这些技能缺乏理解，就忽略了在选拔员工过程中一个重要的考虑因素，并
且导致了对于一项工作必需技能的低水平支付，这让情绪劳动不可见，让情绪劳动
成为了一项不能被教授的天赋。

诚实地讲，公共行政完全遗忘了情绪劳动：文化因素增强了社会对于商业价值
和产业生产模式的推崇。政治过程根植于亚里士多德的逻辑，也就是说强调对"理
性"的广泛关注，尽量减少其他思维范式。后现代再评估这些根基就带来了一个更
广泛的对于整体人类行为的理解。例如，卡米拉·斯蒂弗斯（2000, 2005）提出了

一种崭新的公共行政的视角。这种视角基于 20 世纪早期的社会改革，她认为公共行政者不仅包括行政的"商业"角度，也应该包括"家"的方面。也就是说，"家"的理念涵盖了关爱、社会、生活质量的价值。这种视角扩大了对于管辖区的交通、卫生、商业发展、生活和社会质量应有的关注，这些领域能够培育和实现人类的发展。

3.4　情绪劳动与情商

要理解"自然"的行为与情绪工作之间的差异，就要考虑那些"比好更好"的员工在整个工作周里的表现，看他们对沮丧的致电者、有需要的客户、不耐烦的管理者的回应情况。在工作日中积极的、安抚性的行为有助于完成工作。这些行为不 *65* 是在员工下班之后完成的。这些行为作为工作的一部分，需要分析、技能以及判断能力。抑制或者管理自己的情绪需要高水平的情商。

下面这些话来自一位社会工作者。她描述了在工作中需要什么来与孩子们建立和谐关系，实际上她说的就是情绪劳动。她必须让她访谈的人足够信任她，来提供完成她工作所需要的信息。这就需要识别当事人的动机和倾向，以适合的方式建立积极的关系。她的岗位描述里面有教育和资格证要求，但是这些可观察到的、或者量化的"知识、技能和能力"仅仅使得她被雇用，而不能帮助她完成她的工作。成功完成工作的特定技能不仅仅包括"客观"的工作要求，还包括与客户建立良好关系所必需的情绪工作：

> 你需要和一些人套近乎——你需要那种联结。一些人你不需要这样。有的人可能错误地指责你，这些人非常难接近。我试着思考我能拨动什么样的情绪之弦让人们放松、平静，并且和我交谈。用气愤对气愤没有效果，你必须表现出专业，你必须保持冷静，在某种程度上你必须理解。我们与人打交道。如果我们和机器打交道的话，是的，我一直都会很成功。你知道，在我面前的是，具有另一张面孔、另一种性格特点、另一个有麻烦的人。

3.5　作为一种情绪工作的情感工作

根据我们的访谈和调查，我们相信需要唤起一系列情绪的工作与需要较少表现出情绪的工作之间存在差别。举例来说，员工需要在某一领域扮演一个角色、并且表现出"制造好"的情绪——警察必须要表现得强悍；在另一领域，需要同情或者怜悯，例如教师必须要表现出热情和欢乐。前者需要更多的"表演"或者伪装，而后者更多地需要真实地表达情绪。我们将两种工作归纳为情感工作与情绪工作。

第 2 章的图 2—1 显示，大多数员工为了完成工作必须表现出一系列的情绪。超过半数的被调查者报告他们经常、通常或总是在与他人的互动过程中，表现许多不同的情绪。几乎 2/3 的人报告说他们的工作有一个重要的方面是处理与情绪有关的事务。这些数字代表了很高的比例，说明情感是工作的一个构成部分。就像一个主题的变体，情感工作是情绪工作的一个变体，需要产生不同的情绪，就像演员表演一样。员工需要披上各种情绪的外套，这些适当的情绪可能是幸福、惊奇、痛苦、悲伤或者是愤怒。

3.6 情绪工作的连续体

情绪工作是一个连续统一体，如图 3—1 所示，范围从表面表现出友好，到真实地表达或者抑制自己内心深处的情绪。

表面的情绪表达	同理心	强烈的表达/抑制

图 3—1　情绪工作的连续统一体

类似于零售柜员的工作最符合左侧的统一体，但是涉及保护服务、人类悲剧和紧急情况的工作则属于右侧的范畴。那些需要做到"比好更好"地对待打电话来问询医疗处方保险的工作也是一种情绪劳动。同理心，例如顾问、教师、人类服务提供者和那些需要处理打市政厅电话的沮丧的房屋所有者的工作人员，需要理解和感知公民的处境以及做出相应反应的能力。处理不守规矩的囚犯、关系恶化的家庭成员、处于险境的居民以及进行儿童虐待的调查时需要抑制自身的情绪，同时表现出另一种情绪。下面的例子说明了情绪劳动的几种水平：同理心、情绪抑制、管理呼叫者的情绪。

> 公民没有意识到，他们感觉自己在电话上听到的只是一个声音，但是这并不意味着在电话后坐着的你不能感觉到他们正在经历的事情，因为有时候你不能提供帮助，只能假想把自己放置在那些情况下，这有点可怕。你不想让他们知道你也害怕。我的意思是，这是底线——他们根据你做什么来做出反应，所以你没有选择，只能保持冷静。
>
> 我们所要做的主要的事情就是让他们在线上，并且让他们确信马上就会有援助。在那种情况下，时间似乎变得很漫长。我们必须努力向他们提问题。我们不能允许出现死气沉沉的沉默。我们必须在那段时间内整合谈话，让那个人在电话线上，让其保持冷静，并且让呼叫者知道即将有人来帮忙。

3.7 描述关系工作

情绪表达的特点经常表现在性别方面，被认为适当的，也就是男性化的；或者是不适当的，也就是女性化的（Ollilainen 2000）。举例来说，传统的公务员系统将薪酬水平与量化指标相联系。其目的是保证薪级尽量客观。事实是，这样做使得关系工作等同于检查水果，而检查水果是一个能够观察和计数的任务。任务被描述为是否为等量的，因为我们没有开发出一种理解和表达涉及情绪工作的工作类型特点的方法。图 3—1 所显示的连续体被忽略了。在传统的工作描述当中，关系到关系工作的语言会减少工作的可预测性和刚性。但是运用那些语言有助于提供更准确的工作分析、雇佣决策以及绩效评价。

一位 911 接线员说："如果你不能每一天都处理类似于孩子不能呼吸或者孩子被虐待的电话，你就不适合待在这个地方。"而一位在监狱记录办公室的办公室协调员这样说道：

> 很多人没办法在这个办公室工作，因为这里压力很大。牵引感——是的，你总觉得有人在牵引着你，我不太明白为什么我不会被打扰，但是我就是不会被打扰。别人情绪越剧烈，我就越能拉回自己的情绪，让自己更冷静。我也不觉得是自己告诫自己没关系，必须要冷静，这仅仅是种自动发生的习惯。我在精神上可能修建了一堵墙，因为我可以处之泰然。很多人到这里问："我要的文件在哪里？"我确实是修建了一堵墙，拉回了自己的情绪，并且精神集中。我也不知道自己是如何做到的。

无论是 911 接线员还是办公室协调者，他们的工作均以情绪需求为导向。尽管工作内容不相同，但是两种工作所需的情绪工作技巧是相似的：两种工作均需要控制自身情绪，并且管理他人情绪。

情绪劳动有时被认为是女性固有的工作类型，而不被认为是男性拥有的工作类型。表 3—1 展示了男性和女性回答关于情绪劳动问题时在数据测试方面的区别。仅有两个项目展示了女性和男性在他们实施情绪劳动过程中在程度上具有显著差别。其他项目显示，情绪劳动的实施在男性和女性之间没有差别，它与性别是无关的。

表 3—1　　　　　　　　女性和男性在回答不同调查条目上的差别　　　　　　　　*68*

条目	样本大小		均值 & 标准差（sd）		t 值	P 值
	女性	男性	女性	男性		
问题 15　我很善于让他人冷静下来。	203	102	5.18 sd=1.16	5.31 sd=1.12	−0.983	0.326
问题 20　我帮助同事提升对自己的看法。	205	100	4.91 sd=1.19	4.78 sd=1.28	0.886	0.376
问题 22　我的工作需要我引导人们走出敏感和情绪化的问题。	205	102	4.69 sd=1.86	4.15 sd=1.86	2.424	0.016
问题 23　我的工作中的一个重要维度是处理情绪化的事务。	205	102	4.86 sd=1.93	4.54 sd=1.89	1.395	0.164
问题 24　我设法让自己感受到我必须表现出来的情绪。	198	100	4.03 sd=1.62	3.84 sd=1.72	0.939	0.348

续前表

条目	样本大小		均值 & 标准差（sd）		t 值	P 值
	女性	男性	女性	男性		
问题 25　我的工作需要我假装出没有感受到的情绪。	205	101	2.70 sd=1.52	3.19 sd=1.48	−2.677	0.008
问题 26　我的工作需要我管理他人的情绪。	203	101	3.85 sd=1.84	3.85 sd=1.86	0.003	0.997
问题 27　我的工作需要我在特定情况下隐藏自己的真情实感。	204	102	3.84 sd=1.62	4.04 sd=1.60	−1.025	0.306
问题 29　在工作中，我很善于处理情绪问题。	203	102	5.16 sd=1.25	5.20 sd=1.24	−0.221	0.825
问题 31　我很担忧工作会让我变得冷酷无情。	204	102	3.33 sd=1.74	3.26 sd=1.90	0.316	0.752
问题 46　我的工作需要我友善对待他人，无论他人怎样对待我。	204	102	5.31 sd=1.53	5.25 sd=1.52	0.344	0.731
问题 48　我帮助同事处理工作上的压力和困难。	200	101	4.24 sd=1.54	4.04 sd=1.44	1.087	0.278

在条目"我的工作需要我引导人们走出敏感和情绪化的问题"上，女性报告出
69 更高等级的情绪劳动。在另外的显著性差异里，男性报告出更高的情绪劳动水平
（条目"我的工作需要我假装出没有感受到的情绪"）。很难解释这些差异表明什么。
也许是女性在处理情绪问题时在细微事物方面更敏感，或者，因为女性更愿意和有
能力从事这种交流，她们认可这是种经常性的工作。很明确的是，男性和女性都实
施情绪劳动。

男性在有些条目上比女性的答案频率更高，男性的工作需要他们假装出没有感
受到的情绪，这两件事同样有趣。管教官员的回答是否意味着他们必须表现得"比
强悍更强悍"，这是因为他们没有经历过女性的情绪紧张呢，还是因为他们的社会化
过程使其假装没有体会到的情绪，我们不得而知。第 24 个问题探索的是员工进行情
绪劳动的真实性。女性和男性在回答这个题目上几乎没有差别，这也就说明了两性
在体会他们必须展现的情绪的时候是一样的。

3.8　公共服务工作与人力资源管理规则

如果忽视公共服务中的情绪工作，那么也就等于承认了完成任务仅仅等同于正
确地配置资源、根据需要调整资源，并且提供规定的服务。如果真的这么简单的
话，本章所有的引文都将没有任何意义。在现实中根本没那么简单，如果公共服务
中的服务意味着什么的话，那就是公共服务工作中的关系型构成成分，这个成分必
须在人员配备计划中被考虑和确认。

提供公共服务工作是一种劳动密集型的工作。服务性工作不同于产业工作，因
为服务性工作需要面对面或者电话交流，并且需要使用情绪劳动来得到"他人"的

回应。这种工作是关系型的，能够促进合作和任务完成。员工所说的话揭示了在公共服务当中情绪劳动的特殊之处。他们说明了情绪劳动在促进政府绩效、回应有需求的公众、提升公民满意度方面的重要性。一位在公共监护办公室的员工这样说道：

　　我的工作大部分都有压力。但是就像我说过的，我觉得压力分为好的压力和坏的压力。你知道，良好的压力促使你做所有你能做的事情、成为你想成为的人。坏的压力让你止步不前。我觉得我已经得到了良好的压力。我并不是说每一天都是这样，因为你知道我也有坏日子，但我的工作总体上讲有良好的压力。

70

　　公共服务事关重大。紧急情况和法定以及宪法规定的责任从来不会停止。因为员工有时在度假或者因为预算过低没办法雇用足够的员工，所以时不时就能听到员工抱怨尽管一家机构的使命是强调服务，但是员工人数过少，他们无法快速做出回应。
　　当工作人员不充足时，完成本应该完成的任务导致工作压力倍增。并且，人员配备计划也不能将工作特性纳入考虑范围，这使得员工承受了不必要的压力。那些忙碌的又想要完成工作的员工压力上升，一位 911 接线员说：

　　没有足够的巡逻警察也让人很有压力，因为我们都是以客户为导向的，无论别人怎么说。我们想要帮助他人，但是我们也担忧当人们遇到了法律问题但是我们不能让警察过去处理。你所能做的只是告诉警长，我们接到了一通电话，但是没有警察能空出时间过去。

　　通常情况下，新员工的培训仅仅包括技术上的培训，但是不包括情绪劳动方面的技能培训。在我们的调查中，仅有 58％ 的员工回答说他们的工作培训让他们能做好工作。在 911 接线员当中的焦点小组讨论是这样的：

　　随着时间的推移，你学会了如何处理自己的感受，但是新员工不会。他们不具备经验，所以经常暴露自己的情绪，也就不能彼此之间互相传授经验。[另一位焦点小组成员]：我认为许多刚来这里工作的人基于他们在电视上的见闻来进行工作。实际上这和你期望的完全不同。我曾经也是那样，那段时间我的情绪非常低落……[另一位焦点小组成员]：一个人打来电话说，"我知道这条电话线被录音了；让一位警察到我家"。然后他就挂断了。他说他要自杀，并说他昨天没有自杀是因为昨天是他的生日，他退缩了。但是他说，"让警察过来"。他给了我他的地址和所有信息，但是当警察过去的时候，他已经死了。[另一位成员]：我今天必须要和一个 5 岁大的孩子讲话，因为他的父母在隔壁房间打架，而且打得半死。我听见孩子的妈妈大声哭泣和尖叫，孩子的爸爸尖叫并且大喊，我听见东西摔碎的声音。我必须要和这个 5 岁大的却完全平静的孩子说话。普通的民众根本不知道这种电话是怎样的。

71　　　接下来展现的是四个事实，说明的是公共服务工作的现实和传统的人力资源实践之间的脱节。

传统的工作描述没能包括工作中所需的情绪劳动

　　我们将视角重新投向公共监护办公室，下面的描述说明了招聘律师的过程。这个过程体现了传统的、正式的工作描述的浅薄之处，也体现了非正式过程如何填补这一空白：

　　　　我们有独特的工作说明，里面明确规定了正式的工作要求，比如说执照等。但是在［律师申请人］的面试当中，我们经常提到工作中的社会工作方面，这就好像社会工作方面是我们必须对潜在的被雇佣者说明的方面，里面包括情绪方面的工作、更多的实干、更多的和当事人交流。

　　换句话说，工作描述仅仅描述了正式的工作要求，但却未能划定任职者需要具有的情绪技能和能力。这种未能准确指出该工作的性质的做法意味着工作描述仅仅指出了工作当中的认知性任务需求。剩下的要求是非正式的人与人之间的沟通，这是情绪工作的要求。

　　情绪劳动的另一个方面是必须要根据情况将自己的情绪管理好，或者关闭或者开启情绪的阀门。下面的内容摘录了一位调查者的心声：

　　　　你知道吗，你必须要摆出"游戏面孔"，因为你要做工作。我拥有将自己的情绪关闭的能力，这样可以使得自己免于感情用事。我不觉得这是在演戏——我只是，嗯，在大街上工作的时候能够灵活地运用自己的个性……

　　　　你必须小心地做这份工作，并且持续地做这份工作；你不能在申请工作的时候去衡量这个——你知道。你要么做、要么不做。你可以立刻说出谁拥有这份工作，谁没有……在办公室里的工作是一回事儿，但是走到大街上去和人们互动时的工作是另一回事儿。要有能力去沟通，这才是关键。你必须有能力和各行各业的人沟通。

传统的工作只考虑了工作的非情绪劳动的内容

　　为了进行有挑战的公共工作，高水平的情商是必不可少的，任职者在处理紧张
72　的事务时必须抑制自己的情绪。下面来自公共监护办公室的例子说明了情绪抑制是需要的：

　　　　［采访者］：你有没有在你情绪不适合的状况下去见一个当事人？［被采访者］：我觉得我会试着调整自己，让自己表现出一切都好的状态。如果我不请

病假，那么我就很好。

[另一位公共监护办公室的被采访者]：我们曾有一个小孩子虐待两只猫的报告，实际上是两只小猫。尽管这很可怕，但你却必须足够强大以处理发生的一切，同时感情上又不能太过于钝化，以免以后自己变得冷漠无情。如果你开始觉得每家每户都需要有绿色塑料袋装脏衣服和垃圾，你开始认为这就是规范，那么你就麻烦了，你需要离开。我认为你必须仍然能感到震惊和烦恼，虽然觉得震惊，但是不会被其扭曲。

因为个体"同时震惊和烦恼，但震惊得不至于扭曲"的能力不同，针对人的排名比针对工作的排名要更适合。一个人必须全心全意地投入到工作当中去。这就需要在招聘时将候选人作为一个整体的人去评估，在员工工作时将员工作为一个整体的人去评估其工作绩效和奖励。将员工视为一个整体评估就意味着仅仅依赖于观察任务特征，是不足以完成一个有效的评估的。

"市场价值"反映了传统偏见。在薪酬计划中，传统意义上的竞争力得到了承认，而情绪劳动的价值却没有被承认

薪酬计划中最小化了关系工作的部分，因为我们没有开发出认可和表达关系工作的性质、技巧和类型的方式。在理想情况下，人力资源系统在联结工作描述、雇员手册、绩效评估和薪酬计划之间应该高效运行。开发可以描述关系工作和情绪劳动期望的语言将会削弱传统的工作说明刚性，促进进行准确的工作分析和准确测量市场价值。此外，在工作分析的界定中关注情绪劳动，能够促进大家理解这一现象并且修改工作描述和薪酬之间的关系。

一位管教官员认为改变一个人情绪反应的能力应该在申请工作的时候说明。当我们问起他的看法时，他说：

嗯，我也不知道。我猜我也许会说"你可以做到在情绪上适应吗？"……　73　我想着应该在工作申请的时候说明，因为我的一些同事并不太适合这份工作，我不是说我就适合；我只是说有很多时候你可能在和态度完全负面的人打交道，对一些人来说这很折磨人，他们总是过于宽容——总是被犯人们的情绪所压制。

家庭和工作的二元论创造了一个强求一致的逻辑。这个逻辑否认或者是"切断"了情绪工作——当员工离开家进入工作地点时的情绪功能

否认情绪工作的情况存在于实际工作中。雇主只关注认知性技能，只关注求职者一个维度的绩效。为认知性技能付薪但是不为情绪技能付薪降低了从事情绪工作

的员工的收入。

上述事实说明了人们对于情绪劳动技能的认知不足。标准的人力资源程序经受住了时间的考验，包括在客观分析任务的基础上制定的正式工作描述；评估任职者执行必要任务能力的筛查工具、客观评价员工绩效的绩效评估工具；联系知识、技能和能力的可观察、可量化的薪酬计划。但是，工业时代的规范和目前服务经济之间的滞后性导致了工作描述、绩效评估和薪酬支付没有能够捕捉到所有在雇佣环境下所必需的技能。

3.9　完成任务的启示

联邦、州和地方各级的服务举措已经着重强调了在国家和公民互动的时候的"微笑服务"。这些作为"客户友好"的举措和方针并没有被完全理解。毫无疑问，公共绩效、生产力、任务完成和公民满意度之间存在着联系。在官员和公民的交互过程当中，工作描述、绩效评估、薪酬水平仍在适应工业生产的需要，而不是适应关系工作的需要。

一旦人们将情绪劳动看作是可以付酬的因素，人们也将看到在制定薪酬比率的时候，传统的分配方式对于市场价值过于倚重的短处。当我们远离从组织设计到流水线作业的流程时，我们必须制定新的结构，以符合当今的工作和技能需求。从学术的角度看，如果工作描述忽视了一个岗位上的情绪劳动成分的话，那么它就不能反映出全面的工作分析。人力资源系统的各个组成部分需要做出适当改变，以适应情绪工作的执行，其中需要改变的成分包括工作分析、工作描述、分类和薪酬，员工发展、选拔、维持和晋升。按照目前的建构，所有这些成分都妨碍了情绪劳动被认可。

正式组织的建立旨在减少随意性，关注成员的每一项任务，协调每个人的努力。他们通过抽象的规则和客观的决策达成。组织的创造就不是为了强调关爱。

要在关爱的环境中进行情绪劳动，员工必须全面地看待任务。关爱可以培养互助性和良好的关系，因此也会增加一些负担。虽然关爱消耗员工的能量，但是关爱可以让关爱给予者和接受者获益。用神学家和哲学家马丁·布伯的话说就是，"关系是相互的。你影响我，我也影响你。我们被我们的学生塑造，我们也被自己的工作塑造"（Martin Buber 1958, pp. 15—16）。

正像第 2 章所说，人们批判公共行政在其目的和过程中存在太多的技术和太少的关爱（参见，例如 McSwite 1997 and 2004）。狄丽莎·伯纳（Delysa Burnier 2003）为其观点提出了充分的理由，认为关爱在公共行政领域是一个后来者，她倡导一种行政方式，在这种方式当中关爱作为一种指导价值出现，与成本效益、公平和公正原则同时发挥作用。如果这种情况出现，她认为，公民对于其自身和其他公民的处境的理解就将影响行政决策的制定和实践。推而广之，这需要那些对他人幸福生活负有责任的人真正了解、并且考虑到公民的真实需要。这也将需要把关爱从一种私人的关心上升为公共的关心。因此，关爱的经济学将被改写，关爱将从不被支付薪酬、价值被低估的状态，转变为一种与其他重要的工作技能一样的、有人擅长而有人不擅长的、值得支付薪酬的技能。

3.10　结　论

本章重点强调了政府治理和人力资源基础设施的服务视角，人力资源必须在招聘、培训和薪酬方面做出改变。预见他人的需要和与他人有感情的沟通是公共服务职业的支柱。

具有讽刺意味的是，公共服务——本应该是一种专业、技能和职业的集合，旨在提供更优质的服务——在服务交换的过程中却追随了工业的足迹。举例来说，销售部涉及面对面或者声音上的互动，其目的仅仅是引起他人的感受、管理他人的情绪。市场营销者早就认识到这些问题。你最后一次是什么时候看见啤酒和汽车广告重点强调产品实际的属性？营销是在消费者中灌输一种感受，将他们愉悦的情绪与产品联系在一起。

情绪劳动技能就好像屋子里的幽灵。当应聘者面试的时候，当在团队中工作能力被需要的时候，当知道如何在冲突中工作的时候，当某种工作具有较高的倦怠率的时候，没有人提起情绪劳动技能，因为情绪劳动技能甚至没有名字，而且是无形的。人力资源的原则和过程就这样受制于词汇，受制于我们认定的工作和非工作的行为。就像英语这门语言提供了一个描述雪花的词汇，而因纽特人的语言提供了很多个词汇，我们也需要更多的描述工作绩效的词汇来捕捉到情绪劳动。我们需要捕捉公共服务有关"感受"的特性。这是政府治理、满足有需求的公众以及提高公民满意度的关键。

第 4 章

学术前沿系列
公共行政与公共管理经典译丛

当我看见的时候，我就了解它：情绪劳动、语言柔道和巧妙的影响

情绪劳动在某种程度上有点像黑匣子——如果这么说的话，其实是不准确的。我们通常是在事实发生之后才注意到这个事实，有时事情刚刚发生就意识到了。情绪劳动无法量化、分类、预测以及分析。很多情绪是微妙而又有细微差别的。一位在公共监护办公室的律师助理解释了她如何进行情绪劳动，来配合那些挑剔的律师：

> 特别挑剔的律师就是那种昨天需要什么东西，今天就问"你怎么现在还没完成？"或者"你竟然没有领会我的意思？"我会说，"好吧，我们需要像成年人一样处理问题，这意味着我们应该能够看到彼此，与彼此交谈，而不是发疯。"

当被问及如何评价与律师的交流时，她说，"我只是感觉到它；如果办公室有人的话，我就用身体语言，而打手机交流是不一样的，你必须从电话另一端的人说话嗓音来判断。"

一位管教官描述了与一位犯人的交流：

> 她被激怒了［因为误解了一个老师］，于是她说她真的不在乎。她准备去抓住任何东西和任何朝她走过来的人。我大体上是让她平静下来，和她聊天。她要做的就是向老师道歉。等到我让她认识到了这一点，她就真心地接受了。这让我感觉很好，因为事情完全有可能变成另一个样子，她有可能伤害到其他人或者是伤害到她自己。

一位 911 接线员这样描述她的工作：

> 我们为 911 和日常的业务电话接线，你从来不知道一个电话铃声响起之后接下来会发生什么，打电话的那个人会发生什么。我的意思是，你无论如何都必须做好准备……很有可能你接起一个电话，是一个拨错号的电话，也可能听到"我杀死了我的妈妈"这样的信息。

雇主如何认识到能够安抚他人或者抑制自身恐惧的努力和技能呢？当员工在进行情绪劳动时通常会做些什么呢？他们自己意识到在进行情绪劳动了吗？我们即将转向这些问题。

我们需要一个术语，这个术语比经常使用的"情绪劳动"能够更清晰地捕捉到这一活动，并且减少情绪这个词汇带来的耻辱。为什么呢？情绪劳动中的情绪这个词语的使用引起了很多被访谈者（例如，"在监狱中工作，你不能变得情绪化"）的相反的反应，我们发现这个术语变成了一个障碍。许多我们访谈的员工，特别是在管教局的员工，很畏惧情绪这个词汇进入他们的工作。随着访谈的进行，人们描述他们典型的工作日流程，他们惊讶地发现在他们自己的描述中有许多内容与情感有关。在他们看来，变得有感情，是一种软弱的表现，这可能会威胁到他们自己和其他员工的安全。

员工们只有在经过耐心的讲解之后才能抓住情绪劳动这个概念的本质。为了使概念变得更加清晰，我们曾经使用了龙尼·斯坦伯格（Ronnie Steinberg）的定义，即"情绪劳动是关系工作。它包含管理他人的情绪而达至他人理想的精神状态或者他人理想的行动方针。情绪劳动也包括管理自身的情绪，来展现目前状态下适宜的情绪"（1999，p.149）。但是我们了解到，这个词组可能妨碍理解，并且会阻碍关于这个话题进一步的沟通。我们现在研究最大的挑战之一就是确定一个不太挑衅的、具有结构效度的词汇或短语。即使是能够直观地抓住概念含义的被访谈者，当我们让他建议一个术语的时候，他也不知说什么好。语言学家将这种词汇发展过程称为"新词创造"（Batuji 1974），而这就是我们即将转向的问题。

在工作行为被正式承认之前，需要一个术语来描述它，情绪劳动的情况不是第一次了。例如，性骚扰这个词语在 1964 年民权法第七章是被视为非法的，近十年之后它的定义才被编入法律条文，原告才可以在法庭上被接受（参见 Williams v. Saxbe 1976）。[1] 在定义出来之前，这个概念基本上不被理解，以至于原告在法庭上无法使法官和陪审团信服，原告经常受委屈。类似地，情绪劳动也是一个没被充分理解的概念——定义边界不明确，需要大量的解释说明。如果定义能够捕捉到概念的本质和边界的话，那么理解工作需求和工作表现将是可能的。

要开始这一过程，我们回顾了其他学科情绪劳动的研究，根据其定义，界定了情绪劳动的组成成分，使用部分职业数据库来提炼概念。我们的目标是提供跨学科的、关于情绪劳动这个概念的全面解释，并且提供其清晰的含义。语言只能带我们这么远，接下来我们也对调查数据进行了统计分析。通过交叉匹配其他学科、员工自身经验以及调查发现，我们开发了更广的定义，这个定义包含了多个情绪劳动的维度。我们在本章中引入了一个术语，避免了伴随情绪劳动这个词的负面"看法"，这个术语是——巧妙影响。

4.1　为情绪劳动寻找名字

词源——研究词汇的种源——是很吸引人的。一些词汇很古老而另一些词汇很新颖。在英语语言中，举个例子，"镇"这个词可以追溯到公元前 601 年，而使用"互联网"一词最早的文件是在 1974 年（Oxford English Dictionary Online 2006）。在需要时，人们发明词汇来交流概念：在中世纪早期，需要一个词语来描述一个游牧民族曾经居住的地域；在 20 世纪，需要一个词语来描述一段全新的信息通信空间。同样的，学术和实践领域都需要一个常用的情绪劳动词语或者词组，这样情绪劳动就可以被纳入开发人力资本的讨论中。这个概念对于提供公共服务十分重要。

为此，我们力求将情绪劳动表现为可识别的、可衡量的公共服务工作的一面。这样做是必要的，因为除非情绪劳动本身是可操作的，否则它仍然是一个与理论无关的黑匣子："当我看见的时候，我就了解它。"没有有效的构建，科学研究不能推进，管理实践也无从获益。

也许最彻底的记录雇主具有招聘、培训和管理员工情绪这一责任的确认信息来自联合国难民事务高级专员署（UNHCR）的合伙人手册（2003，pp.320-323）：

79　　　　团队领导者需要特别细心观察团队成员在紧急情况下的反应……重要的是认识到当你不能照顾好自己的时候，你没办法照顾他人……在危机之后的压力解除以及事后情况说明是保护员工健康的方式……［事后说明］的目标是整合经验，提供创伤后应急反应的信息，以及防止长期的后果，包括创伤后应激障碍，并帮助员工管理自己对暴力事件的反应。如果事后说明或者压力解除没有在创伤后立即提供，应该提出要求。难民署员工有关压力问题的个人咨询及研讨会的信息可以从总部日内瓦员工福利单元获知。

联合国早就认识到在将员工派往动荡地区之前，应为员工提供帮助，在危机发生时应该支持员工。由前文所述，联合国难民署的团队领导和主管需要监控员工的情绪状态。联合国认识到运用制度化的管理工具和通过员工福利单元来进行情绪管理对于完成使命和提供支持的重要意义。救援工作者必须在处理暴力受害者的问题时，以及自己成为受害者的时候，解决自己的紧张情绪。联合国难民署的援助工作者不仅照料冲突之下的难民，他们也日益成为暴力的目标。如果没有对援助工作者做好超出既定目标应对突发情况的强化训练，就不能将他们派往不熟悉和不稳定的环境中。我们发现再没有其他地方与公共管理部门一样，需要全面认可情绪劳动，同时负有将员工情绪管理实践制度化的职责。

4.2　概念发展

　　情绪劳动的概念已经在六个领域的研究当中出现：社会工作、护理学、社会学、犯罪学，以及最近的应用心理学和公共行政。但是说来奇怪，政府雇用大量的社会工作者、护士、辅导员以及执法人员，但是这些学科很少强调公共服务环境下这些专业人士的做法。每个学科都已经精心制作了自己的术语来捕捉情绪劳动概念，却忽视了它们之间的交互整合。表 4—1 列出了各个学科及其使用的术语。

表 4—1　　　　　　　　　　　　　　不同学科的术语

学科	术语	最初文献
社会工作	替代性创伤	Pearlman&Maclan（1995）
护理	同情心疲劳	Figley（1995，2002）；Stamm（2005）
犯罪学	语言柔道	Thompson（1983，2006）
社会学	情绪劳动	Hochschild（1979，1983）
应用心理学	情绪劳动	Diefendorff&Richard（2003）；Glomb，Kammeyer-Mueller&Rotundo（2004）
公共行政	情绪劳动/情绪管理	Guy&Newman（2004）

　　资料来源：Verbal Judo Institute（verbaljudo.com）；*Social Science Abstracts*（firstsearch. oclc. org）。

　　替代性创伤和同情心疲劳强调的是情绪劳动的负面结果。语言柔道关注的是过程，包括化解紧张局势或者增进自愿遵守的说服策略（Thompson 2006）。这些术语在社会学、心理学和公共行政领域用得更广泛。社会学家已经检验了强硬和柔软的情绪，用于实现预期的效果，例如公共行政领域的研究。情绪劳动概念已经插入到专业实践中去，但是仅仅是在有限基础之上。例如，斯坦伯格（1999）的情绪劳动量表改革了加拿大的护士评估实践，汤普森（Thompson 1983）的技术已经被纳入执法培训当中。　*80*

　　汤普森的战术沟通培训课程已经在美国数十家执法机构以及少数其他公共和私人实体中开展。巧合的是，私人公司中包括达美（Delta）航空公司，这家公司也是霍克希尔德（1983）关注的，他在这家公司中最先开始分析空姐。与霍克希尔德描述的深度扮演（deep acting）类似，汤普森建议在自我和环境之间应该通过构想的情境，创建情绪距离（Verbal Judo Institute 2006）：

　　（1）不要展示出你个人的一面，只展现专业的、必要的一面；

　　（2）在相同的情况下，你想被怎么对待，你就怎么对待他人。

　　类似地，达美公司的空姐被告知要将愤怒的乘客看成是胆怯的儿童或者是即将出席葬礼的人。这样当空姐们有了这样的假想之后，对于"愤怒"的反应就明显减轻，一些我们采访的管教局的员工很明白"专业的一面"是多么重要。一位女士解　*81*
释道："我关闭了自己的情感，我试着关闭情绪的开关，来非常专业地对待［犯人］，我不让……自己的情感太多地卷入。"在很多水平上，重点在于缓解紧张、危险情绪的语言柔道技术捕捉了这种战略：

> 传授的原则和战术让［语言柔道项目］毕业生使用仪态和语言来安抚可能受到严重情绪影响或其他影响的人，重新指导不友善的人的行为，降低潜在情况的威胁，在各种条件下表现得专业，并且得到理想的结果。
>
> 办公官员经过培训了解到工作就是"作秀"，因此他们总是在他们遇见的面孔前戴上"面具"，并且在合适的时间对合适的人说合适的话。他们知道警察工作就是一种表演艺术，他们同样知道他们工作时代表法律而不是代表自己。（Verbal Judo Institute 2006）

怎样才能很好地描述在公共服务当中情绪劳动的作用呢？情绪劳动是能够让公共服务者代表国家的表演艺术。斯坦伯格（1999）在评估一种职业中情绪劳动参与程度的时候，也强调当事人的心理状态。研究情绪劳动涉及对个人努力所取得的理想结果的预测，这些成果与完成工作有关。在我们的分析当中，公共服务者也坚持着国会议员颁布的法律，他们代表"部门、城市［和］国家"，而不是他们专业能力之下的自己。一些执法机构已经在人员培训和评估当中纳入情绪管理这个方面。

犯罪学家已经评估了情绪管理培训的有效性，并且大体上发现培训和员工表现存在正相关关系（Davis，Mateu-Gelabert，and Miller 2005；Johnson 2004；Traut et al. 2000）。在任何文献中，情绪管理的关键构成部分在于完成工作中情绪管理的作用：员工如果不是因为他们必须根据雇佣期望来完成工作，那么就不是必须要从事精神和情绪的体操运动。

可以将情绪劳动的基础与演电影的最低要求相联系。在霍克希尔德的研究中，空姐被要求展现愉悦，不管她们是否感到高兴，为了获得乘客再次乘坐航线，她们要争取在乘客面前展现积极情绪。萨顿（Sutton 1991）研究下的收款人被要求展现恐吓和威胁的行为。不管他们是否真正感到要发狂或要去恐吓，也不管他们是否同情债务人的境况，他们的工作就是展示出被拖欠账款的收款人的负面和恐惧情绪，以促进偿付和造福债权人的最终受益。

情绪管理这一技能是员工工作行之有效的必需技能，这种技能应该具有可操作性和可识别性，这样管理者和行政官员就能够培训和奖励员工真正所做的工作。狱警为了维持秩序，必须建立权威，即便是他害怕一些囚犯。公共监护办公室的社会工作者和调查者必须建立信任，这样遭受虐待的孩子们才能向他们倾诉，告诉他们自己的遭遇。如果社会工作者和调查者不能抑制个人情绪，很可能会无法获取他们需要的信息。911呼叫中心的操作员为了得到能够帮助身处险境的呼叫者的信息，必须冷静。这样就使得受胁迫的狱警、讨人厌的社会工作者、恐慌的911接线员和太有同情心的收款人不能完成工作。

4.3 量化情绪劳动和假设检验

为了建立情绪劳动模型，我们使用了在访谈中收集到的意见，来形成我们的调查工具和提出检验假设。我们也使用了美国劳工统计局的职业和工作数据库——O*NET[2]——来验证我们对于职业的选择是否准确地捕捉到了公共服务领域中的情绪工作。我们选择具体的工作描述作为情绪劳动组成部分的原因是基于工作描述与情绪劳动其他定义之间的相似性（Steinberg 1999；Pearlman and Maclan 1995；Stamm 2005）。使用1~100的标准化量表对这些组成部分进行测量，得分越高的职位表示情绪劳动对其完成任务越重要。从O*NET数据库搜索的我们调查的五大职业的结果将在表4—2中呈现。

表4—2　　　　　　　　在所调查职业中情绪劳动（EL）要素的重要性排序　　　　　　　*83*

情绪劳动要素	管教官员及狱警	儿童抚养及其他调查者	儿童、家庭和学校社会工作者	感化和惩教专家	警察、消防、急救派遣员
主动倾听	82	85	80	96	97
与他人接触	96	73	95	88	94
监管	76	30	76	89	48
社会洞察力	80	55	75	92	56
协调	69	45	62	78	60
说服	68	35	58	78	36
谈判	62	30	59	83	38
处理被激怒的人	94	70	55	93	94
冲突频率	84	75	54	90	88
服务导向	50	35	74	72	57
为他人安全负责	84	20	40	70	63
处理激进的人	85	60	32	83	59
面对面沟通	99	73	96	94	79

资料来源：Authsrs' O*NET database searches（onetknowledgesite.com），December 20，28，and 30，2005；January 18，20，and 26，2006；and March 28，2006。

O*NET数据库对于每个职业所需技能和能力水平以及技能对于工作的重要性进行了排序。重要性排序表示某一特定描述对于职位的重要程度。可能的评分范围在不重要（1）到极度重要（5）。O*NET数据库中，每条描述的平均排名被标准化为0~100的数字。举例来讲，一项重要性排名的原始得分为"3"（排序中位数），就被转化为标准得分50。正如表4—2所示，我们的五个主要职业领域在情绪劳动条目上得分远远高于平均水平。

管教官员及狱警在面对面接触中排名最高——情绪劳动的关键组成部分——也在与他人打交道、处理愤怒和激进的人群、遭遇冲突等条目中排名最高。另外两种职业，感化和惩教专家、儿童和家庭社会工作者也在这些领域排名靠前，这两类职业中，监管和社会洞察力也非常重要。与狱警和罪犯之间必须建立的关系相比，治 *84*

疗专家和社会工作者与客户建立的关系的性质可以解释这些额外的维度。主动倾听以及其他情绪劳动技能，是警察、消防、急救派遣员最重要的技能。最后，儿童抚养和家庭调查者更多地依靠面对面的交流、与他人接触来获取信息，不需要像狱警一样对他人的安全负那么多的责任。

有趣的是，有证据表明，当高度紧张的事件需要情绪劳动的时候，这些事件并没有被这些工作者平等对待。马迪·坎宁安（Maddy Cunningham 2003）对比了处理性虐待的社会工作者与为癌症患者咨询的社会工作者。她的发现与《诊断和统计手册》（第四册）（*Diagnostic and Statistical Manual-IV*）一致（American Psychiatric Association 1994，p. 424），这说明创伤诱导性压力"当应激源是人为时，压力可能会特别严重，或者长期持续"。其他因素，诸如被调查者自己被虐待的经历和多年的工作经验，也会影响替代性创伤的程度。换句话说，工作者自身经历与客户的经历存在直接互动效应。

公共监护办公室的员工为儿童、年轻人和老年人服务，这其中他们的当事人所受的虐待总是"人为的"。审理案件时，当儿童和老年人需要法律保护和代表时，才会被派遣指定的监护人，并且是在受害人被另一个人伤害后，而另一个人通常是亲戚或者是比较亲密的人。相比于自然灾难或者疾病带来的创伤，这种情况下信任的背叛将更多地降低护工的安全感和信任感。管教局的咨询师、工作人员和管理者所感受到的压力是由罪犯、探监者和员工带来的。在一些案例中，应激源包括预算缩减或者是政策的改变，但是这些都可归咎于主管和管理人员，进一步归咎于官僚机构，或者是立法和治理。公共监护办公室的员工所遭受的创伤经常比管教部的员工要大，因为公共监护办公室面对的经常是儿童或者是易受伤害的老年人。管教局的员工并不将罪犯看成是弱势或者是受伤害的群体。

911 接线员的工作量接近于坎宁安的更平衡的理想选择，因为紧急情况下呼叫的紧张程度各不相同、创伤也各不相同。根据坎宁安的理论，接听因路面结冰而发生车祸的电话或者因为闪电而发生的房屋着火的电话，比接听不可预测的家庭暴力事件的电话涉及更少的紧张情绪管理。在接听危险的路面条件或者雷电的电话之后，911 接线员会问自己"我本能够阻止这件事的发生吗？"此外，自杀电话——经常由志愿者或者非营利组织来接听——不是自然灾害所带来的。就像 911 接线员，自杀专线接线员必须通过声音而非肢体语言建立信任关系，表达情感反应。911 接线员和自杀专线的员工都只限于语音对语音的联系，二者的第一目标就是劝说呼叫者保持在线状态。接线员的风险都很高。一位 911 接线员描述了这个过程：

> 你必须要看看他们对你所说的话的反应是什么，然后再准备如何去应对那个呼叫者。我的意思是，有时候你必须首先得到基本信息——地址、姓名、手机号码、武器以及发生什么事的信息——然后你就只需要听他们在你耳旁尖叫。

　　任何试图在情绪劳动和工作特征之间建立联系的模型都必须考虑不同的环境。911 接线员与公共监护工作人员不同，与管教工作者也不同，他们很少知道呼叫者所处危机能够带来的后果。这使得他们的工作更有压力。就像一位 911 接线员观察到的那样："你必须处理所有的一切，但是你不是真的知道……结果是什么。对于我们来讲，没有结束……除非领导进来告诉我们结果。"

　　公共监护办公室的雇员与他们的当事人建立了几十年的关系，他们工作的目的是让当事人从系统中走出来，并且结束其所经历的一切。如果一位公共监护办公室的律师成为了一位婴儿的监护人，那么她将为这个孩子一直工作，直到孩子 21 周岁为止。一些公共监护办公室的受访者能够和高中毕业并且即将进入大学的孩子们分享正面的故事。一些当事人和社会工作者还保持着联系，并且在正式关系结束之后很长时间仍然保持联系。一些女性的公共监护办公室员工在母亲节还能收到现在和此前的当事人送的卡片。管教局的员工能够了解罪犯走向社会之后的成果，但是他们不被鼓励与罪犯建立关系。在这一方面，911 电话派遣中心、公共监护办公室和管教局大不相同：在 911 呼叫中心，接线员寻找快速建立信任关系的方法，这样能够打消呼叫者的疑虑并且最大化促进接线员和呼叫者之间的沟通和信息分享。这种关系是用分和秒来计量的。公共监护办公室的律师和社会工作者在建立信任关系方面更加缓慢、注意相互交流，这种关系持续的时间也比较久。而罪犯可能想在服刑期间与管教局的狱警和管理者建立友谊关系，因为他们是罪犯接触的很少的一部分人之一，但是管教局的员工只能在有限水平上允许这种友谊关系，这样能够保证他们管理罪犯。暴力的可能性使得员工和罪犯之间形成了一种必要的不信任的环境。

　　我们运用因素分析来生成"情绪劳动"的指数，这个变量具有内部一致性、较高的信度（α＝0.89）[3] 以及表面效度。这个 α 系数属于布莱德瑞奇和李（Brotheridge and Lee 2003）对于情绪劳动因素分析的研究所得的范围之内，在他们对服务部门的员工的研究中也运用了类似的要素。因变量情绪劳动由以下的调查项目组成，运用的是七点式李克特量表。被调查者回答他们在多大程度上同意或不同意这些陈述：

- 在与他人互动的过程中，我的工作需要我展示许多不同的情绪；
- 我的工作需要我去引导他人走出敏感和情绪化的问题；
- 我的工作包括处理情绪化的问题，这是我工作的一个重要维度；
- 我的工作需要我管理他人的情绪；
- 在我的工作中，我很善于处理情绪问题；
- 我的工作需要我向处于危机中的人们提供安慰。

这六条陈述包含了以往研究者检验的各个维度，包括对他人幸福负责、坚持规则、建立和谐关系、根据需要调整个人言行举止（Steinberg 1999；Morris and Feldman 1996；Hochschild 1983）、社会洞察力、协调和说服（onetknowledge-site. com 2006），以及将这些努力与工作和工作成果相联系（Rafaeli and Sutton 1987；Steinberg 1999；Hochschild 1983；Brotheridge and Lee 2003）。为了达到识别并提升实施情绪劳动的条件的目的，我们运用指数作为因变量，并检验结果是否是由职业、工作年限、性别和对工作的认知以及工作环境的功能引起的。表 4—3

展示了指导分析的假设检验、预测结果以及进行普通最小二乘法（OLS）的结果。首先，我们解释了分析模型的方法，然后讨论了结果。

87　表4—3　　　　　　　　　　　　　　　情绪劳动要素的假设

假设	预期	结果
H1：女性比男性进行更多的情绪劳动	＋	不显著
H2：具有更多经验的员工比具有较少经验的员工更多地进行情绪管理	＋	不显著
H3：情绪劳动是工作的一个功能，而不是工作承担者的功能	＋	混合
H4：情绪劳动包括专业化的表现，即使是虚假的	＋	不显著
H5：情绪劳动包括假装出合适和必要的情绪	＋	＋　$p<0.01$
H6：情绪劳动包括隐藏不合适和不必要的情绪	＋	＋　$p<0.05$
H7：情绪劳动包括应对不友善的人	＋	＋　$p<0.01$
H8：员工进行情绪劳动将感到他们善于安抚他人情绪	＋	＋　$p<0.01$
H9：员工进行情绪劳动将感到他们善于帮助同事	＋	＋　$p<0.01$
H10：员工进行情绪劳动将忧虑工作让他们变得铁石心肠	＋	＋　$p<0.01$
H11：员工进行情绪劳动将经历大量压力	＋	不显著

88　## 4.4　估计模型

　　数据来源于这三个地点的调查，涉及三个不同的政府层次：国家、郡和市。这三个调查地点各不相同，不仅在管理水平上，而且在一些具体的能够影响分析的方式上。这三个组织的雇员面临不同的环境和应激源，正如表4—4所示：面对面的互动（公共监护办公室）和声音对声音的互动（911电话派遣中心）；建立信任关系（公共监护办公室、911电话派遣中心）和不信任的环境（管教局）；视危机中的当事人为受害者（公共监护办公室、911电话派遣中心）和视当事人为罪犯（管教局）；互动持续几分钟（911电话派遣中心）和互动持续多年（管教局、公共监护办公室）；直接处理事务（911电话派遣中心）和工作结果可知（管教局、公共监护办公室）。这些重要维度表明可能不适合总体分析这三组数据。

表4—4　　　　　　　　　　　　　　　工作环境对比

应激源	公共监护办公室	管教局	911电话派遣中心
面对面互动	×	×	
仅有声音对声音交流			×
需要建立信任关系	×		×
不信任环境		×	
当事人是受害者	×		×
工作对象是罪犯		×	
短暂接触			×
常年关系	×	×	
缺乏工作结果反馈			×

在程序中运行三个不同的等式表明这三处地点完全不相同，但是鉴于我们只有被采访者对情绪劳动的描述，我们缺乏证据来证明这一点。然而，随着越来越强调当事人或者说顾客的服务，那么服务的实施就应该将情绪劳动带到所有公共服务的最前沿。为了更好地处理残差问题，我们首先用表面不相关回归（SUR）[4]（Zellner 1962）分析评估了模型。这考虑到了三个机构不同的环境，与此同时避免更严格的、彼此之间完全不相关的假设。这个程序允许我们同时运行三个方程。表4—5展示了结果。[5]

表4—5　表面不相关回归的结果：公共监护办公室、管教局、911电话派遣中心的情绪劳动　　　*89*

	公共监护办公室	管教局	911电话派遣中心
必须"假装"或"专业"地表现出对当事人的友好	−0.018	0.037**	0.002
与人打交道的工作有很多压力	0.022	−0.016	−0.003
善于安抚他人	0.099***	0.144***	0.023**
帮助同事使他们自我感觉更好	0.073***	0.009	0.006
必须假装出没感受到的情绪	−0.012	0.064***	0.015*
必须隐藏不适当的情绪	−0.010	0.064***	0.003
必须应对不友善的人	0.076***	0.047***	0.037***
担忧工作让人变得铁石心肠	0.046***	0.009	0.008
多年经验	−0.008	0.014	−0.001
职业：管教和执法	0.010	−0.039	−0.099***
职业：远程通信	−0.072	−0.137*	0.295***
职业：家庭服务和社会工作	0.237***	0.168***	−0.061*
职业：法律服务	0.179***	0.229***	−0.067*
女性	0.020	0.023	0.044**
常量	−1.226***	−1.975***	−0.340
观察数量	298	298	298
参量数量	14	14	14
相关值R	0.367	0.376	0.508
模型卡方检验	172.99***	179.80***	307.24***

　　注：* $p < 0.10$；** $p < 0.05$；*** $p < 0.01$；相关值R表示变量有多少百分比能用预测变量解释，但不是广义最小二乘法下明确的概念。

　　前三个假设在管教局和公共监护办公室的员工中不被支持，但是在911电话派遣中心的员工中被部分支持。在管教局和公共监护办公室，经验丰富的员工和女性　*90*员工在情绪劳动实施的程度上并没有显著差异，但是四个职业组中的两个的情绪劳动水平在统计学上呈显著性水平。公共监护办公室或者是管教局的人很少应用远程通信，所以在这个变量上缺乏显著性不足为奇，但是在管教局做管教和法律执行的员工的协同系数不显著是意料之外。作为解释，也许这些结果反映出人们不愿意承认工作具有情绪要素。我们的访谈揭示了抵触承认工作中包含情绪的这一事实。假设H4、H5、H6仅仅在管教局被支持，但是"与不友好的人工作"与三个场所（H7）的因变量紧密相连。"帮助他人冷静下来"与所有员工的情绪劳动紧密相连（H8），在公共监护办公室的员工帮助同事处理日常问题（H9），这个证据还表明员工对他人负有更多的责任。个别而言，该模型解释了因变量足够的量的变化，但是进一步的显著性检验能够表明是否数据能够用OLS在单一方程式下运行。

我们可以通过布伦斯-帕甘（Breusch-Pagan 1979）的卡方独立性检验看是否表面不相关回归分析是必要的，这将从三个方程的残差中产生一个相关矩阵。表4—6显示了假设检验的结果。

表4—6　　　　　三个表面不相关方程的卡方独立性检验

三家机构的 情绪劳动	公共监护办公室 的情绪劳动	管教局的 情绪劳动	911电话派遣 中心的情绪劳动
公共监护办公室的情绪劳动	1.000		
管教局的情绪劳动	−0.290	1.000	
911电话派遣中心的情绪劳动	−0.197	0.067	1.000
卡方值（df=3）=37.963，p=0.000 0			

结果显示，这三个方程彼此不是独立的。卡方值超过了三个自由度的临界值。根据p值结果，我们能够达到这些结果的可能性是微不足道的。这意味着这三个不同的地点的环境在统计学上差异不大。在实践中，公共监护办公室的员工与911电话派遣中心的派遣员（接线员）或者管教局下属监狱的雇员要面对更加不同的情形，911派遣员比其他两个机构的人与呼叫者之间具有更不同的关系。这个卡方检验告诉我们在三个地点的调查回答在统计学上尚未出现彼此具有差异的情况。这一发现让我们不用指定某一地点而使用普通最小二乘法估计模型。我们期望运用更简约的模型，结果如表4—7所示。

91

表4—7　　　　　普通最小二乘法结果（因变量为情绪劳动）

自变量	斜率系数
必须"假装"或"专业"地表现出对当事人的友好	0.020
与人打交道的工作有很多压力	0.003
善于安抚他人	0.267***
帮助同事使他们自我感觉更好	0.088***
必须假装出没感受到的情绪	0.067***
必须隐藏不适当的情绪	0.057***
必须应对不友善的人	0.161***
担忧工作让人变得铁石心肠	0.062***
多年经验	0.005
职业：管教和执法	−0.129
职业：远程通信	0.086
职业：家庭服务和社会工作	0.344***
职业：法律服务	0.342***
女性	0.087
常量	−3.541***
观察数量	298
相关值R	0.615
模型F	32.31***

注：* p<0.10；** p<0.05；*** p<0.01

简单模型比单独的估计模型要好，这一点能够由可解释与不可解释错误的比率及其他拟合优度指标说明。此模型比单独估计模型考虑了更多的分数变化，使我们能够得出关于情绪劳动更确切的结论。任职者的工作年限和性别的系数与 0 相比没有显著差异。一些职业需要情绪管理，这在男性和女性任职者的期望之间可能有些差别。我们的结果显示女性和工作年限较长的员工并没有更多地"实施"情绪劳动。第三条假设，仅仅受到了有限的支持。在表面不相关回归分析当中，情绪管理的效果只在四个职业组中的两个当中与零相比显著相关。下文是对假设的解释。

H1：女性比男性进行更多的情绪劳动　*92*

在研究情绪劳动的文献中缺乏对不同性别进行情绪劳动的共识。一般认为，关爱是情绪劳动的一个维度。更具体来说，人们认为女性比男性更多地履行或者被期望履行关爱职责。在本书第 3 章，我们已经证明，样本中的女性和男性员工在进行情绪劳动的水平上没有差别。这个发现在本次分析中再次重复。也许如果关爱能够有自己的度量方式，结果可能揭示出差异。或者，也许男性和女性表达关爱的能力不同，也产生了认知差异。最可能的解释是员工自己选择他们喜欢的工作。因此这也就反映在了男性与女性回答上的相似性之上。

H2：具有更多经验的员工比具有较少经验的员工更多地进行情绪管理

被访谈者经常将情绪劳动与工作经验等同。如果这个假设被数据支持，我们就能总结出情绪劳动的实施是员工所固有的，经验丰富的员工得分更高。事实上，我们发现工作年限对情绪劳动实施没有显著的影响。下面一位有 26 年管教经验的员工的话显示出情绪劳动和工作年限的关系比感知到的更加复杂：

> 我试着像其他人一样执行规则，但我有可能稍微有差异地执行，这取决于我应对的是哪种人。你可能处理有些激进的犯人，他们喜欢硬对硬，这时你对他就要比对其他人更强硬，你就可以大体知道他们将自己看成哪种类型的人，所以我可能对他们更严厉一些，我会对他们说我需要你们做些事情。此外还有一些人有些胆怯、害羞和害怕，所以我可能对他们不那么严厉。我可能会多花几分钟告诉他们我想要什么。我在这个部门已经 26 年了，你知道的，我更会读懂他人。

权衡总体数据统计结果和个人报告既有喜又有忧。二者都说明了情绪劳动的作用，但是却遗留了一个问题，即工作经验到底扮演什么样的角色。我们认为工作经验提升了员工识别最有效的情绪表达的能力。

H3：情绪劳动是工作的一个功能，而不是工作承担者的功能　*93*

由于有关职业变量显示出的积极的、显著的系数，前两个假设缺乏有效的支持，我们将认为情绪劳动是职业需求，而不取决于现任的在职者是男人还是女人、有经验还是无经验。结果比较复杂，两个职业类别显示了显著性而另外两个职业类别没有显示出显著性。我们推测这个结果的不同也许是因为当要求其阐述在情绪工作过程中的参与水平时，公共监护办公室的员工的（不）舒适水平导致的。换句话说，照顾孩子或者家庭社会生活或者法律服务增加了员工的敏感度以及他们实施的情绪劳动量。因变量是指数变量标准 Z 分数的，所以直接翻译是不可能的。也就是，我们不能说因为在那些职业中工作，敏感度的水平有"多少"提升。管教部和911 电话派遣中心的受访者也许在情绪劳动指数方面得分稍低，因为他们抵触表现出他们工作中的情绪要素。这种解释与斯蒂弗斯阐述情绪工作代表了"威胁到了自己的阳刚之气，并将自己与女性好心肠的活动联系在一起"的论点一致（2000，p. 125）。

在模型里包括几个变量，根据文献，应该与情绪劳动相关。例如，进行情绪劳动的员工必须要表现得专业，不管他们喜欢或是不喜欢，在情况需要或者应对不友善之人的时候，要假装感到了适合的感受或者隐藏其真实情感。接下来的三个假设关注这些内容并且由员工的话来详述。

H4：情绪劳动包括专业化的表现，即使是虚假的

这个假设是由一位负责调查员工失职和渎职的官员所说的话提供的：

首先，当你在这里工作的时候，你应该在任何时候都保持专业。但有时你不能。我的意思是，那是在你必须要有正确思路的时候，因为他们随时可能向你丢任何东西。

采访者：什么是正确的思路呢？

94　　回答：就是让其反弹离开你。不要把个人因素加入其中。对我而言有压力的部分是和员工打交道，因为那其中可能有你最近十年一起工作的同事；接下来你知道你已经调查了他，他可能丢掉他的工作——这之前就发生过。这样的事情让人非常有压力。老实说，有时你自己都不知道如何控制自己的情绪。

H5：情绪劳动包括假装出合适和必要的情绪

以下这些话是来自一位在监狱接待室工作的员工：

你可能有一位无礼的来访者，他可能不在名单上，也不理解规则。我向他们解释事情，但是他们可能非常粗鲁。你必须要保持缄默。我试着当他们进来的时候就和他们相处得好。你知道，我问他们"你最近怎么样？"我与他们开始一段谈话，只想看看他们在想些什么。

H6：情绪劳动包括隐藏不合适和不必要的情绪

现在，我们将注意力集中在一位办公人员身上，他认为情绪劳动令人疲倦。他宁愿处理罪犯的记录，也不想和罪犯打交道：

> 在罪犯的环境下工作，你不能在走廊走，因为他们知道你在记录办公室工作，他们向你聚拢过去就好像你是一块磁铁，你必须要等待你的警卫，因为他们是有需求的人，他们想听到他们想听的东西。他们有操纵欲，你知道吗？他们会操纵你——这让我觉得如果回去工作将筋疲力尽，并且我会不断被提问。这很纠结。你每天总是给予、给予、给予。他们只是从你这里获取。你没有回报。回到那里就很有压力，那是种不同的环境。你至少能在这里喘口气。

莫里斯和费尔德曼（Morris and Feldman 1996）揭示了在情绪表达频率和情绪失调频率之间的直接关联。因此，我们预期在表现专业、假装感到适宜情绪以及隐藏不适宜情绪方面具有正向的、统计学显著的系数。事实上，这正是结果所显示出来的。假装感到适宜情绪和隐藏不适宜情绪对于情绪劳动具有统计学显著的效果，而专业化表现并没有。这就像管教官员所说的关于罪犯的话一样，专业化表现与员工对于正确行为的预期具有一致性，因此当员工必须抑制情感或者假装具有某种情绪的时候，似乎并不需要情绪劳动。

95

> 有很多天的很多时候你感觉你可能要爆发了，因为你并不能让自己的观点得到认可，或者，无论如何，那时脑海里想的是谁让我是专业的。我深呼吸几次，然后处理我必须处理的事情。我也可能退回一步，你知道，视情况而定。时间允许我，你知道，先走开一会儿、重组自己的情绪、回来再谈。我喜欢我现在所做的事情，嗯，许多事情他人看来很有压力，你知道的，但是对我来说不是这样。

H7：情绪劳动包括应对不友善的人

斯坦伯格（1999）将越来越多的情绪管理和与不友善、愤怒的、不安的人打交道的更高的频率联系在一起。我们预期与不友善的人打交道的系数是正向的、在统计上是显著的，并且这与我们的发现一致。

对于工作态度的估计在统计上是显著的，这个估计是在预期方向之内的，能够支持单独的假设（H4，H5，H6 和 H7）。这告诉我们，我们采用的研究条目抓住了能够指引更高水平的情绪管理的工作方面，这些方面是有效的，并且与此前的研究一致。

H8：员工进行情绪劳动将感到他们善于安抚他人情绪

这个假设得到了支持。在有效的感觉与实施情绪劳动之间存在正向关系。举例来说，一位911接线员谈到了根据每通电话的特殊性进行调整的需要："你可能接过两通类似的电话，但是你从来不可能接到两通一样的电话。能应对这个呼叫者的方法不一定能应对另一个人。"

H9：员工进行情绪劳动将感到他们善于帮助同事

斯坦伯格也将情绪劳动定义为对他人福祉负责的责任感。帮助同事，让他们对自我感觉更好，成为了有关实施情绪劳动的另一种衡量效能感的方法。事实上，这个假设也是被结果支持的。

96　H10：员工进行情绪劳动将忧虑工作让他们变得铁石心肠

最后，两个变量被列入检验工作消耗的情绪劳动程度与潜在的倦怠指标之间的关系。如果担忧工作会将他们变得铁石心肠的系数是正向的和统计学显著的，那么就表明进行情绪劳动的员工担忧工作会让自己变得麻木。这是我们所发现的结果，这个结果与情绪劳动有积极也有消极的一面是一致的。在某种情况下情绪劳动具有激励性和推动性。而在较弱的便利条件之下，情绪劳动会导致倦怠。一些证据表明，对于个体自身的幸福的关心将带来更大的情绪努力：担忧工作会导致麻木不仁将引出更多的情绪劳动。也许努力避免麻木不仁这个过程本身就涉及情绪劳动。

H11：员工进行情绪劳动将经历大量压力

类似地，如果员工报告与人打交道的工作是有压力的，那么致力于情绪劳动的员工的意思是与人打交道的工作给他们带来了压力。这与情绪劳动可能是积极的也可能是消极的是一致的，这些结果并不是统计学显著的。这意味着与他人一起工作本身不是一种压力诱导。事实上，我们访谈和调查的员工从与人打交道的工作中得到了最大的满足感，并且在他们的生活中有所作为。

类似地，理论表明，高度情绪管理能够带来对他人的责任感，最后两条假设也与这个理论一致。关注他人的福祉能够带来更多的情绪劳动实施。

4.5　结　论

在分析中，我们运用了回归分析的证据来研究影响实施情绪劳动的变量。结果显示了许多方面，其中包括有关于情绪劳动是什么以及不是什么。表面不相关回归分析表明情绪劳动是一种跨情境存在的现象，这与我们实地考察的结果一致。在分析了整个数据的普通最小二乘法回归的结果，提供了几条统计上显著的估计之后，发现其模型解释了相当比例的情绪劳动变异。这条证据表明，单一的标准术语应该捕捉到情绪劳动的概念，并且拥有跨语境的有效性。在调查的三家机构之中的所有 97 职业都需要情绪劳动，只是所需的具体的情绪劳动有所不同。女性或多或少倾向于比男性实施更多的情绪劳动；一些工作比另一些工作包括更多的情绪劳动。这个结论与许多有关职业的研究结果一致。这让我们鼓励雇主开发人力资源管理资料，当情绪劳动是工作的一个要素的时候，用这些资料指导人员选拔、招募、培训、员工保留等人力资源实践。

将目标锁定一个职业及其需求，可以提高服务，这比将目标锁定个体雇员更加有效。因此，一个将情绪管理联结到工作描述和目标的词汇或短语能够提高服务的提供，而不用考虑雇佣和培训的是谁。类似地，工作年限也不能预测高水平或者低水平的情绪劳动。新员工和有多年经验的员工都会进行情绪管理。这也支持了需要将情绪劳动纳入员工培训当中的认识，因为情绪劳动技能不是随着时间而积累的技能。尽管员工共同工作来达成组织的目标，但情绪管理本身却没有单独参与到职业培训当中。如果没有员工因为情绪劳动技能而被雇用、培训或者是得到薪酬回报，那么这项技能就不能被承认。最后，这些研究结果也表明实施高水平的情绪劳动与对倦怠的关注有联系。这个问题我们将在下一章继续讨论。

一个更全面的定义

在研究本章所展示的数据之后，我们提供如下定义，来捕捉情绪劳动的概念。

情绪劳动是一种工作，这种工作的完成需要投入、抑制和/或唤起员工的情绪。这种工作的目的是影响他人的行动。情绪劳动的实施需要一系列个人和人际的技能，包括唤醒和展示一个人并未感受到的情绪、感受他人的情感并且相应地改变他人情感，展示出他人期望的情绪反应。感知他人情绪是通过直觉和交流完成的。简单而言，情绪劳动需要个人对自己和他人的情绪具有敏感性和灵活性。

术　语

尽管数据证明了这种现象的稳定性以及其语言标准化的潜能，但是多数研究情绪劳动的学科却仍然运用许多不同的术语来表示这一概念。我们认为应该有一个共 98 同的术语来推动这个领域的知识，但是这对实践而言是最好的吗？刑事司法从业人员可能认为语言柔道比情绪劳动的概念更好，但是社会工作者和儿童辩护律师可能对语言柔道产生的意象感到恐惧，因为语言柔道就好像在说当事人是他们的对手一样。情绪劳动或者情绪管理，应该是合适的标签，能够阐明他们从当事人那里得出的行为和感受的努力，并且能够保护自己免受工作压力的伤害。同情心疲劳和替代性创伤，从另一方面来讲，是结果。这两个术语都强调了实施高水平情绪管理的员工所承受的损伤，而不是员工日常投入情绪管理中的情绪劳动的过程，但是关注这个过程也是很有意义的。

语言柔道和情绪劳动都意味着过程，而替代性创伤和同情心疲劳意味着结果。所有的维度都是巧妙的影响。把他们看成是分开的现象是错误的。本章中的结果说明了这些方面是在不同的组织和学科背景下发生的。因为这个原因，我们可以识别和使用一个共同的术语。语言柔道对于需要员工同当事人建立信任关系的职业是不适合的，情绪劳动不能满足此种环境，这种环境下服务的达成需要在某种程度上"控制"当事人，比如说管教局的工作和一般法律执行过程。除此之外，每个术语都忽视了情绪劳动的自我保护方面。对于当事人无限的同情和怜悯将导致自身的同情心疲劳和倦怠。不信任和假装也不能保护自我。

我们建议用巧妙的影响来帮助进一步理解公共服务者所做的事情。巧妙的影响包括管理自己的情感和交流中的他人的情感。实践巧妙的影响是主动的，也是被动的。因为它需要巧妙地感知他人的情绪状态和指导自己的情绪表现以展示他人觉得适宜的情绪。对于管理者而言，意识到巧妙的影响将促进情绪反应情况的讨论和培训。很明显，文化的影响使得被访谈者不愿意谈及自己变得情绪化的情况，这会阻碍我们深入地讨论这个问题。在这个方面巧妙的影响是一个更加中性的词汇，当提及员工工作的时候我们建议使用这个术语。巧妙的影响不涉及"情感"这个词语带来的误解，却仍然捕捉到了情绪劳动的本质。

注　释

[1] "威廉斯诉萨克斯比"案（Williams v. Saxbe 1976）建立了补偿性性骚扰的定义。该案件由一位斥责并最终拒绝服从上司性需要的员工引起。随后的法律决策改进和扩展了性骚扰的范围，包括了创造敌对的工作环境、确立了不受欢迎的性挑逗的概念、确定了骚扰的模式、评估了骚扰的指控。尽管对男性和女性的性骚扰已经在工作环境中存在多时，但是知道有确切定义之后，这个概念才被人理解，并且让原告在法庭上占上风。

[2] 在线 O* NET 是美国劳动部资助的联盟所开发的互动数据库（onetknowledgesite.com）。

[3] 想要了解更多关于指标变量的构建，见附录 F。

[4] 表面不相关回归分析并不假设在三个方程式之间错误结构的完全独立性，但是我们也不假设它们是相同的。表面不相关回归分析让我们假设三个方程的斜率和截距是不相同的，但是在三个"表面不相关"的方程中具有残差的表现具有一定系统性。回归分析是适当的，因为因变量是连续的。在每个方程当中的因变量都具体针对于每个地点。

[5] 在这个研究中职业被分类了，其中包括管教和执法、远程通信、家庭服务和社会工作，法律服务（不包括行政类工作）。女性是一个虚拟变量，如果是女性受访者的话，虚拟变量值为 1，如果男性是受访者的话，虚拟变量值为 0。

第 5 章

倦怠与有所作为：情绪工作的 成本和收益

许多公共服务工作具有很高的风险。一个疏忽可能会导致公民或同事生命的丧失。这些工作情绪激烈，并且对员工造成伤害。一个911接线员回忆起有关他同事的经历：

> 有一天一个同事打电话来说她不打算来上班了，因为她再也承受不住这种压力了：因为她每天都必须确保对呼叫者做出正确反应。她说，每天下班回到家，她总是淹没在"我对这个人是不是做了对的事情；我是不是忘记做这个，忘记做那个了"，她在这种情绪中不能自拔，这让人无法忍受。曾经有人坐在那里进行着派遣工作，突然就撤退了，说："我做不了这个!"于是这个人站起来就离开了，再也没有回来。

对于许多情绪劳动者来说，工作没有令人满意的结果。工作没完没了和缺乏反馈加剧了工作的压力。情绪劳动仅仅是另一种倦怠的形式吗？或者情绪劳动是旧瓶装新酒吗？在情绪劳动需求和倦怠之间有怎样的关系？首先，我们广泛回顾了压力和倦怠的文献，包括克莉斯蒂娜·马斯拉奇（Christina Maslach）和罗伯特·戈伦别夫斯基（Robert Golembiewski）的前沿研究。此后我们通过检验情绪劳动的积极和消极结果，研究了倦怠和情绪劳动的关系。我们运用员工的话来说明这些结果，并且展示调查数据来描述重点（请注意，在我们的讨论中，"情绪劳动"和"情

101 绪工作"几乎是交换使用的。"情绪劳动"指的是概念，而"情绪工作"指的是表现。在本书中，这两个概念仅仅存在这点细微的差异）。

5.1 倦怠与情绪劳动的关系

如果情绪劳动像我们说的那样不为人所知，那么情绪工作和倦怠之间的关系也同样存在问题。近期研究已经对情绪劳动负面影响的假设提出了质疑和挑战。许多研究结果显示了情绪劳动的不利后果[1]，最经常提及的是倦怠。[2]情绪劳动可以破坏工作满意度[3]，并且与其他问题联系在一起，例如应激反应、药物滥用、头痛、性功能障碍、旷工、低水平自尊、抑郁症、玩世不恭、角色异化、自我异化、情感偏差以及不真诚。[4]这些后果一般来讲都与情绪失调这个概念联系在一起。情绪失调指的是感知到的情绪和为了达到组织期望而表现出的假装的情绪之间的不匹配（Zapf 2002）。

但是，一些学者确认情绪劳动也能产生有利的结果，其中包括提升工作满意度、安全感、自尊和授权[5]；增强心理幸福感；减少压力，提升工作效能；并且能提升团队的归属感。[6]为了协调这些矛盾的结论，我们接下来要关注研究样本中员工的谈话和调查记录。他们的看法突出了执行关爱功能和强悍的情绪表现所造成的人力成本和收益，也说明了在进行公共服务过程中情绪劳动的情况。

首先我们做一个快速的回顾：员工的情绪管理包括展现的情绪（表面表现）或者对情绪本身的个人经历（深度表现）。表面表现指的是为了展现出情绪面具而"压制"某人真实的感受，而深度表现指的是"鼓励"将要求的情绪表现与自己的真情实感融为一体（Grandey 1998）。因此，这些管理努力可能需要唤起和修正个人感知到的情绪。他们也许需要员工掩饰、隐藏或者压抑情绪，为的是创造一个适合的情绪表现（Erickson and Ritter 2001）。组织授权"展示规则"，以决定何种程度的展示或者隐藏情绪的做法能够达到员工绩效表现的预期（Wharton and Erickson 1995）。

在就业环境当中，情绪工作分为两种：聚焦他人与聚焦自我的情绪工作
102 （Pugliesi 1999）。聚焦他人指的是帮助他人管理困境，提高他人的自尊，调节矛盾冲突。与此相反，聚焦自我的情绪劳动指的是抑制或者掩饰情绪，并且表现出友好举止的努力（p.136）。对于聚焦自我和聚焦他人的情绪管理活动的测量包括与当事人和与同事的交流。总的来说，情绪劳动就是在人际交往中表现出组织需要的情绪的努力、计划和控制（Morris and Feldman 1997）。

5.2 奠基性的倦怠文献

对于倦怠的症状和原因的研究兴趣重新开始，它建立在丰富的学术文献的基础上，这些文献存在于工业组织心理学、社会心理学、社会学、管理学、护理学和组

织发展等研究领域。护士将倦怠称为同情心疲劳，应急反应指的是替代性创伤。

这些文献以官僚主义的性质和正式组织的价值为研究框架。例如，马克斯·韦伯认为组织内部具有"非人性化的特征"（as cited in Argyris 1964，p. 8）。在情绪表达中对于情绪结果的认知理性和削弱情绪结果被视为不相关的和"没有用的"（Argyris 1964，p. 100）。管理自己和他人的情绪也没有出现在文献中。这就使得拉尔夫·赫梅尔（1987）用"被榨干"来形容大型的、正式组织中的员工的特征。现在我们接受了抑制情绪是情绪劳动的组成元素的事实。当阿吉里斯在几十年前设想未来组织的图景时，他就已经预示了这个认知。在他看来"情绪和人际能力与得到这些能力相关的内容……和活动将与理性和智力能力具有同等重要的地位"（Argyris 1964，p. 273）。

"倦怠"这个术语在 1974 年被精神病学家赫伯特·弗罗伊登伯格（Herbert Freudenberger）定义（Paine 1981）。大概 14 年后，戈伦别夫斯基和蒙兹雷德（Munzenrider）指出倦怠不仅仅是"大众心理学的宠儿"（1988，p. 6）。20 世纪 80 年代晚期，倦怠（或者"燃尽"）是一种常见的、在流行出版物和研究文献中的表达方式。

倦怠是遍布于公共服务领域的一种职业伤害：社会工作、家庭援助、公共卫生、执法和公共教育（Ryerson and Marks 1981）。倦怠的定义各不相同，但都是指从事"与人相处"工作的个体的一种心理综合征（Maslach and Jackson 1986，p. 1；Maslach，Schaufeli，and Leiter 2001，p. 397），如"关爱他人"的痛苦（Maslach 1982）；对于内在情绪和情感的麻木，表现为无法创造或者感受任何情绪（Maslach 1976）；过度承诺的疾病（Freudenberger 1980）或者饱受刺激的疾病（Golembiewski，Munzenrider，and Stevenson 1986）；身体上、情绪上和精神上的耗竭，这种耗竭是由慢性的情绪压力所引起的，而情绪压力源自长时间的紧张情绪、与人交往的情绪需求（Pines and Kafry 1981，p. 139）。总之，倦怠是能够显示雇员同当事人交流时，逐渐无法充分管理情绪的一个指标（Zapf et al. 2001）。

毫不奇怪的是，早期倦怠的研究涉及的是那些"高接触"的工作，这些工作中同情是一个重要的方面，例如社会工作者（Barad 1979，as cited in Golembiewski and Munzenrider 1988）、执法官员（Maslach and Jackson 1979）、法律服务办公室的律师（Maslach and Jackson 1978）、日间护理员（Daley 1979；Pines and Maslach 1980）。[7] 正如马斯拉奇和杰克逊（Maslach and Jackson 1981）解释的那样，这些行业的员工经常需要花费相当长的时间与身陷麻烦的人们接触，这些交流变成了表达愤怒、尴尬、沮丧、恐惧和绝望。由此产生并蔓延的紧张情绪和压力可能导致情绪耗竭，这让员工产生了"空虚"和"焦虑"的情绪（Golembiewski and Munzenrider 1988，p. 12）。社会心理学家马斯拉奇，通过将倦怠定义为一种综合征为研究十分需要的理论和方法提供了方向，她认为倦怠指的是一种综合征（Einsiedel and Tully 1981，p. 102）。倦怠是一个连续的过程（Cherniss 1980）。为了测量这种现象，马斯拉奇和杰克逊（Maslach and Jackson 1981）开发了马斯拉奇倦怠量表（MBI）。戈伦别夫斯基、蒙兹雷德和史蒂文森（Stevenson 1986）为完善 MBI 提出

103

了一个八阶段模型。戈伦别夫斯基是公共服务组织领域组织开发方面早期的先锋，他指出了倦怠预防、干预和倦怠过量的关系（Paine 1981）。

早期的研究交织在一起，主要集中在对关系的研究上，通常是提供者和接受者之间的关系，但是也有提供者和同事或者家庭成员之间的关系。工作的人际环境意味着从一开始，倦怠的研究就不是关于个人压力的反应，而是个人在工作场所的关系性的事务（Maslach, Schaufeli, and Leiter 2001）。

104　既然情绪工作在放大镜之下，研究者已经开始调查情绪工作和倦怠之间的关系。[8]已有研究提供了二者之间关系的初始证据，另外一些研究结论则有些模棱两可。[9]还有人认为助人职业的特点之一是从事这种职业的员工更可能经历倦怠（Cherniss 1993；Jackson, Schwab, and Schuler 1986；Leiter and Maslach 1988；Schaufeli, Maslach, and Marek 1993）。一些研究者提出这是因为过度的情绪需求而造成的（Maslach and Jackson 1984；Pines and Aronson 1988；Brotheridge and Grandey 2002；Cordes and Dougherty 1993）。例如，马斯拉奇（1981，1982）认为与当事人的交流本身就是困难的和不安的，因为工作者接触的都是受困扰的人群。她认为经常的面对面互动实际上是激烈的、情绪满负荷的、经历了长期高水平的情绪耗竭，这些都是倦怠的关键维度（Zapf 2002）。这种特性也能够定义情绪工作。

这就是为什么我们应该关注倦怠和情绪劳动关系的原因：倦怠是在涉及大量面对面接触的职业中首先应该被关注的问题——换句话说，在面对面接触的工作中包括了非常多的情绪劳动需求。大多数街道一级的公共服务工作都被定为高频率接触的工作，并且需要情绪劳动。"软技能"、"人际技能"或仅仅是"与人打交道的工作"肯定了任何一种工作都需要一些情绪劳动（Wharton 1999，p.174）。以体力劳动为代表的工业经济转向了以情绪工作为代表的后工业经济（Erickson and Ritter 2001），并伴以越来越多的高科技工作，已经产生了对个性化的、互动性的客户服务的特殊需求（Maslach and Leiter 1997）。

倦怠在人力和经济方面造成的损失日益严重。要是达到了"倦怠"的程度，一个人会在某段时间一直都处于非常激动的状态。最严重的倦怠成本之一是优秀的员工提供的有效服务大大缩减（Pines and Aronson 1988），以及生产力的损失。旷工、离职、生理症状、为健康诉求产生的补偿、心理退化、攻击性、异化、去人格化和应对机制功能失调——例如对毒品和酒精的依赖——联合起来提高了完成工作的代价。对我们研究更重要的是，倦怠已经被确定为首要的与情绪劳动绩效相关的负向的结果。

5.3　实施情绪劳动的成本和收益

比起其他类型的工作，情绪劳动的绩效更直接地牵涉自我本身，它伴随着明显的心理成本与收益（Wharton 1999）。情绪工作本身并不是消极的；工作本身就具有积极和消极的结果，即存在于一个共同体的两端：工作倦怠与工作投入（Leiter

and Maslach 2000；Zapf et al. 2001)。情绪耗竭（个人压力）、去人格化（对他人和 105
工作的负面反应）、低个人成就感（消极的自我评价）是倦怠的主要维度。在另一
个极端是对于工作积极参与的状态，它的维度是能量、投入和有效性。

情绪耗竭

　　情绪耗竭是倦怠的重要的、明显的表现。当人们将他们自己或者他人描述为倦
怠，他们指的是耗竭。这个组成部分指的是最基础的个人压力维度。耗竭是指过度
扩张和耗尽一个人的情绪及身体资源（Maslach，Schaufeli，and Leiter 2001)。在
人性化的服务当中，工作中的情绪需求能够耗尽一个服务提供者同服务接受者交流
和反馈的能力。此外，从事低职业自主性或高工作投入性情绪劳动的员工，比起那
些有更多自主性或较少工作投入的人，有更大的遭遇情绪耗竭的风险（Wharton
1993)。造成这一结果的原因是因为员工感受到工作要求过于苛刻，工作本身令人
沮丧（Zapf et al. 2001)。人们觉得筋疲力尽，被榨干了，并且不能放松和恢复。一
位 911 派遣员提供了一个例子：

　　　　有时候和人打交道——一通［911］电话可能就让你筋疲力尽。我的意思
　　是字面上的让你筋疲力尽，我试着不让这通电话给我压力，你知道吗？……那
　　一通电话——不管是孩子还是成人……对我而言也太多了。那是压垮我的最后
　　一根稻草。

　　倦怠表现为压倒性的耗竭和没有能力从工作中脱离，即使在睡眠中也如此。对
于做梦者来说，噩梦经常与倦怠状态相关（Pines and Aronson 1988)。一位长期在
管教部门工作的人这样说：

　　　　我很疲惫……我的意思是我真的要说我不想再做这个工作了……晚上睡不
　　好……经常梦到这个地方，这可一点都不浪漫。它仅仅是工作，你知道的，但
　　是问题接踵而至……我真的发现自己经常梦到这个地方。虽说不是每天，但是
　　很频繁。

去人格化

　　我们可能在某个时间与服务工作者互动过，他们好像"工作得心不在焉"，他
们看起来很超然、冷漠，甚至有些像机器人。这些员工可能已经处于倦怠状态。当 106
人们已经筋疲力尽、沮丧的时候，他们通过表现冷漠或者玩世不恭的态度来表现认
知距离（*cognitive distancing*)（Maslach，Schaufeli，and Leiter 2001，p. 403)。玩
世不恭（或者去人格化）作为倦怠的组成部分，对抗着工作的人际特征。
　　在帮助性质的职业当中，去人格化经常意味着将当事人视为物体，并且对于他

们的福利的好坏情况变得麻木不仁（Zapf 2002）。结果是这些员工在对待本应给予帮助的人的时候，表现得消极、冷酷、过分的超然（Maslach, Schaufeli, and Leiter 2001）。员工发现自身出现了他们从未意识到的冷酷和无礼——这表现在对待接受他们服务的人的去人格化态度。经常性地，当事人被贴上带有贬义性质的标签，并被相应地对待（Schaufeli and Enzmann 1998）。超然是一种让当事人看起来更像物体的方式——更不像人类，也因此更易于管理。一位 911 派遣员给了我们一个令人不寒而栗的例证：

> 我不知道自己说了多少次了，对于记录，我会再说一遍。我觉得孩子有两种选择——他们自己不是选项。那里应该有一个止吠器和音量控制……看看这份工作对我们做了什么？……即使是大街上的陌生人我也会这么说的。孩子应该带着一个止吠器和音量控制，因为孩子需要一个奶嘴，或者被告知必须闭嘴！

去人格化也与对等的观念相关。一般而言，在服务类职业，尤其是帮助性的职业，有一个内置的、不对等的给予关系。这些职业给予他人帮助，当事人接受帮助（Ryerson and Marks 1981）。去人格化是一种从当事人那里引出的恢复对等关系的心理状态（Buunk and Schaufeli 1999）。总的来说，去人格化意味着一个人不再能够运用超然作为一种战略去处理与当事人的互动关系。员工不是去适应环境，"冷漠变成了永久性的状态，人们逐渐丧失了感知自己真实感受的能力"（Zapf 2002，p. 257）。

低个人成就感

工作环境当中如果具有长期的、不可抗拒的要求，那么其会导致情绪耗竭或者去人格化，这使得一个人失去效能感。当感到筋疲力尽或者当帮助对象无动于衷的时候，一个人很难获得工作中的成就感（Maslach, Schaufeli, and Leiter 2001）。这种缺乏个人成就感的情况就是倦怠的第三个维度，也倾向于给予一个人工作负面的评价。

107　　效能感降低代表了对倦怠的自我评价维度。它指的是工作中的无力感和成就感的消失（Maslach, Schaufeli, and Leiter 2001）。工作无效、可怜的职业自尊、逐渐增强的不满足感使得情绪劳动者坚信他们不可能与当事人一同实现自己的目标（Maslach and Leiter 1997；Schaufeli and Enzmann 1998）。这几个维度交织在一起，共同导致了员工无力管理自己或他人的情绪（Zapf 2002）。对于那些以情绪管理为核心的帮助性的职业，倦怠是一个严重的问题。

5.4　收　益

工作投入[10]，这个倦怠的反义词，包括了个体与工作的关系。工作投入包括了能量、工作卷入和效能三个维度。这三个维度是不言自明的，工作卷入被定义为持久的、积极的、激励情感的、有成就感的状态，这种成就感指的是活力、奉献和专注（Maslach，Schaufeli，and Leiter 2001）。工作参与和工作资源有关，例如工作控制、有效的反馈以及学习的机会。例如，一位犯罪调查者这样说他的工作：

> 我一定在情绪上非常低落，但也是同样的原因，当我在这里做了一些有成就感的事情之后，没有什么比那更好了。你回家后发现，啊，我做成了一件事。你知道，那就是为什么我从未进入企业界或者做那些事情——你没有这种强烈的感觉——这种感觉……在这里你看到你劳动的果实……从我的工作中，我直接影响了我们当事人的生活，让他们过得更好——再也没有比这更好的事情了，这真是令人愉快的感受。

总的来说，这种观点指出了情绪工作有些矛盾的特点。这种工作同时具有积极和消极的结果，说明了情绪劳动是多维度的概念，比原来预想的结构更复杂。

5.5　工作投入与倦怠的预测指标

工作投入和倦怠被理解为相反的两种情况，我们认为工作投入和倦怠的预测指标类似于镜像。倦怠是在工作控制、反馈和学习机会缺失的时候出现的。

在早期的研究中，我们分析了倦怠和工作特点之间的关系，这些工作特点包括：职业、情绪劳动程度、培训质量、工作提供的职业生涯机会、是否乐意选择与人打交道的工作、工作年限（Newman，Mastracci，and Guy 2005）。研究显示： *108*

- 强烈的情绪劳动需求导致高水平倦怠。
- 乐于与人打交道的员工报告出更低水平的倦怠。我们认为乐于与人打交道的员工通过自我选择，进入关系密集型的职业当中，因而更不可能由于他们在工作中的遭遇而承受压力。这种通过测量与人接触的偏好来筛选候选人的选拔过程涉及情绪管理的工作。我们虽然不建议，但是这种自我选拔的过程能够替代为新员工准备的相关的、重复性的培训课程。这种筛选候选人的工具在雇用员工的时候使用，并且能培训求职者应对工作中情绪劳动需求的能力，运用工具选拔合适人选和采取措施避免倦怠同等重要。
- 更好的培训可能带来较低的倦怠发生率。那些经历了为工作相关挑战做准备的培训的员工的倦怠，其倦怠得分比那些没有经过充分培训的员工得分低。如果这些员工接受了高质量的培训，感到了自己为即将开始的工作挑战做了广泛的准备的话，那么他们就不会敏感地遭受倦怠的痛苦。
- 更好的职业机会能够减少倦怠。那些认为他们的工作提供了良好的职业生涯发展机会的人们因此并不觉得自己被工作困扰，也不觉得自己倦怠。人力资源经理可以通过向员工提供有效的培训项目，并且告知员工他们要学的这些技能具有市场竞争力，来减少倦怠的发生。

● 工作年限不会影响倦怠率，但是年轻人会有倦怠的情况。老年员工比青年员工报告更少的倦怠。也许这是因为经历或者是因为扬场的作用：老年员工仍然进行情绪工作因为他们喜欢这种工作，或者他们已经学会如何避免倦怠，或者年龄的增长已经让他们具有足够的经验去进行情绪劳动。因为工作年限与倦怠并不是显著相关的，真相也许是老年员工通过他们的人生经历学会了如何应对情绪激烈的情况。

109   总的来说，员工的谈话和他们的调查资料提供了有关在实践中情绪劳动的令人信服的见解。他们的谈话说明了情绪工作的两个方面：极端的个人回报或者是极端的个人痛苦。通过引入研究数据，我们明确了情绪劳动是复杂的、具有多重维度的。在我们期待管理者开发合理的改善倦怠的方法并且善于利用情绪劳动的积极方面增进员工满意度和成就感之前，我们还需要更多信息。因此，我们提出进行更深入的针对不同类型情绪工作的调查。

尽管人们一直认为"与人打交道的工作"比其他类型工作更易于出现倦怠，事实可能是相反的。此前的研究显示为人服务的岗位并不一定与高倦怠率相关（Brotheridge and Grandey 2002）。事实上，为人服务的员工反而报告出低的去人格化水平和高的个人成就感水平。布莱德瑞奇和格兰迪（Grandey）总结出情绪劳动的预期具有层级结构，其中为人服务的职业具有最高水平的情绪劳动。表面表现或者是在工作中假装某种情绪表达，被认为是与情绪耗竭和超然最相关的两种情况，而深度情绪工作与个人成就感正向相关。

为了探讨样本中情绪工作的特性，我们对调查的数据进行了探索性因素分析。结果显示出关于情绪劳动的三个因子：进行情绪工作本身、进行情绪劳动时员工自我效能感、进行情绪劳动需要员工通过抑制他们自己的真实感觉展示"假面具"（见附录F）。

问卷也包括倦怠、工作满意度和自豪感的条目。这些因素通过条目来识别情绪工作和倦怠之间的关系。表5—1的皮尔森相关矩阵显示了情绪工作绩效与工作满意度、个人效能感、工作自豪感之间具有正向的联系。相反地，"假面具"的情绪工作与倦怠正相关，但是与工作自豪感和工作满意度负相关。此外，正如人们所希望的那样，工作满意度和自豪感与倦怠的相关性是负向的。

直接的情绪劳动（情绪劳动，本身），进行情绪劳动感到自我效能（情绪劳动，效能），并且展示一个人不曾感受到的情绪（情绪劳动，假面具）这三者之间的区别显示了大部分的情绪工作。接下来的讨论提供了解释说明。

110   **表5—1**   **相关指数矩阵**

	情绪劳动，效能	情绪劳动，"假面具"	工作满意度	工作自豪感	倦怠
情绪劳动，本身	0.491**	0.442**	0.218**	0.424**	0.285**
情绪劳动，自我效能感		0.331**	0.336**	0.345**	0.009
情绪劳动，"假面具"			0.010	0.004	0.418**
工作满意度				0.717**	—0.238**
工作自豪感					—0.197**

注：**p≤0.01。

5.6　情绪劳动，本身

这些指标变量曾经在第 4 章中用来进行关于情绪工作的假设检验。[11] 在此处，其被用来调查是否由于工作机构不同，员工必须进行情绪劳动的程度也不同。因为管教局、公共监护办公室和 911 电话派遣中心工作形式不同，我们假设在不同机构当中具有差异，这些因素关注的是工作中需要何种程度的情绪工作。

H1：机构不同，其员工报告的情绪劳动程度不同

事实上，调查结果显示情绪劳动的程度在工作地点上具有显著性差异（F＝61.979，p＝0.000）。911 电话派遣中心报告的情绪劳动绩效显著高于其他两家机构。管教局的员工报告出最低的水平（mean＝3.678，s. d.＝1.326），公共监护办公室的员工报告了较高的水平（mean＝5.011，s. d.＝1.207），911 电话派遣中心的员工报告出最高的水平（mean＝5.773，s. d.＝0.621）。这个结果在意料之中，因为在处理紧急电话时需要投入更多的情绪劳动。事实上，分析结果显示了调查工具的有效性。

有趣的是，当对三家机构在工作因素——员工自豪感（F＝10.814，p＝0.000）得分一项进行对比的时候，相似的结果出现了。管教局的员工报告了最低得分（mean＝5.101，s. d.＝1.166），公共监护办公室的员工报告了较高的水平（mean＝5.582，s. d.＝0.853），911 电话派遣中心报告了最高的水平（mean＝5.777，s. d.＝0.794）。[12]

上述发现促使我们设想，是否情绪劳动以通过工作绩效提升员工自豪感和成就感的方式赋予一个人的工作以意义。这个解释与布莱德瑞奇和格兰迪（2002）的研究一致。换句话说，这些结果引起人们的猜测：是不是让员工全身心投入的情绪工作比仅仅具有认知性技能要求的工作更容易使人获得满足感。这种解释与拉尔夫·赫梅尔对官僚主义的批评一致，在本质上，官僚机构枯燥乏味的理性工作任务榨取了员工的活力，使员工变成了"被榨干的人"。 *111*

5.7　情绪劳动——自我效能感

接下来关于情绪工作的视角是员工对自己技能水平的评估。也就是自我效能感，这些条目旨在探明员工实际参与的管理他人情绪、对自己有效性评估的程度。

与情绪劳动本身不一样，自我效能感在进行情绪劳动过程中是普遍存在的。因此假设在不同机构中员工的自我效能感没有显著区别。我们运用方差分析再来验证这一点。

H2：不同机构在员工进行情绪劳动过程中报告的自我效能感没有显著差异

结果显示假设被支持（F＝2.125，p＝0.121）。在不同机构中，员工进行情绪工作所报告的自我效能感没有显著区别。效能涉及员工之间的个体差异，并不依赖组织环境。这是一条重要的发现，因为它说明情绪工作是与员工个体相关，与工作场所不相关。换句话说，在进行情绪劳动的过程中所需的技能具有个体差异。有些人比别人做得更好。

5.8 情绪劳动——"假面具"

情绪工作的第三个变量是关于员工为了互动抑制自身情绪而表达另一种情绪的情况。换言之，这个因素探讨员工是否有能力在感受一种情绪的时候，表现出好像感到另一种情绪。这个指标下的条目如下所示：

112

- 我的工作需要我"人为"或"专业"地友善对待当事人、呼叫者、公民等。
- 我掩盖或者管理自身情绪，以便于在工作中展示令人愉快的一面。
- 我的工作需要我假装出没有感受到的情绪。
- 我的工作需要我隐藏自己对于某一情况的真实感受。
- 我的工作需要我与不友善的人打交道。
- 我的工作需要我友善地对待他人，不管他们如何对待我。

这些条目询问了工作需求，看起来这些条目是针对具体环境的，因而根据员工所进行的不同工作，在不同机构中应该具有差异。为了分析，我们假设在不同工作场所该指标具有显著差异。

H3：员工在工作中需要表现出不同于自己真实感受的情绪，不同机构的员工报告的程度不相同

方差分析的结果显示出假设是正确的。在衡量员工表现出他们没有感受到的情绪的程度上，不同机构的员工具有显著差异（F＝14.365，p＝0.000）。就像他们对第一个假设报告的结果一样，911接线员报告的"伪装真实情感的情绪工作"明显地比其他两个机构要高。在公共监护办公室的员工（mean＝4.3515，s.d.＝0.865）和在管教局的员工（mean＝4.428，s.d.＝1.038）报告了相似程度的这种情绪工作，但是911接线员的报告明显高于其他两个工作地点的水平（mean＝5.294，s.d.＝0.760）。我们应该如何利用这个结果呢？911接线员也报告出更高的情绪工作水平。是否伪装情绪的工作与情绪工作一同进行，所以测量其中一个就等于测量了两个呢？这需要未来继续进行研究以梳理出这个问题的答案。

5.9　倦　怠

对于倦怠这个问题，我们已经在表 5—1 中展示了伪装情绪劳动和倦怠之间的相关性。自我效能和倦怠之间没有关系，而伪装情绪劳动和倦怠之间有关系，显著的相关系数 0.418 显示了二者之间正向的关系。因此，看起来情绪工作的类型可能是一种激励因素，其导致更大的工作满意度和自豪感，或者是一种负向激励因素。但是，这种关系可能比我们目前所理解的具有更多层水平。理论上，911 接线员应该比其他两家机构的员工报告出更高水平的倦怠，因为他们进行了更多的伪装情绪劳动。但是数据没有显示出这一点。从分析结果中可以看出在倦怠水平上三家机构没有显著区别（F＝1.074，p＝0.343）。

113

5.10　工作自豪感

也许接线员没有报告出很高的倦怠得分是因为，就像布莱德瑞奇和格兰迪（2002）所说的那样，为人服务的工作中具有内在的工作满意因素，而这种因素能够减轻倦怠，或者，也许在每种工作场景中都具有调节变量，能够减轻有害的、伪装的情绪劳动的影响。为了研究这一困境，我们运用方差分析来寻找不同机构员工自豪感的差异。这些潜在变量的项目如下：

- 我的工作很有趣。
- 我为我自己的工作感到自豪。
- 工作中我做了很多有意义的事情。
- 我的工作具有挑战性。
- 我接受的培训为我的工作做好了准备。
- 我认为自己的工作能够产生一定的影响。
- 我的工作让我有个人成就感。

结果显示电话接线员比其他两个机构的员工具有更显著的自豪感水平（F＝10.811，p＝0.000）。和电话接线员（mean＝5.777，s. d. ＝0.794）比较接近的是公共监护办公室的员工（mean＝5.582，s. d. ＝0.851）。管教局的员工（mean＝5.101，s. d. ＝1.166）与其他两家机构中的员工在回答上显示了较大的变异。也许更高水平的自豪感能够减轻情绪工作中伪装情绪的不良反应。这是我们更多关注的一个问题。

5.11　解析情绪劳动

我们最后的分析是去评估情绪工作三种形式的效能：工作本身、情绪工作中的

114 个人效能感、情绪工作中的伪装情绪。表5—2展示了三种分析。模型1运用工作自豪感作为因变量，模型2运用工作满意度作为因变量，模型3运用倦怠作为因变量。情绪劳动本身是工作自豪感的最有力的影响因素；自我效能感是工作满意度的最有力的影响因素。此外，正如布莱德瑞奇和格兰迪（2002）所预测的那样，情绪劳动中的"假面具"（伪装情绪）是倦怠最有力的影响因素。

表5—2 三个模型的回归分析总结因变量

自变量	模型1	模型2	模型3
	工作自豪感	工作满意度	倦怠
	4.256**	3.492**	1.589**
情绪劳动，本身	0.324**	0.130*	0.196*
情绪劳动，自我效能感	0.212**	0.347**	−0.296**
情绪劳动，"假面具"	−0.284**	−0.198*	0.581**
R^2	0.274	0.145	0.233
ANOVA sig.	0.000	0.000	0.000
n	280	267	278

注：* $p < 0.01$；** $p < 0.00$.

5.12 工作满意度

另一种研究情绪劳动重要作用的方式是检验工作满意度。工作调整理论强调个人与工作环境之间的动态互动（Champoux 1991；Lawson 1993）。对工作调整的研究揭示了两个重要的概念：和谐和自我实现。和谐的概念意味着：个人和环境之间和谐的关系、个人对环境的适应性以及环境对个人的适应性、个人和环境之间的一致或者共识、员工和环境之间的互惠和互补关系。根据这个理论，员工在环境中寻求与他们需要相一致的岗位。当他们找到了工作和自身的对应关系，就试图维护它。随着一致的增加，工作年限也增加了（Dawis, Lofquist, and Weiss 1968）。另一种表达这件事的方式是当工作环境提供了更大的自我实现的时候，他们更长久地留任（Karlsson 1990）。自我实现指的是开发自身能力、资源、意义和社会关系的
115 能力。如果情绪工作作为自身能力的一个组成部分，提供了满意度和自豪感，那么情绪劳动的进行能够有助于留住员工。

随着对人力资本的关注逐渐增强，留住优秀员工的战略变得十分重要。如果进行情绪劳动能够赋予一份工作以意义，那么招聘人员就应该考虑情绪劳动的重要性，情绪劳动也值得授予绩效奖励。在本次调查中，受访者被要求报告他们任现职的工作年限，他们报告的结果见表5—3。为了遵循保密的原则，对于工作年限，我们要求被调查对象作出分类的回答，而不是报告精确的在岗长度。我们运用方差分析[13]来确定情绪劳动本身的程度是否随着被调查者的工作年限不同而变化。结果在统计学上并没有显著差异。这进一步强化了情绪劳动存在于员工整个任期之内的观点。如果不是这样的话，情绪劳动的发生将只能在工作初期被测量到。事实上，

根据情绪工作和工作满意度之间的关系，很可能这是工作的一个突出的、有回报性的方面。在本例中，27％的被访谈者工作年限多于十年。

表 5—3　　　　　　　　　　　　　　　**工作年限**

工作年限	≤1	1～2	2～3	3～4	4～5	5～6	6～7	7～8	8～9	9～10	≥10
样本百分比	9.8％	10.4％	8.1％	8.5％	13.4％	7.8％	5.2％	3.9％	2.9％	2.9％	27.0％

在我们调查的机构当中，管教局和公共监护办公室24％的受访者工作了十年或者更长的时间。在911接线员中，50％的员工具有十年工作经验或者更长时间。这是一种情绪工作和员工保留之间的关系的大概的测量，但是它为未来研究提供了足够的提示：那些在情绪工作中自我效能感得分较高的员工是否会寻找需要更多情绪工作的岗位？换句话说，那些在自我效能感上得分较高的员工是否倾向于离开情绪劳动需求较少的工作？

情绪劳动和倦怠是密不可分的，但是其关系比看起来更加复杂。这是为什么衡量情绪劳动对于公共管理实践十分重要的原因之一：认识到对员工具有情绪管理的要求能够使管理者雇用更加合适的人选、培训他们并使其脱颖而出、根据他们实际运用的技能评估其绩效、为他们的优秀工作支付薪酬并且减轻情绪工作中伪装情绪的负面影响。

5.13　人力资源管理启示 _116_

情绪劳动存在于组织的方方面面。在服务性的机构中，情绪劳动的轮廓得到放大，在这里倦怠与投入并存。我们再也不能否认情绪劳动是"真正的工作"，即便它曾经不被这么认为。情绪劳动是一项技术性工作。派遣员需要做的精神上的操作是评估呼叫者的需求，特别是在危险的情境下，更需要一个人蜘蛛般的敏感。调查员的一项技能是为了获得信息使自己变成一个"变色龙"，并且当咨询者面对性虐待问题和毒害儿童的问题的咨询时仍然需要具有专业精神，这些是他们工作的特点。结合本研究中受访者的谈话，以及多学科对于情绪劳动的研究，我们得到了一个重要的实践上和理论上的启示，即情绪劳动这种技能必须被认知、承认和付薪。首先必须做的是建立工作需求和员工特点相符合的选拔机制、开发更准确和完整的工作描述、建立有意义的绩效评估程序。在第7章我们会讨论，如何让情绪劳动能够被支付薪酬。另一个启示是对情绪劳动具有积极和消极两种结果这一证据的回应。对于工作投入和工作倦怠的同时关注能够促进管理者采取工作场所的干预措施，这种措施旨在提升员工能量、参与和效能，并且减轻情绪耗竭、去人格化，最终达到解决效率低下问题的目的。

工作自主性展示了干预的另一个关键点。虽然工作自主性是所有类型工作中员工满意度的预测指标，但它对那些要求情绪劳动的岗位更为重要（Wharton 1993，1999）。对于工作的自主性和控制权以及因此产生的情绪表达，变成了会产生何种结果的决定性因素（Morris and Feldman 1996；Richards 2004）。具有较高工作控制权的员工可以决定在某种特定情况下是否遵守雇主的"展示原则"（举例来说，雇主要求员工以微笑迎接最粗暴的居民）。具有高控制权的个体也许有实力根据居民的个性和类型来灵活运用展示原则，因此能够减轻情绪失调，而低控制权的员工不能酌情处理遇到的问题（Zapf 2002）。

117　　　　另一个主要的干预点在于重新设计工作来减轻员工的情绪压力。一种方法是工作转换，这样能够使个人从与当事人紧密联系的岗位向联系较弱的行政岗位转化（Edelwich and Brodsky 1980）。例如，在管教局，管教官员和咨询顾问例行地将他们的时间区分为在监狱区与犯人交流的时间以及在办公室进行行政工作的时间。管理者也可以通过改变工作量来减少对员工的工作要求。他们可以通过设立"休息时间"来使员工暂时从工作中脱离，可以通过充电来使员工满足工作的需要，开发更多积极的应对措施，还可以组织培训班和讲习班来讨论和练习情绪管理实践，拟定情绪展示规则和表达方式促使这项工作合法化和制度化。

　　与此相关，工作描述本身也应该准确反映出工作内容。这一点在 911 派遣员的经历中得到了充分说明。作为一名塔拉哈西警察局的电话派遣员，所需的技能不仅仅是将通话记录归类和例行地接听电话。尽管该工作可能被归为秘书类的岗位，但实际上它与秘书工作几乎没有任何相似之处。套用电影中阿甘的例子，在警察局的沟通工作就像打开一盒巧克力：你永远不知道在电话另一端你会得到什么，下一通电话永远具有不确定性，你需要快速判断并且制定生死决策，这让这份工作特别复杂和有压力。这份工作可能是"十分钟的无聊时光，突然被 90 秒钟的恐惧打破"。一位主管这样解释道：

> 当我们面试派遣员或者应聘这份工作的人的时候，我认为很多人，特别是公众，［认为］这是一个典型的办公室岗位，但实际上它不是。他们不知道我们的员工面对的是什么，除了有时看到节目，［急救］911，或者是威廉姆·沙特纳主演的电视剧。他们不知道我们做什么工作。如果他们到了这里意识到我们所做的工作和我们必须处理的电话数量、电话类型，人们通常会被吓到……你必须有能力和人打交道，一些人没有意识到这个……我认为他们对于我们工作中的大部分时间做什么完全没有概念。

　　我们讨论的最后一项干预措施涉及工作是否得到社会支持的问题。有很多证据显示缺乏社会支持与大量的与压力相关的结果相联系，其中也包括了倦怠（Golembiewski, Munzenrider, and Stevenson 1986）。马斯拉奇、肖费利（Schaufeli）和莱

118　特（Leiter）（2001）的调查显示，得到上司的支持比得到同事的支持更为重要。

　　无论压力来源如何，无论是否能从上司那里获得支持，来自家庭、朋友、教会或同事的社会支持，都可以成为抵抗倦怠的一种缓冲。在访谈中，被访谈者指出"清谈俱乐部"的机会以及与同事公开讨论感受的机会是社会支持的重要来源。

　　对社会支持的关注引发了另外两个与情绪劳动绩效相关的问题。对工作的社会

支持是组织文化的一个组成元素。戈伦别夫斯基和马斯拉奇（以及他们的同事）很早就认识到了倦怠和组织环境的关系。例如，戈伦别夫斯基、蒙兹雷德和斯蒂文森（1986）总结出工作生活质量与倦怠程度相关。莱特和马斯拉奇（1988）认为倦怠和组织承诺与组织的人际环境相关。与当事人和同事的互动都要求付出情绪劳动（Tschan，Rochat，and Zapf 2005）。相关文献进一步说明了与同事互动被认为是工作压力和倦怠最重要的来源（Gaines and Jermier 1983；Leiter and Maslach 1988）。这个结论与我们的访谈结果一致。这些员工面对的是问题人群，访谈中使我们多少感到有些惊讶的是受访者报告说使他们的工作需要付出如此多情绪劳动的不只是当事人或犯人，更多的是同事。除此之外，我们调查的各个机构给了我们不同的"感觉"。例如，公共监护办公室的组织文化可以被认为是开放的、合作的和支持性的。相反地，管教部门的环境可以被归结为工作人员被紧张情绪所包围。而对于 911 接线员，环境有所变化：三个八小时轮换的班组显示了不同等级的友爱和信任。

5.14　结　论

　　人际交往能力和情绪劳动对于服务型工作而言是不可或缺的。就像在第 8 章中所预测的那样，在后工业时代工作，这是一个以服务为基础的社会，更需要人们成功地、熟练地掌握情绪管理技术（Erickson 1997，p. 7）。大多数工作都需要与公众进行交流，特别强调以顾客为中心（Brotheridge and Grandey 2002）。从事服务性工作的人必须锻炼实施巧妙的影响。他们也许不是特别喜欢成为下一个靠近的公民的"一分钟"朋友，但这是一线工作所必需的（Albrecht and Zemke 1985，p. 114）。

　　目前公共场所另外两个交叉的特征与情绪劳动显著相关，其后果都是倦怠。削减管理和"少花钱多办事"两种情况仍然是当前公共机构行政改革的口头禅。在组织中精减人员很少包括减少任务。员工更少，工作更多，几乎没有时间喘气。此外，公众的去人格化和对政府的不信任加剧了服务过程中的挑战。一线的公共服务员工在为人服务的岗位上受到预算缩减和看似永远得不到满足的服务需求的冲击。

　　在帮助性的职业中，例如家庭和儿童服务、社会工作、管教和执法等，人际技能和情绪劳动属于服务提供的重中之重。情绪工作能够产生收益，包括不断提升的个人自我感觉和职业成就感、更加高效的人际交流以及达成工作目标的能力的提升。而这种"印象管理的面具"带来的负面效果是员工的压力和倦怠（Brotheridge and Lee 2003，p. 377）。

　　员工（"社会公仆"）能够同时经历正面和负面的结果——一方面是某一时段工作成功带来的愉悦，另一方面是情绪耗竭和去人格化。倦怠是许多在为人服务的岗位上的员工无声的伴侣。许多被调查者报告说他们在积极应对倦怠，而另一些人已屈从于倦怠了。

　　我们的研究为员工对情绪工作、激励和倦怠的认知拍摄了一个快照，在这幅照片中我们看到了情绪劳动鲜明的特点。我们不能再否认情绪工作对于有效地完成工作具有至关重要的作用，也不能忽视进行"与人相关工作"的成本和收益。情绪劳动是一种真实存在的工作，这一点上没有人能够否认。很明显，情绪劳动仍然是一种隐藏的工作（Pugliesi 1999）。同样明显的问题是，情绪劳动可能导致倦怠。当工作场合不认可工作的与人交往的方面，也不认可在有效完成任务的过程中情绪劳动的意义时，倦怠加大的风险增加，并要付出高昂的代价（Maslach and Leiter 1997）。

　　接下来的研究需要梳理出能够导致工作投入和工作倦怠的具体任务是什么。工作一方面导致倦怠，另一方面产生满足感，这从我们访谈的男性和女性中得到证明。接下来我们要检验这种在"任务水平"上的动力学，以提升人力资源实践。情绪劳动在服务工作中占据中心地位，事实上，情绪劳动定义了公共服务。我们鼓励人力资源专业人员承认这种有技能的工作、评估情绪劳动、为情绪劳动支付薪酬并且解决员工的倦怠问题。那些从事日常关爱工作的员工，或者是那些每天需要表现的"比强悍更强悍"的员工需要更多的关注。到此为止，情绪劳动和倦怠之间关系的问题还没有得到解决，但是本章及本章的发现有助于改变传统的对于什么是"真正"的工作的认知，并且说明了社会服务工作当中情绪劳动的特点和结果。这里的声音可以产生浪花，在每个浪花的方向上都有挑战。这样的结论犹如"一石激起千层浪"，值得研究者继续探索。

注　释

　　［1］See, for example, Rafaeli and Sutton 1987；Wouters 1989；Ashforth and Humphrey1993；Leidner 1993；Conrad and Witte 1994；Waldron 1994；Pierce 1995；Morris and Feldman 1996；Schaufeli and Enzmann 1998；and Pugliesi 1999.

　　［2］See Hochschild 1983；Tolich 1993；Wharton 1993.

　　［3］See Bulan，Erickson，and Wharton 1997；Parkinson 1991；and Pugliesi and Shook 1997.

　　［4］See Hochschild 1983；Sharrad 1992；Pugliesi 1999；Ashforth and Humphrey1993；Fineman 1993；Seeman 1991；Pugliesi and Shook 1997；Wharton 1993，1996；Fineman 1993；Tolich 1993；Erickson and Wharton 1997；Leidner 1993；Parkinson 1991；and Sutton 1991.

　　［5］See Strickland 1992；Tolich 1993；Leidner 1993；Wharton 1993，1996；and Adelmann 1995.

　　［6］See Ashforth and Humphrey 1993；Connellan and Zemke 1993；Conrad and Witte 1994；and Shuler and Sypher 2000.

　　［7］更全面的倦怠的研究回顾，参见 Maslach, Schaufeli, and Leiter 2001。

　　［8］See Abraham 1998；Adelmann 1995；Brotheridge and Lee 1998；Grandey 1998；Morris and Feldman 1997；Schaubroeck and Jones 2000；Brotheridge and Grandey 2002；Grandey 2000；Morris and Feldman 1996；Zapf et al. 1999；and Erickson and Ritter 2001.

　　［9］本文献的回顾，参见 Zapf 2002。

　　［10］根据马斯拉奇、肖费利和莱特（2001，p. 416）的研究，工作投入与已经建立的组织心理学的概念，如组织承诺、工作满意度、工作投入等不同，工作投入提供个人与工作之间的关系的更复杂和更全面的视角。

　　［11］指数得分根据每个条目的平均分计算而来。这使得三家机构——公共监护办公室、管教局、

911 电话派遣中心——的潜在变量产生的分数能够被比较。我们进行方差分析来看不同机构之间在员工进行的情绪劳动数量上是否有显著的差异。

　　[12] 提示说明：这里获得的 911 接线员报告的较高的情绪工作水平可能是研究设计上的一个缺陷。员工在被调查之后立即被要求参与焦点小组有关情绪工作的讨论。在霍桑实验中，西部电力工厂的员工在照明实验中提升了绩效，这很可能是因为员工在参加焦点小组之后比平时更加积极工作的结果。今后在其他派遣中心邀请相似的员工进行实验能够解决这个问题。

　　[13]（F＝1.459，p＝0.154）。

第 6 章

人力资源实践能够识别情绪劳动吗？

一位新员工说，人力资源部门的同事告诉她，我们需要做的就是接听电话和电脑输入的工作。比如某天有一宗杀人案件，这个人受了枪击；或者是有位女士打电话过来，而她被男朋友捅了一刀，胸口正在流血。为了完成这项工作，公司需要她这样的员工来接这些电话，问恰当的问题，输入数据，同时还要能处理好自己的情绪，并且抚慰来电者的情绪。她说："在我工作的 16 年间，打来电话的人对我说谢谢，或者是夸我做得好的次数很少，屈指可数。"

越来越多的公共机构在招聘员工时比较简单随意。这种简单随意使得对员工的挑选不够谨慎，只能通过解雇员工来威胁他们，从而迫使他们对顾客更为友好。这种挑选员工的主动性和随意性可以作为一种激励员工，使其对顾客更为友好的手段，如果员工不这样做就面临着被解雇的危险。不管是服务业、工业还是制造业，大多数对工作描述和绩效考核的要求都是相同的。工作描述是指用职位所包含的所有任务来清晰地定义该职位。工作描述的设计和形成过程使工作丧失了独特性，并且和任职者割裂开来。因此，员工被看作是可以互相交换的，而且任何一位具有 X 技能的员工都是可以胜任任何具有 Y 要求的工作的。同时，工作描述必然会导致只有那些可观察到的任务才能得到描述，而难以观察的任务往往被忽略。另外，工作描述不受个人感情影响，其客观的评价过程使其不受员工在人种、年龄、性别、亲属关系和其他个人特征方面差异的影响。（参见，例如 Lytle 1946，p. 287，as cited in Figart 2000，p. 1.）

我们对于工作中所需技能的关注和思考依赖于对工作的理解，但是这种理解往往是过时的。这种思考方法会导致对附属工作描述的缺失，包括参与其他人的工作，关心和培养其他员工，与他人通过口头和书面进行有效沟通。这些工作任务是卫生服务部门、公共教育机构、非专业领域大多数支持性岗位和涉及职员和市民之间互动工作的部门的主要工作任务。 *122*

我们生活在一个公共服务人员责任越来越大的时代，然而对于他们的绩效考核却有一个盲点，就是无法考核其情绪劳动。理性的，或者叫"左半脑"的工作往往是被重视和推崇的，而关联性的附属工作则不受重视，不被奖励，甚至常常被人遗忘。我们调查了办公室中各个领域每天的工作和能够体现绩效的工作程序之间的差异，这些绩效可以帮助员工获得报酬。我们审查了公共机构绩效考核工具的样本，发现它们中的大多数对于情绪劳动的考核只是敷衍了事。总体来说，缺少对情绪劳动的认可导致这种劳动被忽视，同时也导致了需要情绪劳动的工作工资水平很低。

只要想到公共服务人员对待市民态度冰冷、漠不关心时市民们的反应，就能理解情绪劳动对公共服务机构的重要性了。不管这些服务人员是否正确完成了工作，受到了冷漠待遇的市民都会批评他们的服务。总而言之，情绪劳动是工作的一部分，必须好好完成，这样市民们才能积极评价他们和政府之间的各种互动。

就像前面已经讨论过的，情绪劳动不能简单归为一类。它包含有软性（女性化）情绪和硬性（男性化）情绪。这两种情绪根据服务内容而变化，会使被服务者感觉良好或很糟糕。比如说，市长的助理和狱警就需要两种完全相反的情绪劳动。前者需要雇用笑容可掬、比一般人更和蔼可亲的人；后者要雇用强硬的，比正常人更冷酷、不通情达理的人。即使是比较中性的工作也需要包含情绪劳动，比如在工作时压制自己内心的真实情绪。

情绪研究的第二个流派关注积极情绪的管理。一般来说应用于以下岗位的员工，服务岗位比如便利店服务员（Sutton and Rafaeli 1988）、空乘人员（Hochschild 1983）、食品服务员（Paules 1991）、快餐业和保险业员工（Leidner 1993）、银行和卫生保健行业员工（Wharton 1993）、诉讼和律师助理（Pierce 1995，1999），以及教授们（Bellas 1999）。萨顿 1991 年在他关于收款人的研究中从专业角度关注了消极情绪。所有的这些研究共同揭示了雇主是如何把情绪商业化的。

6.1　工作和情绪劳动 *123*

在所有的工作中，大约 1/3 美国工人的工作包含情绪劳动。这意味着他们的工作需要和大众接触，他们需要和顾客有情绪交流，而雇主需要控制员工的情绪活动

(Hochschild 1983)。因为公共服务工作的服务特性，这个比例在公共服务工作中可能更高。尽管男性和女性都需要完成情绪劳动，但是他们实施情绪劳动的内容和方式不同，得到的结果也不同。比如服务人员大多是女性，她们需要表现出照顾别人的母性和女性的同情心。教授和其他主要由男性从事的职位要么要求不能表现出情绪，要么需要表现出强硬的情绪，比如生气和威胁来使别人害怕和服从。霍克希尔德解释了这种对男女情绪要求不同的原因：女性生来要承担母亲的角色，于是女性的这个角色和女性工作描述逐渐结合了起来（1983，p. 170）。因为男性常常发现对一个女性表达情绪比对男性更容易，所以他们总是把女性归于女性的原始角色，即抚养孩子的母亲（Martin 1999）或者是知心女友。即使在同一职位中对男性和女性的角色要求也不同（作为一个附加的讨论，参见 Guy and Newman 2004）。

即使和男性处于同一职位，女性也常常被要求完成更多的情绪劳动（Morris and Feldman 1996）。男性是很少从事照料他人的工作的，但是女性却被认为天生就有义务从事这类工作（Bellas 1999）。比如，在贝拉斯关于教授的研究中，她发现学生期望女性教授比男性教授更温暖更能鼓励和支持学生，如果她们做不到，学生们对她们的批评也更为严厉。教学和服务行业涉及很多情绪劳动，但是一般被看作无须通过专业训练，所以得到的报酬也少于管理和研究行业。霍克希尔德这样解释这一原理：如果一个人天生就擅长某项工作，他的劳动就不会被看作是努力得来的；如果他的成功来自他看似缺少的能力，那么他的品质就更珍贵，应该得到更高的报酬（Bellas 1983，p. 169）。同样的，护士所拥有的许多技能，不是来自护士应有的品质，而是来自女性的品质。这些技能是不容易清楚阐述和学习的（Steinberg and Figart 1999b）。

情绪劳动（至少是涉及软性情绪的情绪劳动）并没有体现在工资上（Clayton 2000）。决策者更倾向于承认操作仪器方面的技能，这种技能一般被认为是以男性为代表。以女性为代表的技能的重要性总是被忽视（England and Folbre 1999）。下面是一位女性对自己工作经验的描述，可以用来揭示对不同性别情绪劳动预期的不同。

124

在过去的 15 年间，我在很多机构担任过 3 个不同的职位，这些职位有一个共同点就是情绪劳动水平是一个决定性的优势。我曾经在儿童与家庭服务署工作，负责决定那些需供养子女的家庭是否有资格申请食物和医疗援助。我们有大概 20 名员工，只有 2 名男性，其中一个还是主管。我和另外一位男性分担同样的工作。这种工作需要大量的耐心和同理心，而格雷格在这两方面都很缺乏。他总是比其他员工接到更多抱怨和投诉，但是同事和上级允许他工作上的这些问题。我认为这是因为大家本来就没有期望他和其他女同事在情绪劳动方面表现出相同的水平。换句话说，女性被要求在对待顾客的同理心和耐心方面表现得更好仅仅因为她们是女性。

我的下一个工作是儿童抚养执法案的工作员。我需要访问顾客，安排亲子鉴定，代表顾客上法庭。在我们的办公室有 7 名个案工作人员，其中只有 1 名男性。这个职位需要对顾客有很多耐心和同理心，尤其是对那些为办理案件提供支持的父母们。有时，他们会很有攻击性。唯一的那名男性员工不像我们那么容易妥协。很多女性常常不愿意亲自从孩子的父亲那里索要抚养费。吉米就会吓唬和训斥她们让她们服从。但是，女性个案工作员被要求用其他方法来说服顾客从而得到信息。另外，当我们上法庭时，那位男性法官也总是给吉米更多的回旋余地。他很少因为吉米没有做好足够的准备而训斥他，但是女性个案员只要有一点没准备好就会被斥责。

我现在的工作是大学里的一位课业指导教授。学生们总是请求我来帮助他们做重要的决定。在我告诉他们每种选择的利弊之后，我总会告诉他们最终还是要由他们自己来决定。他们常常会接着问我："如果我是你的儿子或女儿，你会建议我怎么做？"我问过我的一位男性同事，如果学生这么问他他会如何回答。他说他从未面对过这样的问题。我认为这是另一个鲜明的例子，恰恰说明了女性被认为有情绪劳动的能力，而人们却没有期望同一职位的男性也如此。

现在的问题是我们是否应该把员工熟练掌握情绪劳动的能力作为绩效考核的一个标准。难道那些显而易见的技能就应该享有特权，而辅助性的工作就应该被边缘化，被忽视吗？为了找到这个问题的答案，我们对员工传统的绩效考核体系和过程进行了诠释性分析，这个考核体系主要包含知识、技能和能力这三个部分。情绪劳动考核体系的构想建立在上述分析的基础之上，包括沟通技能、人际关系技能、可合作性和培养团队精神的技能（Fineman 1993；Fletcher 1999；Guy and Newman 2004；Steinberg 1999；Steinberg and Figart 1999a，1999b）。

125

绩效考核系统能识别情绪劳动，因为它可以通过员工的决策情况、工作精确性、行为举止和可靠性来评价员工。我们的研究假设绩效考核体系中出现的关于情绪劳动的关键词汇和概念会显示出对于员工在这方面工作表现的认可。就像德博拉（Deborah Figart 2000）发现的，合格的绩效考核分数会给员工带来很多好处，包括涨工资、晋升机会，至少也会保证员工免受解雇。

6.2　方　法

样本抽样

伊利诺伊州政府机构的年度考核表要求确定考核识别和评价的情绪劳动的范围和程度。伊利诺伊州是一个物产丰富的大州，这里有美国第三大都市圈，这里经济多样化发展，大城市发展混合性工业，农村地区发展农业。根据这些特征，我们希望接下来的发现和其他区域的情况类似。我们向 98 个政府机构写了信，要求它们向研究人员邮寄员工的绩效考核表格，这项研究是为了定义政府绩效考核的范围。

我们收到了49份回复，大概50%的回复率。从这49份回复中我们得到了73个绩效考核体系，因为有些政府不止用一个体系，这样可以根据评价职位的不同来变换，比如针对监管人员绩效考核体系和针对非监管人员的绩效考核体系是不同的。表6—1是伊利诺伊州使用的标准绩效考核表格的一个摘录。评估者用李克特量表对员工的每一项绩效进行估价。这个表格是现在使用的非常有代表性的评价表格。

表6—1　　　　　　　　　　　**绩效考核标准表格示例**

第二部分　总的员工绩效考核
1. 工作知识：完成职位职责或工作职责所需的知识。
2. 工作效率：与职位要求的工作相比，完成了更多的工作。
3. 质量：正确性；完成率；精确度和工作节约性方面的完成质量。
4. 主动性：包括个人动机；决策量；寻求改进方式和技术；尽量做到更好。
5. 时间利用：合理安排时间；准时汇报工作；旷工；按时或者提前完成工作。
6. 计划：设定现实的目标；为将来的工作需求做准备；建立有逻辑的工作次序。
7. 工作跟进：控制工作负荷；合理分配资源；确保任务按时精确完成。
8. 人际关系：建立并维持友好的工作氛围；提升幽默和热情程度；真诚积极地帮助他人。
9. 领导力：制定高标准；提供优秀的管理实例；鼓励下属有效地完成工作；有效沟通。
10. 下属培养：帮助下属制定职业提升计划；培养潜在的替代人选；给予指导。

资料来源：State of Illinois form CMS201，p.2。

对有效性的威胁

因为情绪劳动是一个相对陌生的概念，它作为工作的一个属性也只是被谨慎地接受，所以我们非常关注它的有效性。上面的研究用了一个有效的研究方法，是基*126* 于理论化的"优先问题研究"（Steinberg 1999），系统性很强。我们认为这种方法是绩效考核体系中评价情绪劳动等级的一个最有效的方法。

受访者的选择不太可能成为一个问题。第一，50%被联系的政府机构提供了它们的表格，这些就是使用表格的样本代表。第二，斯坦伯格的研究方法在过去就应用广泛，这减少了对这种技术有效性的怀疑（Sloan 2004；Erickson and Ritter 2001）。第三，在伊利诺伊州没有发生引起人们讨论情绪劳动，并提高对情绪劳动敏感度的事件。这一点跟斯坦伯格1999年分析报告里描述过安大略湖的护士工会诉讼事件不同。第四，不存在受访者猜测调查目的的问题，因为我们的信件没有显示出我们想探求的信息是什么，而且我们也没有在接下来的电话信件联系中透露任何详细信息。

内容分析

分析这些表格是为了确定在工作分类和工资制度中大量存在的隐形情绪劳动的*127* 范围是否被清晰地划出。我们用斯坦伯格（1999）的情绪劳动等级作为这些绩效考

核体系内容分析的指导标准。斯坦伯格通过四个维度来描述情绪劳动的详细内容
(1999，p.149)：人际关系，沟通技巧，情绪努力和对顾客利益的责任感。人际关
系和情绪影响力是沿着两个不同的定义，分别用五个等级来评价其高低（见附录 D
的摘要表）。沟通能力被定义为包括写作和口头表达能力、非语言技能、阅读能力、
倾听能力和使用多种语言的能力 (1999，p.151)。这个定义与盖伊和纽曼对沟通能
力的定义（2004）相同。斯坦伯格把对顾客利益的责任感定义为"对顾客履行告
知、培训、建议、指导的义务并且培养和规范顾客的行为以确保其利益" (1999，
p.154)。

　　运用斯坦伯格的学说，我们开发了三种识别情绪劳动的模型。表 6—2 详细描
述了这三种模型。在粗略识别模型中，人际互动和沟通技能被限定在工作内容和工
作职能中。在中度识别模型中，下属员工、顾客或者其他股东与他人的互动都包含
复杂和直接两种方式。情绪劳动的高度识别模型包含了工作场所中情绪劳动所有范围
的鉴别，特别是对于顾客和下属的说服技巧、对团队动力的理解、在公众面前处理带
有感情色彩的问题、应对危险的带有敌意的人、处理敏感问题、为他人的利益负责。

表 6—2　　　　　　　　　　**绩效考核体系中情绪劳动的识别**　　　　　　　　　*128*

情绪劳动识别的分类	描述这一等级绩效考核体系的关键词汇	斯坦伯格分类中的相应层级	机构数目	绩效考核的代表性短语
无识别				
粗浅的识别	● 平常的个人礼貌或者是训练有素的职业礼貌 ● 有时和不友好的人打交道 ● 维护组织的公共形象，和同事以及顾客保持一个专业性的融洽的关系。 ● 激励、指导、培训员工。	人际关系和沟通技巧：级别 A&B 情绪努力/情绪需求：级别 A&B*	4(5.5%) 59(80.8%)	● 有必要的书写和口头表达技能。 ● 能和他人合作以实现目标。 ● 在穿着、外表和行为方面的表现能够符合组织标准。 ● 判断衡量，得出结论的能力。
中度识别	● 共情、同情、安抚、掌控、有耐心。 ● 解决小冲突。 ● 经常抚慰那些受到情绪伤害的人员，很有耐心。	人际关系和沟通技巧：级别 C 情绪努力/情绪需求：级别 C	4(5.5%)	● 展示出良好的倾听技能，能够有效并且持续地与同事、组员、机构口头沟通。 ● 和其他人合作融洽，愿意帮助同事，愿意接受任务，不抱怨。 ● 展示主动性和动力。
高度识别	● 理解不合作的顾客，有同情心，能应对危险有敌意的人。	人际关系和沟通技巧：级别 D&G 情绪努力/情绪需求：级别 D&E	6(8.2%)	● 通情达理，尊敬理解他人。 ● 当需要作出关于工作和工作环境的决策时考虑他人的意见。

129

高度识别	● 运用说服技巧，理解组织动力，应对公共情境中的情绪问题。 ● 引导顾客克服困难；安慰痛苦的人；常常应对危险和暴力分子。 ● 为他人的福利承担责任。			● 很好的处理预料之外的情境和危机。 ● 在压力下有效地工作。 ● 能接纳他人的意见和主意，控制自己的情绪，不打断、冒犯、打击他人。 · ● 以恰当的方式对顾客、大众和媒体有效且有说服力地表达自我。 ● 和其他员工、顾客，甚至大众建立和维系一种恰当的融洽关系。 ● 保证有效战略的实施，对于敏感信息和机密事件处理恰当，说明自己的决定并且开发出创造性的解决方法。 ● 公平客观的评价绩效，清晰地沟通工作方向和组织期望，提供恰当的结论，及时地应对问题，为下属做一个正面的榜样，参与员工的长期或短期需求，有效地利用和协调资源。

130

注： ＊激励和培训下属作为斯坦伯格 C 层级的一部分出现了，但是因为这个层级还包括"控制，抚慰，同情，共情……解决小冲突以及经常抚慰那些受到情绪伤害的人，可能会和受毒品和酒精影响的人直接接触"，所以我们认为尽管关于监管岗位提出了训练和指导责任，还有维系私下里和专业上和谐关系的要求，还是不能暗含斯坦伯格模型中 C 层级的所有范围。如果激励、培训和工作场所的融洽气氛和 C 层级的其他方面一起被提及，那么考核系统应该被放在中度识别这一类。详细描述参见附录 D。

6.3 分析绩效考核系统的发现

在 49 个机构的回复中，有 23 个机构使用标准的中央服务 （Central Management Services，CMS） 表格。[1]标准量表对于人际关系和沟通技能需求的描述表明了对于情绪劳动的识别程度是 A 级还是 B 级。在这些表格中，领导能力和发展下属的能力不只限于管理和监督人员，它们只是从技术层面揭示了所有员工与客户或其他员工的关系。这些表格没有涉及斯坦伯格的分类层次——掌控、安抚、同情、共情……小冲突的解决和经常抚慰那些受到情绪伤害的人员（1999，p. 155）。

表 6—2 展示了对 73 个绩效考核体系的分析，这些绩效考核体系引用了中央服务表格中特有的短语。分析后的发现显示出大多数机构对于情绪劳动只有最基本的 *131* 关注。5％的机构没有提到任何形式的情绪劳动，甚至是人与人交流时的基本需要，比如书写能力和口头表达能力，也没有提及。81％的机构只是稍稍给予了情绪劳动一点关注，而只有大约 14％的机构对情绪劳动有中等程度或者高度的关注。

粗浅的识别

正如表 6—2 显示的那样，这个体系展示了人们以前的观点：沟通技能、合作能力、果断都是非常重要的技能。尽管这些对情绪劳动的分类不一定确切，但是这些标准至少承认了员工维持与他人关系以及使员工意识到直接语境之外的其他与工作相关的情境的重要性。

中度识别

表 6—2 中的这个类别包括关注员工积极与他人合作的能力。然而，这项标准把情商和情绪劳动合并在一起了，比如"愿意接受任务，不抱怨"和"展示主动性和动力"。就像第 1 章中提到的，情商和情绪劳动是两个不同的但是相关联的概念。情商是监控自我绩效的能力，而且明白在需要控制感情的情况下，该运用和掌握自己感情的哪一面。要在情绪劳动中表现出色，就一定要有情商。换种方式来说，情绪劳动是情商的运用和表现结果。对于雇主来说，情绪劳动的运用很有意义，因为在相关的工作中，是公共服务领域雇员的情绪劳动帮助市民和政府不断交流，从而产生期望的结果。

高度识别

在调查表格中，这一类的情绪劳动行为得到了最好的表述。正如表 6—2 中短语显示的，这些关键词汇暗含了情绪劳动产生的绩效："处理预料之外的情境和危机"，"控制情绪"，"维持恰当融洽的氛围"，"恰当处理敏感信息"和"参与员工的长期或短期需求"。这些识别标准要求员工不仅要有认知技能而且要有情绪方面的能力才能圆满地完成工作。

揭示的模块 *132*

上面的分析揭示了这些绩效考核体系中一些有意思的元素。它们关注管理者和非管理者的人际关系需求、情绪劳动者的表现和易受影响的标准。首先，几乎所有的激励、指导和培训事例都只和管理人员的绩效考核体系有关。流程中的其他人员要么他们的职位不要求激励和培养，要么即使做了这些，他们的职位价值中也不会有所体现，得不到相应的报酬。比如说伊利诺伊州最高法官办公室用两种不同的形式来考核律师和支持性员工。考核律师用的是高度识别那一类，因为对律师的考核标准包括说服性的自我表达，和同事、顾客、公众之间维持适当的关系，还要恰当处理"敏感信息和机密事件"（OAG Attorney Form, p. 2）。而支持性员工的考核标准只要求"必要的书写和口头表达技能"和"雇员要有职业的、彬彬有礼的举止和态度，尊重其他机构人员，提升最高法官办公室的形象"（参见 OAG Support Staff Form, p. 3）。难道支持性员工从来不用处理敏感和机密材料吗？或者他们不用和难缠的顾客打交道？如果支持性员工真的遇到了这些事件要履行责任，在绩效考核中他们也不会因此得到报酬，因为他们的绩效考核体系没有识别出这种工作要求而他们自己也没有把这些要求看作是一种劳动。具有讽刺意味的是，市民和公共机构的第一次接触是通过这些前台工作者——办事员、助手、接待员完成的。

情绪表现的需求和其主观评价标准是暗含在情绪劳动的表现中的。这就引出了第二点：许多绩效考核体系包含了情绪表现的要求。尽管这并不是这项分析的关注点，我们从伊利诺伊州绩效考核体系中发现情绪表现在多种机构的表格中用不同的短语来描述。比如说：

> "向选民展示一种积极的态度。"
> "对不同工作人群表示感谢和赏识。"
> "工作耐力：能满足工作需求的生理和心理能力。"

为了了解这些元素和其他影响因素，需要对公共服务人员的表面情绪和深层情绪进行更进一步的研究。工作绩效中的表面情绪类似于雇员参加了戏剧表演，他们忽视自己的真实感情，根据工作需要扮演一个角色，就像在舞台上一样，表达出非*133* 真实感受的情绪，这就是表面情绪。另一方面，深层情绪需要一种情绪想象力从而让雇员觉得自己表现出的情绪就是真实体验到的情绪。

第三，这项关于州政府绩效考核体系的分析揭示了一些主观评价标准的例子，也指出了更深层次研究时可能产生的偏见。同时也产生了一个问题：这些条目为员工情绪劳动的绩效考核提供了方法？还是它们只是考核体系光环下的牺牲品——考核雇员价值是积极的还是消极的只是依赖于考核人员的个人偏好。以下几个例子可以说明这些考核表格中的主观性因素：

> "灵活表现，愿意承担困难或不便来提供帮助。"
> "对他人的话有足够的理解力。"
> "问有意义的问题。"

从识别情绪劳动方面来说，这些条目很难实施，或者不能达到预期结果。在这种情况下，如果想要得到精确的信息，需要考核者有非凡的洞察力。

最后，两种考核方式都明确地关注了情绪，一个从积极的内涵出发，而另一个是从消极角度出发。我们提到这些是为了说明在这些体系中术语的用法不同。伊利诺伊州的一个机构——东圣路易斯市财政咨询委员会（East St. Louis Financial Advisory Authority）使用的绩效考核表格是以下面的话开始的：

1. 通常情况下，事情如何进行？
   （a）你喜欢什么（什么让你感觉好）？
   （b）你不喜欢什么（什么让你感觉不好）？
2. 列举 3～5 个去年让你感觉最好的成就。

这两个问题与雇员自己喜欢的、厌恶的以及作为绩效考核跳板的正向自我考核有关。这种方法从外部影响雇员，并且用于指导绩效考核过程。尽管雇员的情感被包含在绩效考核的过程中，但是却不是用来为情绪劳动提供参考，而是作为一种探究员工对已完成工作的反应的工具。伊利诺伊州立大学退休系统的绩效考核体系与之不同，它明确地使用了工作中的情绪来作为情绪劳动的评价条件：在"性格"条件下，标准才是"合理的，值得尊重的，能够被理解的"。"能够接纳他人的观点，控制自己的情绪，不打断、冒犯、打击他人。"在这种情况下，雇员的情感自控力被包括在情绪劳动的内涵中进行评价。 *134*

另一个情绪考核的例子没有包含在样本中，它关注服务行业，奖赏管理人员对顾客的快速回应。比如，佛罗里达塔拉哈西市 2003 年管理人员的绩效考核表格的能力清单中包括这么一项："看起来很好，或听起来很好。"这一项被描述成"10/5打招呼法——微笑并眼神接触 10 秒，在 5 步左右打招呼"。这项绩效元素获取的是员工在公众面前是"怎样"的。它涉及第一印象、个人表现和音调。基于对服务顾客的强调，考核明确说明"管理人员应该在压力下保持泰然自若"。在"领导力和个人责任感"的标题下，管理者的能力考核要求他们"在实现组织目标时要展示和传递热情积极的态度"。在"团队工作"标题下，要求管理者"积极热心参加团队活动"。在"交流技能"中，要求管理者"理解行为是如何影响其他人的，是否体谅他人的需求、感受和能力，对他们需求、感受和能力的反应是否恰当"。在"共情"这项标准中，要考核管理者"尽最大努力使顾客满意，如果我们必须拒绝，也要礼貌地说不"（City of Tallahassee 2003）。这几类要求在表 6—2 的描述中位于粗浅识别层级，也有一些上升到了中度识别层级。

6.4 结 论

这一章主要是为了说明公共服务机构的绩效考核体系能够明确考核情绪劳动绩效的程度。对于伊利诺伊州绩效考核的回顾告诉我们该州绩效考核包含的情绪劳动的识别程度非常有限。而且一般没有出现在雇员考核词典中。

　　在工作中表达和压抑情绪产生了很多问题，有的现在还没有答案。我们对于那些存在性别隔离的工作的描述和绩效考核之间联系的一项深入研究揭示了这一点。工作本身是否存在有利于性别区分的差别，如需要比一般人强硬或需要比一般人和善的情绪劳动。

135　　　另一项研究通过关注绩效识别能否转化为报酬，来关注绩效考核体系和职业发展结果之间的关系。这项研究包括对于官僚特权如何低估有价值的情绪劳动并且使之合理化这一问题的深入探究。而且，这项研究可以作为管理能力和领导能力培训项目的分析，关注于这些培训项目能在多大程度上识别情绪劳动和公关技巧。另外，进一步的研究能够考察机构的工作描述，把工作内涵和绩效考核、薪酬体系连接起来。这些能够显示出工作任务、情绪劳动、绩效、劳动识别、报酬之间有没有逻辑性的联系。

　　更多的研究把领导力与情绪劳动的识别及报酬进行了更广泛的对比。你可能会对领导力和情绪劳动之间如何产生联系有疑问。在 2003 年美国公共行政协会会议发表的演讲中，艾丽丝·里夫林（Alice Rivlin）概括了成功领导的特质，其中有"无理由的乐观"这一项。"无理由的乐观"日复一日地变成了什么？这是一种情绪劳动吗？

　　用洛伊（Lowi 1964）的分类方法，可以调查不同机构情绪劳动识别的类型。换句话说，情绪劳动或公关技能的需求和识别程度与机构类型有关。有证据显示官僚特权机构会高估理性并边缘化情绪劳动。也许更多的证据会挑战这个总体性评价，显示官僚机构并不是铁板一块：机构的工作任务不同对待情绪劳动的方式也不同（参见 Newman 1994；Kerr，Miller and Reid 2002）。我们也推测出自我选择可能会导致一些员工留在需要情绪劳动的岗位，而其他员工会寻找其他类型的岗位。

　　还有许多问题需要回答。如果用一个词概括公共服务工作那就是服务，服务是关联性的。随着政府日益努力越来越多地迎合市民的要求和期望，"微笑服务"成了常听到的课题。日复一日，我们需要了解更多"微笑服务"所需的技能和能力。员工培训、发展、保留是人力资本方程中的重要变量，其也会得益于情绪劳动的研究。

注　释

　　[1] CMS 是伊利诺伊州的一个为州政府机构提供人力资源服务的机构。其中一些机构用的这些表格会有所变化。

第 7 章

情绪劳动的不平等待遇

大多数的情绪劳动没有被识别。一个 911 接线员这么说：

> 人们对于我们的工作没有很多感谢，这才是问题所在。我们是不为人所知的人，因此很难得到感谢。你们听到的都是做得不好的例子……我们每天要接 350 个电话，很少犯错误，但是我们犯的错误都会为人所知……一个警官会置身于这样的险境——有枪也有人开枪。如果你不能获得正确的消息就会有人被杀。我们的工作是一项很艰难的工作。这项工作极度缺少感谢是因为管理者并没有真正了解这种类型的工作……我们是风光背后的人……你很少听到有人表扬我们的团队做得很好。

另一个同事这样解释情绪劳动的不可见性：

> 我们是整个事件的开端，我们告诉警官去哪里，我们描述情况，我们尽可能地处理好整个电话，同时也是派遣者。人们会感谢警官和其他人，其实我们也作出了贡献，但没有得到认可。

情绪劳动在男女之间工资的不平等方面有什么含义？性别在生理构成上的不同不能完全解释男性和女性分别在男性工作和女性工作中的集中分布，它同样也不能完全解释男女之间长期以来

137 的工资差异。也许情绪劳动的概念为解释这种现象打开了一扇微小的窗户。前面几章已经清楚地解释了情绪劳动是工作的核心，它是真实的职业技能，在大多数情况下，它是不可见的，也没有报酬。从第3章和第4章的数据中我们知道，在我们研究的工作场所中性别不是情绪劳动表现的显著变量。这是因为工作者的自我选择，在这些工作中的男性员工更像他们的女性同事。但这种解释并不充分。更大的问题是，需要表现关心等情感的工作是否比那些不需要表现出情感的工作报酬更低。某种程度上来说女性会被这种需要表现情感的工作吸引，这就陷入了一个鸡生蛋还是蛋生鸡的困境。哪一个先产生的呢？是工作需要吸引了特殊的工作者还是偏爱这项工作的工作者填满了相关的工作岗位？是要求员工表现严厉的工作比要求员工态度温和的工作报酬要高吗？

我们的调查范围是四个州的政府工作人员——新泽西州、俄勒冈州、伊利诺伊州和佛罗里达州。这四个州分别是美国东部、西部、中东和南部的代表。我们选择需要情绪劳动的某些职位中周薪位于中等水平的全职工作人员作为样本，先进行一个纵向的工作调查，然后再进行横向的工作调查，这样可以对样本的工作关系、情绪劳动和工作报酬有一个总体了解。这种分类研究进一步证明了工作本质上是有男女区别这一流行理论。横向的工作分析定义了女性的工作经历——过度倾向于关系类工作而很少进行科技类工作。事实上，不但作为女性会使报酬偏低，从事涉及关爱和培养类的情绪劳动报酬也偏低，被称作"关爱性罚金"。包含关爱的职位不分男女报酬都比较低，但是这些工作中的男性还是比他们的女性同事报酬高。那些能使工作关系融洽、工作氛围和睦、工作配合更默契，提供支持和培养指导的劳动得到的报酬都很低。情绪劳动的工资被大打折扣反映出了人们的一种观念：关爱理解他人是一种天赋不应额外获得报酬。人们感觉到的这类规则包含了人们对于工作人员和职位性别集合的期望，所以单独调查工作或工作人员来获取情绪劳动的需求是不准确的。

这种观点揭示了行政部门职位描述中的偏见：当需要投入情绪劳动时，报酬很低。为了验证这个观点，我们拓展了盖伊和纽曼（2004）早期的研究，挑选了伊利 *138* 诺伊州、新泽西州和俄勒冈州职业服务机构的三个清单进行调查研究。这三个清单的职业分别是驾照考核者、食品检查员和社会服务顾问。我们假设工作所需的情绪劳动变化性很大。我们预计伊利诺伊州、新泽西州和俄勒冈州的发现和佛罗里达州的报告（Guy and Newman 2004）是一致的——女性情绪劳动的报酬低于男性，即使在同一职位中也是如此。在实现组织目标的过程中，这种对工作价值的差别化衡量是一种微妙的工资歧视。

综合来看，这三个州得到的数据和佛罗里达州的发现一样，都支持了一个同样的结论——女性的工作经历会"加倍危险"。"关爱性罚金"在男女员工身上都有体现，但却不是平等的处罚，女性要多于男性。因为从事这种工作的人员男女比例失调，所以更多女性受到这种待遇。而且，尽管培养、指导类的职位给予男性和女性的工资都很低，但是男性在这些职位上的工资还是高于他们的女性同事。不仅女性会遭受低工资待遇，从事涉及关爱和培养的工作工资也会相对较低。这种劳动要么不能被显著观察到，要么即使被识别，也被看作是一种天赋或者不被公正地评价——把这种劳动看作一种只需较少努力的低技能劳动。在另一种情况下，情绪劳动（至少是包含着关爱的情绪劳动）被排除在工资考虑的范围之外。决策制定者更愿意去识别包含机械技能的工作的贡献，这种工作被看作是传统上的男性工作。被看作女性工作的工作所需的技能大多被忽视了（England and Flobre 1999）。发现那些工作分类和薪酬系统中大量不显著的情绪劳动会在某种程度上帮助人力资源执行官更全面地理解工作场所中的性别划分并且谴责这种现象，自己制定政策，从而获得积极的回应。使情绪劳动可见是这个过程的第一步。下一步是对情绪劳动进行补偿。

7.1　分离但不平等

传统的家庭工资观念使"女性和工作"这个词在人们脑海中的形象已经变形甚至扭曲了。根据舒尔茨（Schultz 2000）下面的发现：

> 家庭工资理念给我们讲述了一个神话并且误导了我们对女性的印象，认为她们只参与家庭生活而不参与付酬工作。这种观念引出了劳动经济学、反歧视法，甚至一些平等主义的思想。在政策上，它产生了这样一个观点：女性就是应该投身于家庭，而不是工作，这也是女性经济方面弱势的一个主要原因。这个观点以经验为依据，其实并不准确，而且它在理论上违反了生产规律。但是它使劳动中的性别模型具体化了。(p.3)

139

关于"恰当位置"的争论一直没有停止，它依赖于对于私人（家庭）和公共（市场）工作领域的理想化的划分。有生产力的工作者（工作并获得工资的男性）和没有生产力的工作者（支持和照料男性工人的女性）之间的区别改变了女性和男性所从事工作的意义（Daniels 1987，p.404）。尽管从事付酬工作的女性数量飞速增长，但是她们还是被看作来自家庭领域，被看作不可靠的工作者（Schultz 2000，p.6）。女性作为妻子、母亲、女儿、姐妹、抚养人、关爱者和清扫卫生者的角色被带入工作场所中。职位的性别隔离定义了这些角色，女性被分入独立的但是报酬较少的职位，从事具有支持和培养特征的工作。这些特征被认为是天生的，只有很低的市场价值。

美国的所有经济部门中，女性的收入只有男性的 80%（U. S. Department of Labor 2005a）。政府工作者的性别工资差距更大一些：对于全职雇员和公共管理雇员工资的比较数据显示收入差距是 76 美分，当分析包含商业工人和公益组织的工人时差距会再缩小 2 美分（U. S. Department of Labor 2005a）。[1]

工作隔离——也就是男性或女性在不同的职位上就业的趋势——很容易就可以对女性工资落后于男性的原因作出回答。尽管有性别特征的工作从 1970 年起减少了，但是减少的速度越来越小，工作之间的融合也比过去30年发展得更慢（Anker 1998）。要平衡性别引起的职位区分依然需要一半以上的女性员工改变工作（Jacobs 1989）。尽管一半以上的大学生是女性（U. S. Department of Commerce 2005），55％的法律从业者是女性，32％的内科医生是女性，但是在所有这些数字中，公共机构的劳动力一直都和性别、种族人口的比例大体一致（Guy and Thatcher 2004；Naff 2001；U. S. Department of Labor 2005b）。

140　　　平均来说，人们认为男性更能胜任的工作比女性更能胜任的工作多24％（Guy and Killingsworth 2007）。尽管反对者说女性的工作表现与男性没有可比性，但还是很少听说两者之间能够同值同酬。事实上，从表面上来看这个理论是正确的：女性的工作和男性不同。这一点，情绪劳动提供了说明吗？大约3/4的职业助理都是女性，大约90％的支持性工作都是女性从事的。尽管这些工作所需的技能比得上造船工人（这个职位87％都是男性）所需的技能，这些职位的报酬却比造船工人低（U. S. Equal Employment Opportunity Commission 2003）。

7.2　压缩和集中

　　大多数情况下，女性和男性的工作经历不同。女性更容易被集中于较低的组织层级，集中在女性特征职位上。工作隔离在水平层级和垂直层级都存在。水平的工作隔离——绰号"玻璃墙"——指的是男性和女性的职位分配，比如女性是助手而男性是监控的领导；女性掌控员工岗位而男性掌控流程岗位。垂直层级的职业隔离——绰号"天花板"——指的是同一工作职位男性女性在等级地位方面的划分，比如女性作为助理而男性作为指导者。表7—1和表7—2对这两种类型的工作都举了例子。

　　表7—1提供了一个垂直隔离的例子，使用了伊利诺伊州、新泽西州、俄勒冈州和佛罗里达州当前的数据。我们样本中所有工作层级的雇员数据显示了平均工资差距是89美分，比公共机构雇员的平均差距低了13美分（伊利诺伊州93美分、新泽西州82美分、俄勒冈州86美分和佛罗里达州87美分）。

　　尽管表7—1只显示了四个州的一个简单的样本数据，但是数据反映的现象是我们所熟悉的，而且大多数的数据都反映了同一个现象。公共机构人员中，位于职业结构底层的大部分都是女性（伊利诺伊州48.2％、新泽西州55.9％、俄勒冈州54.5％和佛罗里达州56.1％）。位于职业结构中层的员工一半以上也是女性（伊利诺伊州63.7％、俄勒冈州50.5％和佛罗里达州54.1％）。在职业结构的顶层，比如决策制定者中，情况刚好相反，一半以上的员工都是男性（伊利诺伊州57.5％、新泽西州59.1％、俄勒冈州59.2％和佛罗里达州61.7％）。这一层的工资差距更小（至少对于新泽西州、俄勒冈州和佛罗里达州是这样的），主要是因为女性高级管理者没有位于有性别属性的职位上[2]，而位于没有男女性别区别的职位上。在这些职位上1963年的公平工资法案才起到了最大的作用。女性做男性的工作时，她们可能更容易获得平等的工资。尽管弗莱彻（Fletcher 1999）认为这些职位的员工依然有情绪劳动的要求，其实这些是对男性的要求。阐述到这一步就会发现，性别属性的工作对女性最不公平。这些工作需要更多的天赋，也就意味着得不到工资，这些工作是工作描述清单中缺失的，需要知识、技能和能力才能完成的任务。

143

表 7—1 　　　　　　　　　　政府工作者的对比 *141*

号码	职业[a]		豁免的/未分类的[b]		高级管理者[c]		合计	
	男性	女性	男性	女性	男性	女性	男性	女性
伊利诺伊州	25 723	23 948	920	1 612	896	615	27 539	26 175
新泽西州	27 063	34 254	6 362	3 492	182	126	33 607	37 872
俄勒冈州	13 097	15 664	2 524	2 572	324	223	15 945	18 459
佛罗里达州	37 322	47 679	8 485	10 249	346	215	46 153	58 143
服务业百分比（%）								
伊利诺伊州	51.8	48.2	35.9	63.7	57.5	40.7	51.2	48.7
新泽西州	44.1	55.9	64.6	35.4	59.1	40.9	47.0	53.0
俄勒冈州	45.5	54.5	49.5	50.5	59.2	40.8	46.3	53.7
佛罗里达州	43.9	56.1	45.9	54.1	61.7	38.3	44.0	56.0
平均工资（美元）								
伊利诺伊州	49 596	46 320	78 328	63 490	79 452	68 184	51 527	47 836
新泽西州	54 709	46 248	76 129	70 531	96 217	92 636	58 990	48 642
俄勒冈州	40 409	35 407	59 770	51 292	88 291	80 057	44 447	38 160
佛罗里达州	35 825	31 825	56 503	46 256	106 284	104 377	39 829	34 632
男性工资为 1 美元时女性的平均工资（美分）								
伊利诺伊州		93		81		86		93
新泽西州		85		93		96		82
俄勒冈州		88		86		91		86
佛罗里达州		89		82		98		87

142

注：a. 职业服务员工代表了一大类政府工作者和最低的技能层次。在新泽西州，新泽西州 11A 号法令规定了职业服务的任期。在俄勒冈州，职业服务是由俄勒冈州 240.210 号法令定义的分类岗位。

b. 伊利诺伊州，豁免性雇员包括律师职员、法律或技术顾问、工程师、内科医生、医疗管理员、注册护士、居民慈善管理员、刑罚员、教管所雇员和机要助理。在新泽西州，未分类服务是高级执行服务之外的工作，除特殊情况以外不受新泽西州 11A 号法令和新泽西管理代码条例的约束。在俄勒冈州，选择性豁免工作是指由 240.205 号俄勒冈州修订条例定义的未分类服务行业，还包括某些由该州政策定义的行业比如服务管理。选择性豁免工作还包括由 240.200 号俄勒冈州修订条例中被定义为豁免服务类的立法雇员。在佛罗里达州，选择性豁免雇员都是管理者、监督者、机要雇员和专家，比如内科医生和律师。

c. 在伊利诺伊州高级管理者包括那些政策制定者和高层管理者。在新泽西州，高级管理服务（SES）是由优异的系统委员会指派的各州的服务职位，因为重大事件的管理能力、政策影响力或者政策执行的责任没有被包含在职业和未分类的服务中。高级行政人员不包括内阁职位或内阁以上的职位。在俄勒冈州，高级管理人员是一种国家未分类的服务岗位和工种，由 240.205 号俄勒冈州修订章程定义，指定其在州立政策之下执行服务。同时，高级执行人员不包括高级行政部门任命或选举产生的董事、任命或选举产生的官员，以及在其专业岗位上就业的律师、执业医师和牙医。在佛罗里达州，政策制定岗位和其他高级管理者是高级管理服务人员。这个类别包含委任的各部门部长。

　　表 7—1 的底部展示了该类别各个州的男性每赚 1 美元时女性所赚的钱。在高级管理者中，女性的工资和男性更接近一些，因为这一类女性数量很少（伊利诺伊州 615、新泽西州 126、俄勒冈州 223 和佛罗里达州 215），这种水平的相等基本不会改变整个工资差距的比率。

　　现在我们讨论横向对比。表7—2显示了公民服务册中的某个表格中的工作及其拥有的三个特征：需要和公众接触，员工需要对顾客有一种情绪状态，而且雇主要尽力控制员工的情绪。另外，有些工作，特别是机要助手和秘书与内部"顾客"的接触比外部接触更需要情绪劳动。尽管这些员工不需要面对公众，但是他们需要对机构内部的监管者和上司投入情绪劳动。

　　正如表7—2显示的，在这些工作中，很少有男性和女性从业人数相同的职位。其中大量的职位在整个国家中从事该职位的男性都不足50 000人（比如助理教师和幼儿看护）。考虑到工作范围和员工兴趣，女性的集中和男性的稀缺引起了我们对于性别差别的关注。邮局员工挑选柜台员工的情况是个例外。

　　除了邮局员工和接待员，不论女性表现如何，都比男性同事赚得少。尽管在所有内科医生中女性占31%，但她们的男性同事每赚1美元她们只能赚到52美分。在像保险赔偿估定员、鉴定人、主考官、审查者这些职位中，女性数量多于男性（总共占66.5%），她们的男性同事每赚1美元她们能赚到71美分。即使女性有优势，也就是和其他大多数女性一起从事女性传统工作，她们的工资水平依然比不上男性。90%以上的注册护士都是女性，但是女性护士比男性护士工资水平低13%。我们把这种不平等归结为对男性和女性角色的不同期望，以及对于女性天赋性技能和男性技能绩效的不同报酬补偿。

144 表7—2　　　　　　　　　　需要情绪劳动的某些职位全职员工的中等水平的周薪

职位	员工数（千）	女性百分比（%）	男性人数	女性人数	水平周薪		工资差距百分比（%）
					男性	女性	
保险赔偿估定员、鉴定人、主考官、审查者	257	66.5	85	171	952	677	71.1
人力资源专家	612	67.8	198	415	952	755	79.3
社会工作者	620	76.1	148	472	720	689	95.7
顾问（社区和社会服务）	513	65.9	175	338	832	689	82.8
神职人员	351	13.4	304	47	795	a	—
律师	621	33.5	412	208	1 710	1 255	73.4
教师（小学初中）	2 206	80.3	435	1 772	917	776	84.6
教师（从属）	1 013	54.8	458	555	955	824	86.3
教师助手	545	91.7	45	500	a	373	—
内科医生	555	31.2	382	173	1 874	978	52.2
注册护士	1 800	91.7	148	1 651	1 031	895	86.8
物理理疗师	121	57.9	50	70	955	900	94.2
医疗健康服务	1 985	88.4	230	1 755	453	402	88.7
提供保护服务者（警察）	654	12.7	571	83	845	841	99.5
提供保护服务者（管教）	370	28.9	263	107	654	558	85.3
服务员	799	67.3	261	538	399	327	82.0
幼儿看护	413	93.7	26	387	a	334	—
出纳	1 355	75.0	339	1 016	380	313	82.4
牧师管理人	1 441	69.5	440	1 001	792	636	80.3

145（行侧标注，对应"提供保护服务者（警察）"行）

续前表

职位	员工数（千）	女性百分比（%）	男性人数	女性人数	水平周薪 男性	水平周薪 女性	工资差距百分比（%）
接线员	55	90.9	4	50	a.	459	—
接待员	847	93.9	52	795	454	463	102.0
邮局员工（除邮递员）	162	45.1	89	73	761	778	102.2
秘书、速记员和打字员	2 657	96.7	87	2 570	598	550	92.0

资料来源：U. S. Department of Labor，Bureau of Labor Statistics，Employment and Earnings，January 2005，Table 18，*Median Usual Weekly Earnings of Full-time Wage and Salary Workers by Detailed Occupation and Sex*，*2004 Annual Averages*，pp. 50—56。

注：a 在员工数量小于 50 000 时不显示数据。

工作和培养、安抚、鼓励越接近，或者越容易受这些活动的影响，就会和 *146* 女性的天赋和倾向越贴近。这种活动不仅不被看作是后天学习培训获得的，还被认为是女性普遍的特征。（1987，p. 408）

表7—2 也显示了女性的工资集中在低层次，而男性集中在高层次。男性薪酬最高的职位是内科医生（1 874 美元一周，比女性内科医生每周多 896 美元）。女性工资最高的职位是律师（1 255 美元每周，比男性律师每周少 455 美元）。社会工作者这项工作男女之间的工资差距相对狭窄（95.7%），但即使是这项工作工资也因性别而不同。除了两个例外（邮局员工和接待员），女性情绪劳动的薪酬总是比男性少。人际交流和照料工作不被看作是男性的天赋，因此，拥有这些技能的男性会得到更多的报酬（Daniels 1987，p. 409）。这种理论认为"所有的情绪劳动都没有被公平对待"是不确切的，男性的情绪劳动会被识别、重视和奖赏（即使是在女性主导的工作中），而女性的则会被低估。因为是天赋，所以被视而不见。

7.3　基于技能的工作

基于我们在库克县的公共监护办公室、伊利诺伊州的校正部和佛罗里达塔拉哈西警察局的访谈和调查，我们推断出情绪劳动的定义比我们原本的想象更加复杂。不只是态度问题，情绪管理的表现要精密和微小得多。也就是说情绪劳动是真正的职业技能，不应该被视为理所当然。它是工作的一部分这是毋庸置疑的，但是简单回顾一下基于技能的工作及薪酬的文献就会发现始终没有情绪管理这项技能。如果情绪劳动对于工作绩效的有效性如此关键，特别是"人的工作"，为什么它还始终处于传统知识、技能和能力列表（KSAs）范围之外。这就是我们现在要研究的问题。

正如前几章介绍的，情绪管理技能需要的相关工作并没有被传统绩效评估体系囊括。为服务部门工作所需要精通的技能和工业生产所需要的技能非常不同，就像人们已经了解的知识性工作和生产性工作的差别一样。服务员工是"生产社会关系"（Filby 1992，p. 37），这不是渺小的工作。随着组织的扁平化发展，前台的服务人 *147*

员也要学会判断和谨慎，而且要参与更多的团队工作。而且，整个人力资源管理结构，包括依赖标准操作流程和科学管理的薪酬措施，都需要灵活运用。

尽管情绪劳动在人力资源管理中没有被完全理解，但那些雇用拥有关系技能员工的雇主对于做好情绪劳动所需的知识和技能都很熟悉。"有一个好态度"是情绪管理的一个先决条件，但是如果这样就想掌握复杂的情绪劳动技能显然是不行的。这些技能包括：为了收集信息，要和被虐待的孩子建立融洽的关系；在充满敌意的纳税人面前保持专业形象；对申请者耐心解释为什么他没有通过驾照考试；用不同的面部表情，严厉或者体谅来促进成功；面对微妙的环境时控制情绪；有同时处理紧张的、危险的、混乱的环境的能力。

最近的薪酬改革，比如说以技能为基础的薪酬（也被称为知识付酬、为多种岗位技能付酬和能力薪酬）和以绩效为基础的薪酬，都推动我们以一种新的方式来思考如何鉴定情绪劳动并为其付酬。这些新的付酬方式与传统方式不同，传统方式在薪酬和岗位之间有一种连接，而新的薪酬方式关注薪酬和工作者之间的联系，这和后官僚结构相一致（Heckscher and Donnellon 1994）。传统的薪酬体系是为工作付酬而不是为他们拥有的技能。以技能为基础的薪酬通过归因于（KSAs）个体转变了薪酬的关注点，而且和传统的以工作为基础的薪酬体系——根据员工从事的岗位付酬——大相径庭（Shareef 1994）。

以技能为基础的薪酬（SBP），是根据员工能够用到的技能的范围、深度和类型而不是他们在特定时间从事的工作来付酬（Lee，Law and Bobko 1999，p. 853）。这种薪酬方式关注于技能的获得而不是对已存在技能的识别。根据沙瑞夫（Shareef）的研究，"SBP 给雇员一个机会来学习那些组织需要（或是将来需要）的技能，并且为获得技能付酬"（1994，p. 62）。以技能为基础的薪酬最好应用于"知识型员工，管理者和那些以一站式服务、高顾客满意度为战略的服务组织中"（Lawler 1995，p. 17）。它在员工高卷入（Lawler 1986）和绩效依赖于团队合作的情境下实行得最好（Lee，Law and Bobko 1999，p. 869）。

按照情绪劳动的定义，在"和人高度接触的工作中"最需要情绪劳动。我们的观点是人力资源管理者的挑战是保证情绪劳动技能被包括在考核的技能中，并且据此识别、标记情绪劳动并为其付酬。比如，善于提问，能够激发高层次的思考，提供咨询、判断技能的补偿性需求（Feldhusen 1984）。"能够理解团队动机和社区问题"和"了解心理学更能理解人类思想的复杂性"，这些技能对于警察的工作很有用（Webber 1991，p. 123）。从传统的警察工作到面向社区的警察工作是一个急剧的转变，从关注打击犯罪到关注解决问题，换句话来说，警察从强制性转换为服务性（Martin 1999）。这种服务需要人与人之间的互动和关系，也就需要情绪劳动。

为了使新的薪酬方式的潜力为人所知，情绪劳动技能必须被写入著述中。肖（Shaw）等人在他们关于以技能为基础的薪酬计划的研究结论中暗示了这个紧迫的问题：我们希望这项研究能够引导我们关注薪酬方式和人力资源管理动机上的细微差别（2005，p. 17）。我们也赞同选择方式时必须考虑到复杂的工作系统依赖于更多的技能抽象集合（Lee，Law and Bobko 1999，p. 858）。KSAs 需要的劳动力要既有认知能力又有情绪劳动能力。基于技能和知识的薪酬体系，和更近期的基于绩效的薪酬趋势都能帮助我们思考技能和薪酬之间的契合点。为情绪劳动者的知识、技能和能力付酬是基于技能薪酬体系进化的下一个阶段。"目前为止，在劳动力市场上没有一个发展完善的体系来评估个体技能的价值"这一理论即将被推翻（Lawler 1995，p.17）。为了缩小差距，同时把薪酬体系和服务经济、情绪劳动结合起来必须要先显现服务和情绪劳动的经济价值，然后为其付酬。

7.4　关爱性罚金

无论男性还是女性都要投入情绪劳动。霍克希尔德（1983）估计有近 1/3 的美国员工的工作会受到情绪劳动需求的影响。而且，女性一半以上的工作都需要情绪劳动（Hochschild，1983，p.171）。一位女性管教官是这么描述她工作中的情绪劳动的：

> 当和男性在一起时，你就像是个妈妈，还是个医生，是护士、老师、顾问、神父，是任何角色。我就像告诉我的孩子一样告诉他们应该做什么，大多数情况下都是像妈妈一样，因为有的罪犯会比其他人的需求更多。

149

女性过度代表了情绪相关类的工作，在科学和技术工作方面却相反。女性情绪劳动的工资被低估反映了人们的一个猜想：关爱是一种天赋不需要也不应该得到补偿（Schultz 2000；England and Folbre 1999）。缺乏情绪劳动技能的女性待遇很低。谁想遇到一个冷酷的护士？谁想当一个对抗性老师的学生？谁想要一个粗鲁的助手？女性的职业不像男性那样，可以表达愤怒和独立自主，女性的工作是建立在人与人交流的基础之上的，需要更多的支持性行为。

情绪劳动本身被看作一个矛盾点，因为它把情绪这种被低估的经验和被高度评价的产量联系起来（Putnam and Mumby 1993）。这个观点揭示了公共服务工作描述中的偏见。当涉及情绪绩效需求时，往往价值很低。表 7—1 描述的工作就提供了一个对比。这些是伊利诺伊州、新泽西州、俄勒冈州[3]职业服务机构的现存数据。我们在表上具体关注并强调了需要情绪劳动等关联工作的 KSAs 和任务。

就像这些工作描述中所显示的那样，工作所需的情绪劳动发生了巨大的变化，农业监管者被要求很少的情绪劳动，社会服务顾问需要最多的情绪劳动。尽管农业监管者挣的工资和社会服务顾问一样，但是这些工作缺乏认证，而且对于从事这两项工作的员工基本没有不同的要求。除了标准的宣传语——如"保持与肉类加工行业人员的和谐工作关系"（伊利诺伊州），"在关注农产品证书的复杂环境中有礼貌、高效地与他人相处"（新泽西州），或者是"和本机构人员以及所服务公司的职员维持和谐的工作关系"（俄勒冈州）——很少有情绪劳动的要求。就像表 7—3 显示的那样，在这类工作中共有 108 个岗位（伊利诺伊州 79、新泽西州 21、俄勒冈州 8），只有 16％由女性担任。

　　与之相反的是，驾照审查者和社会服务顾问很显然需要更多的情绪劳动；大概有 2/3 的驾照审查者是女性，而大约 80% 的社会服务顾问是女性。这项关于工作资格、工作描述、工资和参与工作的性别比例之间的对比是一个很好的例子，它说明了情绪劳动是如何被低估、被无视的，用术语表示就是其成为了"隐形的劳动"（Daniels 1987，p. 405）。[4]

150　　以下是三个州被调查工作对比：

工作 1

伊利诺伊州
公共服务代表[a]
工资：2 160～3 380 美元

所需资格： 两年的服务经验。

工作实例：

管理各种类型的申请人驾照道路考试。作为一个信息传递员指导申请人和大众选择便利的方式接受服务。管理驾照考试并为其评分。对错误的考试结果进行解释。完成办公室文员的工作。

知识、技能和能力：

办公方法、实践和程序的相关知识，以及基本簿记程序和技能的相关知识。有做复杂记录、圆滑地应对公众、与其他雇员保持令人满意的工作关系的能力，口头和书面沟通的能力。

新泽西州
技术员考试，汽车监理处[b]
工资：2 343～3 187 美元

所需资格： 两年的文员经验或者是在口头、书面、绩效考核方面一年的管理经验。拥有一个有效的新泽西驾照。

工作实例：

检查申请者的资料以确保真实性和有效性。用标准的方法口头或者书面考核申请人并且评分。如果申请人没有通过考试，告知他们原因，以及应该用什么方法改正不足之处。操作考试的监视器。为日常活动做记录和报告。保存文件和记录。接待来访者和来电者。输入驾照信息和报告。帮助计划和修改文员的工作程序和日常办公程序。

知识、技能和能力：

新式办公方法、实践和日常工作的相关知识，如何检查文件和记录以确保其真实有效的相关知识。操作常规仪器的能力。有评估新司机和有一定经验司机的驾驶能力的能力。学习操控分发驾照的具体设备的能力。组织日常考试并评分的能力。为申请者提供关于考试程序的确切简明的指导信息。高效有礼貌地与公众打交道。保存记录和文件的能力。高效有礼貌地应对不同类型的人群并且明确、有说服力地解释接受或拒绝的原因。有基本的数学计算能力，能够用来准备报告。学习使用机构所需的不同种类的电子设备、手工记录和信息系统。

151

俄勒冈州
交通服务代表 1[c]
工资：2 067～2 847 美元

所需资格： 没有列出。

工作实例：

顾客助理职能——帮助顾客理解机构的政策和程序。解释交通执照的申请和许可法律。如果有需要，询问客户以确保提供合适的服务。口头和书面回答客户的请求。按照政策审查客户的申请表格。从计算机记录中检索信息。审查文件以保证其真实性。举办机动车考试并评分。为顾客拍摄执照照片。把机动车身份证明和检查证明贴在车上。

管理职能——计算并收取费用。解释收到的文件和费用。平衡每日收支。建立银行账户。建立详细的供给目录。准备报告。

与他人关系——与公众每天都有个人的交流。和不愉快的、敌对的、沮丧的或迷惑的顾客交流。解释政策、程序和法律。

知识、技能和能力：

知识——具有恰当的语法和句子结构的相关知识。了解规则、政策和程序。商业算术。口头交流。

技能——向顾客提问以获取准确和完整的信息。应对不愉快的、敌对的、沮丧的或疑惑的顾客。同时完成多重任务。在工作负荷大、时间紧迫、吵闹的环境下从事琐碎工作。使用计算机。收钱找钱。

工作 2

伊利诺伊州
肉禽类监管员[d]
工资：2 964～3 737 美元

所需资格： 高中学历，擅长代数、生物或者化学。获得了某机构的肉禽监管员全部培训项目的认可。并且拥有有效的伊利诺伊州驾照。

工作实例：

检查活的动物。优先宰杀有疾病的禽类。动物宰杀后检查它们的身体、器官、腺体来判断它们是否可以供人类食用。确保宰杀后的动物贴上了合适的标签和认证。鉴别出质量可疑的动物。监控日常宰杀行为和过程。把操作情况和环境写入报告。保存监管记录。对包括新鲜肉类、熏肉、腊肉、熟肉和禽类产品在内的多种产品进行监管。进行估算以确保适当的化学物质和水加入产品内。为实验分析提供产品样本。

152

知识、技能和能力：

知识——肉类动物和家禽宰杀前和宰杀后的检查方法和技术。了解肉禽类产品监管和生产过程的相关法律、法规和规定。使用添加剂和防腐剂的知识。

技能——对健康肉类和家禽类产品的准确的判断力。动物宰杀前后的检查技术。去除、解剖和分析有明显疾病迹象的动物部位。能够清晰简明地表达规章制度和监管结果。能够忍受宰杀间难闻的气味。用安全的方法使用危险的切肉机械。与肉类加工行业人员保持和谐的工作关系。适应和容忍人道屠宰和销毁动物。

新泽西州

农产品经纪人 2ᵉ

工资：2 672～3 639 美元

所需资格：一年的商品储存经验或者是农产品生产、程序、市场、监管经验，包括官方评定工作，某些形式的官方农产品质量控制工作，规则的执行。一个有效的驾照和抬举重物的能力。

工作实例：

监督植物的发芽和生长过程以确保符合美国农业部的标准。设置装运点。根据美国农业部的标准监管水果、蔬菜、鸡蛋、鱼、渔业产品、牛羊肉和禽类的终端市场，鉴定它们的质量等级等。为符合技术上的官方标准而准备联邦认证文件。收集动物饲料样品。监管禽类产品并分级。测试禽类产品的重量是否与合同协定的相同。为蔬菜和水果分等级。实地考察和供奶商许可调查。调查供奶商和奶产品加工者的记录。解释说明基本的法律规范。当供奶商准备各种表格时为其提供帮助。报告牛奶产业的不规范现象。为农产品经纪人培训生提供培训。以州代表的方式工作。作为国家联邦证人在听证会上和法庭上宣誓作证。审查储存设施。作出详细目录。和负责机构的管理员举行会议，指出其不足，并提出改正措施。应对自然或人为的灾害，必须优先向受这些影响的人提供商品。参加与工作相关的会议。公开商户团体的地址以便通知和更新机构的方案和项目。

153 知识、技能和能力：

知识——市场实践和为销售产品分级。了解各种不法行为和逃避监管的行为。保存和检查协议。

技能——了解、分析和应用国家官方和联邦法规检查农产品和农产品分级。编写报告和信件。保存必不可少的报告和文件。在关系农产品资格认证的复杂环境下有礼貌且高效地应对他人。公开应对餐饮服务人员。解释新的申请程序。学习使用机构所需的不同种类的电子设备、手工记录和信息系统。

俄勒冈州

发货点检查员 2ᶠ

工资：1 907～2 595 美元

所需资格：两年的发货点检查员经验或者是三年的商品水果、蔬菜的种植、分级、市场经验。美国农业部监管新鲜水果和蔬菜的执照，好的视力及嗅觉能够发现水果、蔬菜、坚果是否存在问题。

工作实例：

抽样检验——从纸箱或储物箱中选择有代表性的样本。检查商品时向他人讲解联邦或各州标准。根据商品的形状、大小、颜色和物理品质来进行抽样检查看其是否合格。

确保符合文件和规定——准备等级证书。执行联邦和各州法律关于包装、检验、标签、运输、销售或隔离的规定。

协调性——在加工厂和检查站协调各级工作人员的工作。协助计划性工作和指派人员。训练农业员工和新的发货点检查员。

和他人的关系——和其他员工、管理者的日常接触。和新鲜产品包装店的店主、其他设备处理者、监察员、助手、劳动者和区主管业主之间的交流接触。

知识、技能和能力：

知识——美国新鲜蔬果等级标准的知识。使用监管工具的技术。协调现场工作人员。

技能——和机构员工及顾客维持一个和谐的工作关系。根据果蔬等级和条件公正地作出评估。如果需要，要能和蜜蜂一起工作。能干重体力活。拥有好的视力和嗅觉能够发现被检查产品的颜色、质地问题和肉眼可见的缺陷。

工作 3

伊利诺伊州
儿童福利专家[g]
工资：3 207~4 738 美元

154

所需资格：

（1）最好有社会工作类的硕士学位，或者是服务相关领域的硕士学位。加上一年个案工作经验。

（2）与家庭保全、家庭团聚、收养、青年发展、咨询和宣传服务相关的一年个案管理经验，或者有相关领域社会工作方面的学士学位。加上一年直接相关的专业个案工作经验。

（3）个案管理经验或者是服务相关领域的学士学位。再加上两年直接相关的专业个案工作经验。

（4）个案管理经验。

（5）拥有驾照。

工作实例：

访问顾客以获得关于评估条件、顾客需求和问题的必要信息。确定儿童需求和安置场所。参与行政案件的审查。在法庭旁听时准备庭审报告和证明。为孩子制定永久计划。在亲戚家中开展研究。提供直接的服务干预。保留客户记录。为收养、生育子女家庭的善后工作及收养后的服务提出建议。在社区中担任"大使"的角色。提供公共演讲和公共关系服务。为不同社区的联系人提供服务。

知识、技能和能力：

知识——了解儿童福利领域的原则和知识。了解儿童及家庭服务部的规章制度。了解孩子成长和发展的相关知识。

技能——以平静的方式解决所出现的问题，经常是在一个不友好的环境中。能够准备复杂的口头和书面报告。

新泽西州

家庭服务专家 2[h]

工资：3 533～4 843 美元

所需资格：学士学位加上一年的社会工作经验。在社会工作、心理学、辅导与咨询、神学或者其他相关的行为科学领域的硕士学位可以替代工作经验。再加上有效的驾照。

155

工作实例：

对虐待和忽视情况展开调查。对孩子和家庭成员访谈。采取适当措施寻求法庭干预、警察援助，或者是把孩子从不安全的环境中带出。为家庭或孩子组织一个服务项目。帮助识别和解决个人、情绪和经济问题。和公众及私人机构保持合作关系。对于宣称有虐待和忽视情况的案例准备正式的报告。为少年法庭提供见证。收集忽视和虐待的证据，准备书面证词和证言。收养安置过程中的儿童。拜访顾客的家庭和需要纠正家长问题的家庭。处理儿童关系。调查并发现那些导致家庭不完整的问题。展示并评估领养和收养申请人。对于涉及酗酒、药物滥用等情况的家庭和孩子给予私人的咨询和建议。为孩子和他们的家庭设计组织团队活动。通过电话和私人访谈评估涉嫌虐待和忽视的情况并且作为一个服务单位提供建议。

知识、技能和能力：

知识——涉及经济、社会、情绪和其他有关虐待、忽视家庭成员问题的相关知识。咨询和访谈技术。对于孩子受到虐待和忽视迹象的了解。

技能——在具体情况下解释和应用法律法规。收集分析数据，评价个体与家庭的社会关系并采取适当行动。实地考察。准备历史案例。访问那些可能情绪不好或有敌对态度的人来获取信息。在紧急情况下保持冷静和决断性，根据机构政策立即做出关键决策并且在压力下保持头脑清醒。

俄勒冈州

社会服务专家 1[i]

工资：2 846～3 955 美元

所需资格：需要一份犯罪检查记录和一份没有虐待行为的记录。有些职位还需要有去顾客家、私人保健机构、领养家庭拜访及参与庭审旁听的意愿，如果有需要，还要参与延伸性工作或者在周末加班。最少要有社会工作、服务或相关领域的学士学位，或者是非相关领域的学士学位及一年的相关工作经验。可能需要两种语言的书写和口头表达技能。

工作实例：

领养资格认证——评估收养家庭的申请书。评估申请人是否有能力和有多种问题的孩子相处并且理解不能虐待和忽视孩子的要求。

收养服务——评估收养人的申请。评估收养人是否有能力处理复杂的亲子关系。劝说孩子，寻找愿意收养孩子的家庭。

联系活动——在替代性关爱项目上选择合适的地点。正确处理机构员工和供应者之间的不同。

培训家长——召开小组会议帮助改变家长行为并且减少家庭问题。如果需要，要在法庭上作证。

替代性关爱——收集信息评估家庭环境，以此来决定对孩子给予适当的替代性关爱。

家庭服务——与服务提供商保持不断联系以监控和评估顾客项目。提供个人和家庭咨询来提高孩子的生活质量，减少对于家庭之外安置点的需求。

固定计划——观察孩子安置地的家庭条件，评估家庭问题和需要。决定是否把孩子留在家中还是寻找其他的固定安置点。

家庭治疗、性虐待治疗——与受性虐待影响的家庭成员进行个别访谈，以评估是否有引入治疗的需要。与受害者进行具体访谈。计划、准备、实施治疗项目。

保护性服务——调查声称有虐待和忽视儿童的报告。访谈孩子和父母来收集证据。作出风险评估。鉴别家庭的具体需求并且为其提供个人和家庭咨询来修复家庭。在法庭旁听中，收集案例和报告来说明虐待、忽视情况。

和他人的关系——雇员之间以及与顾客、医疗专业人员、心理医生和律师的常规交往、私人交往和电话交往。

知识、技能和能力：

知识——行为管理技术。早期童年发展和家庭动态的相关知识。家庭咨询技术。冲突处理和危机干预技巧。

技能——访谈收集所需数据来评估个人和家庭需求。为顾客提供咨询。一对一或团队沟通来提供信息、建议和帮助。进行社会服务评估。和气愤的、不安的、有侵略性的顾客交流。从年少的孩子那里获得虐待的信息。

a. 资料来源：State of Illinois, Office of the Secretary of State, Department of Personnel, 2005。

b. 资料来源：State of New Jersey, Department of Personnel, 2004d, http://webapps. dop. state. nj. us/jobspec/56440. htm。

c. 资料来源：State of Oregon, Department of Administrative Services, Human Resource Services Division, 2005d, www. hr. das. state. of. us/hrsd/class/0331. htm。

d. 资料来源：State of Illinois, Department of Central Management Services, 2005c, www. state. il. us/cms/downloads/pdfs_specs/26070. pdf。

e. 资料来源：State of New Jersey, Department of Personnel, 2004, http://webapps. dop. state. nj. us/jobspec/33892. htm。

　　f. 资料来源：State of Oregon，Department of Administrative Services，Human Resource Services Division，2005c，www. hr. das. state. or. us/hrsd/class/5451. htm。

　　g. 资料来源：State of Illinois，Department of Central Management Services，2005b，www. state. il. us/cms/downloads/pdfs_specs/07218. pdf。

　　h. 资料来源：State of New Jersey，Department of Personnel，2004a，http://webapps. dop. state. nj. us/jobsspecs/62152. htm。

　　i. 资料来源：State of Oregon，Department of Administrative Services，Human Resource Services Division，2005b，www. hr. das. state. or. us/hrsd/class/6612/htm。

158　表7—3　　　　　　　　　　　　以工作名称区分的员工分类

工作名称	工资范围（美元）	女性	男性	女性百分比（%）
伊利诺伊州公共服务代表	2 160～3 380	417	217	65.8
新泽西州技术员考试，汽车监理处	2 343～3 178	36	27	57.1
俄勒冈州交通服务代表	2 067～2 847	183	95	65.8
伊利诺伊州肉禽类监管员	2 964～3 737	9	70	11.4
新泽西州农产品经纪人 2	2 672～3 639	6	15	28.6
俄勒冈州发货点检查员 2	1 907～2 595	3	5	37.5
伊利诺伊州儿童福利专家	3 207～4 738	562	174	76.4
新泽西州家庭服务专家 2	3 533～4 843	956	288	76.8
俄勒冈州社会服务专家 1	2 846～3 955	872	217	80.1

　　资料来源：Illinois Department of Central Management Services，October 2005；New Jersey Department of Personnel，September 2005；Oregon Department of Administrative Services，Human Resource Services Division，June 2005.

157　　　为了成功地完成情绪劳动，员工必须清楚自己的情绪，同时能够管理情绪，自我激励，并且识别他人的情绪，以能达到预想关系的方式对他人作出回应。这种技能不只是天赋自然而然的表现，"它们既不是无关联的也不是无价值的"（Daniels 1987，p. 411）。伊利诺伊州儿童福利专家的 KSAs 暗示了这项工作要求："以平静的方式解决所出现的问题——经常是在一个不友好的环境中。"下面的简述会使我们更加了解这项工作的复杂性：

　　　　我们不得不发展这些关系……为了让我们的顾客……告诉我们最深藏和最黑暗的过去，不管会怎样……我的意思是我们要面对多变的顾客……一些是性虐待的受害者……我也知道对我们有一些谴责，当我们前去拜访时可能会使孩子更痛苦……你必须建立一个和谐的联系。

　　驾照考核者必须练习情绪劳动才能完成一天的工作，他们需要应对排长队的申请者，而这些申请者经过了各种表格、考试和长久等待的折磨变得很容易发脾气。比如俄勒冈州交通服务代表所需的 KSAs 就反映出了这种情绪劳动：

　　　　询问顾客以获得确切完整的信息的技能。应对不愉快的、沮丧的、疑惑的或不友好的顾客的技能。在工作负荷大、有时间限制和嘈杂的情况下能完成琐碎工作的技能。

在这些工作中管理好情绪是成功的关键——既要管理好顾客的情绪也要管理好员工自己的情绪。新泽西州农产品经纪人 2 监管禽类产品并为其分级,这项工作相比社会服务顾问变化要少得多。和其他两个列举出来的职位相比也是关联性工作最少的,然而对比来看它的工资却相当可观。虽然交通服务代表比其他两个职位的工资低,他们却要面对大众,和大众打交道。当人们申请和审核驾照时,由交通服务代表来决定是否让他们通过。

伊利诺伊州肉禽类监管员(起薪是每月 2 964 美元)所需要的能力有"能够忍受宰杀间难闻的气味"。俄勒冈州的社会服务专家(起薪是每月 2 846 美元,比监管员少 118 美元)需要"保护孩子们"。对这两项技能的补偿在一个可比较的层级内。然而只要考虑到伊利诺伊州和俄勒冈州生活成本的任何一点差异,这种"平等补偿"都是很难实现的。

新泽西州农产品经纪人 2 的任职资格中有一项要求是"抬举重物"。这项要求 *159* 和俄勒冈州发货点检查员 2 "能干重体力活","拥有好的视力和嗅觉能够发现被检查产品的颜色、质地问题和肉眼可见的缺陷"的要求类似,这说明体力的强壮、视力和嗅觉比情绪劳动所需的细微差别有更大的市场附加价值。对比这些技能集合:伊利诺伊州肉禽类监管员(工资范围 2 964~3 737 美元),部分需要"对健康肉类和家禽类产品的准确的判断力"。新泽西州家庭服务专家 2(工资范围 3 533~4 843 美元)所需的判断力是评估"涉嫌虐待和忽视的情况"和评估"领养和收养申请",他们的判断更加复杂,涉及的利害关系也大得多。然而这两项工作的工资差别却很微小(起始差距 142 美元每周)。

体力劳动很容易衡量,而情绪劳动差别却是微小而难以衡量的。听听下面这个管教部员工的说法,她把她对所处环境的沮丧表达了出来:

> 我丈夫是一位体力劳动者而且他不能理解和想象坐在有空调的舒适的办公室内的工作——他有些时候要在 100 度的房屋内工作——他不能理解我的工作怎么会有痛苦。我说确实是有痛苦的。我说我甚至更愿意在外面工作,伐木或者做些其他的体力劳动……我负责一个 1 800 万的预算规划,而且我们不能超支……我们了解到那些负责加热和冷却设备以及使其通风的人赚的工资是我的三倍。

与不需要情绪劳动的工作相比,涉及情绪劳动的工作有它们独特的工作方式。比如食品监管员,从事关联类工作的工作方式是无形的。比较肉禽类监管员的基本工作方式——"动物宰杀后检查它们的器官、腺体来判断它们是否可以供人类食用"和"在生产过程中的不同时刻加入适当的添加剂和水"——和"与人打交道的工作"时用到的工作方式。一位管教员表示:

> 你不能明确地看到情绪劳动,甚至很难描写它,但是你能感觉到它,因为我认为情绪劳动就像一个量表。你会处在边界上,但是你知道什么是错误的,你不能那样去做。就像昨天那个例子。一个为我的植物浇水的年轻囚犯把我的

160　植物照料得很好，他告诉我说他很好……他说他想借一些东西……"我想有一支像你的这样的红色钢笔"。他为我照顾植物的工作做得很好，但是我心中有一个量表告诉我如何表达才能不惹恼他，因为他不能拥有这支笔，否则我会惹上麻烦。我怎样跟他恰当地交流而不冒犯、不伤害到他呢？这就是我们的工作涉及的方式。

看看下面这个管教顾问是如何描述他的工作和他们行业的工作方式的：

> 我们都知道一个囚犯可能从合作变成不合作，有自杀倾向……学习去了解他人……我就是观察肢体语言。这是我做得最大的一件事……我观察他们的眼睛。眼睛会透露很多信息。手势、肩膀——阅读他人的身体语言是为了判断这个人是温顺的还是有暴力倾向的。

同时进行多项任务是"与人打交道的工作"的另一个关键要素，经常是在高压或是嘈杂的环境中，比如记录文员：

> 同时进行多项任务……是野兽的天性……你不得不同时应付多种事情……我们在估算一个囚犯的判决时经常被打断，要我们回答电话提问并翻看为什么他们的等级是 B 或 C，或者能否派遣 6 名囚犯出外工作。即使你正在查找一名囚犯的授权令，有些事情又立马要去做——我该如何应对？我的上司说我很擅长同时处理多项任务。我只是能集中焦点——放下这件事，在我的脑海中把它关掉然后跳到另一个地方处理另一件事，这就是我个人如何完成多项任务的经验。

能力的中性概念为进一步区别这三个行业的技术特征打开了窗口。食品监管员可以依赖某个工作标准，驾照考官和社会服务者则与其并不相同。俄勒冈州的发货点检查员需要"根据果蔬等级和条件公正地作出评估"。伊利诺伊州的儿童福利专家则不需要有这些官僚化的判断，他们依赖于一个更宽泛的组织行为范围，提供"直接服务和干预"——包括用一些巧妙的办法——为了把工作做好。读一读下面这位调查员对于他转变角色和行为所需能力的描述，它可以帮助我们获得更多的信息：

> 我刚刚学会根据不同情况塑造不同自我的能力。不管我要做什么，我都能开启或者关闭这种能力……你必须有和大街上的人交流的能力……我可以成为任何我不得不成为的角色。如果我必须友善，你知道的，我完全能够自在地和任何人聊天，聊任何内容，我可以变得很亲切，和我有毒瘾的邻居聊天来获得更多有用的信息。

161　这种情绪劳动是所有与人类相关联的复杂工作的特点。检察一箱坚果是否有腐烂迹象和监察一个孩子的家庭是否有虐待和忽视现象是不同的。或者说得更直白一点，处理情感创伤和处理有伤痕的西红柿本质不同。就像成年人过渡中心的一位雇员写的那样，对顾客要像一只母鸡对它的小鸡，而禽类监管则需要完全不同的技能。然而对于这些职位的补偿性工资却没有很多不同。通过把社会服务顾问需要的工作本土化、普遍化[5]——这些多年来影响了很多家庭和孩子生活的工作——这项工作的工资和食品监管员的工资位于同一层级。尽管这可能反映了"市场价值"，但是它也引导我们对于市场的合理性产生质疑。随着市民们对公共服务的期望更加急切、需求更多，政府机构需要最好的员工。这些最好的员工期望他们带到工作中的技能可以获得更多的补偿性报酬。

7.5 结 论

建立和维持人际关系的技能很复杂。这些技能的表现是互动式服务工作和公共服务的核心。情绪劳动作为一种合法劳动肯定是不能被否定的。它不能再被解释为"不可见的劳动"和女性天性（仁慈）的表现，男性也有情绪劳动。在这一章中，我们描述了情绪劳动的大致轮廓。前几段的公共服务故事为这一章定下了基调，一位 911 接线员告诉我们：

> 我在这工作的第一个晚上有谋杀事件。这个人杀了他自己的父母，把他们毒死了，他有一把手枪，这时警官走进了厨房，我认为这个人有枪——我们处理的就是这种事件。

这个 911 派遣员知道如何处理这个电话，他也会立刻处理一些其他电话，这是这个警官一生中决定性的时刻。从那个刚刚犯下两起谋杀案的儿子那里套取更多的信息以保护他的警察同事是他的职责。不管怎么说，这项工作的技能和这项工作本身是很复杂的、合法的，也是很必要的。

只在概念上理解情绪劳动是不能纠正工资不公平这个现实的。对于人力资源专家来说，我们鼓励对于工作描述、绩效评估和薪酬等级的仔细推敲——这会帮助鉴别出所需要的、被识别的、获得补偿性报酬的技能之间的断层。如果十年的政府创新和绩效管理教给了我们什么的话，那一定是我们学到了工业领域的考核系统不能适应服务领域。

情绪劳动是女性主要从事的工作中被忽视的一个环节，导致这些工作的工资很 *162* 低。情绪劳动的需要——比如占主导地位的情绪劳动包括关爱——以及其引出的工作技能和能力都被视为是理所当然的，不列入工作的确切需要中，也不会得到补偿性工资。情绪管理是一种实实在在的职业技能，对于有效的工作表现必不可少。在所有现象中，情绪管理是"与人打交道的工作"的本质。

一旦人们把情绪劳动看作是需要补偿的，人们也会发现传统的工作描述和薪酬等级的缺点。因此我们就离组织设计的操作流水线越来越远，我们必须建立一个新的结构来把握现在的工作和所需的技能。最好现在就回顾一下哪些是过去就有而现在还具有有效性的工作。发现工作分类和补偿系统中大量隐性的情绪劳动因素能帮助我们更全面地理解工作场所中工资不平等的顽固性，寻找新的补救方法。

注 释

[1] 这项发现与盖伊和纽曼（2004，p. 291）的发现不同，他们引用了 2002 年政府会计办公室数据，认为政府工作者的收入公平状况比其他经济门类好。2002 年和 2005 年之间政府员工的收入差距扩大的报道很明显引发了人们的兴趣和深入探究。我们在这里以盖伊和纽曼的研究为出发点（2004）。

[2] 伊利诺伊州和新泽西州、俄勒冈州以及佛罗里达州进行了一个有趣的对比。在豁免类工作和高级管理人员中男性与女性的工资不平等更加严重（见附录 E）。为伊利诺伊州工作不是为政策新手工作。这个州有赞助的历史（甚至传统）。罗伯特·迪斯（Robert Dees）——薪酬协会、技能服务分类机构、中央管理服务机构的薪酬分析师认为 1% 的州政府工作被"双倍豁免了"［*Rutan v. Republican Party of Illinois*（88-1872），497 U. S. 62（1990）］。因为新雇用的员工比以前的员工工资上涨 10% 所以豁免了员工的工资限制（编码为市民服务 43）。这些职位的员工要对公共政策管理负责，为那些得不到任何联邦基金的部门和机构监督政策执行情况；在伊利诺伊州，1.1% 的男性和 0.9% 的女性在这些职位任职（注：这些并不包括秘书。）所有"双倍豁免的"工作被分入豁免类；职业和高级行政人员没有被分到这一类中。在所有的豁免类员工中，21.2% 是双倍豁免的，这个州 14.3% 的女性和 33.3% 的男性在这类职位中任职。（Robert Dees, personal communication, December, 6, 2005）。肯特·雷德菲尔德（Kent Redfield）——位于斯普林菲尔德的伊利诺伊大学政策科学的教授，伊利诺伊州政策实施方面的著名专家说："赞助人和党内系统之间的联系对于伊利诺伊州的雇佣情况可能会产生消极影响，因为党内以前的白人男性，在他们'多样化'的范围内，包含了传统的性别模式，加强了性别角色分类。"双倍豁免职位是基于"政治是权力和工作导向而不是政策导向，会导致相关联的政策和政治忠诚的提升"（personal communication, December 14, 2005）。伊利诺伊州少数民族协会的行政总监罗伊·威廉斯（Roy Williams, Jr.）更直截了当地提出："特别是在伊利诺伊州，我们把政治推向每一个人，扫落叶的、捡垃圾的……他们的工作都是来自政治家的影响"（Wetterich 2005, p. 2）。这种强势的政策文化可能会加强传统的性别分类。

[3] 佛罗里达州没有被包含在这个对比中，因为这个州在 2002 年转换成了宽带式工作分类，每一类的工资变化范围扩展到了 100 000 美元。这一点妨碍了它与使用传统薪酬带的其他州之间相似工作的有效对比。

[4] 霍夫里特和斯潘塞（Hofrichter and Spencer 1996）指出了"水面下"的能力特征。他们展示了一个冰山模型，显示出能力是在水面以下的，因此很难发现也很难测量。科恩和莫尔曼（Cohen and Mohrman 1995）对知识型员工得出了一个相似的结论，认为没有人能够直接观察到他们的许多工作。他们的工作很多变、很抽象，而且没有规律。情绪劳动很适合这个模型——它需要对于情境的自发地适应。它不是计划好的，而且所需的技能也不容易观察到。

[5] 使这种工作合法化意味着坚持女性是培养者的模式，女性社会服务顾问关爱他人是天赋。这种想法认为女性员工的这些工作没有什么本质的技能，因为她们天生如此。把工作本质化意味着因为女性社会服务顾问的工作利用了所有女性善于帮助他人的特点，所以对于女性社会服务顾问来说没有什么特别的、有意义的技能。

163

情绪劳动的现状和未来：关系工作的发展趋势

你不能对每个打你电话的人都做好准备。我的第一个痛苦经历是——有一位先生打电话来说只想有个人听他说话——当警官赶到那的时候，他饮弹自尽了，我所听到的只有枪声——你知道他的死亡过程，但是你不可能对此做好准备。当一名警官被枪杀的时候，我也曾经在无线电的另一端，我是和他最后说话的人。

需要大量情绪劳动的职位正在以最快的速度增长，与此同时，趋向于自动化的工作正在减少。这一现象指出了情绪劳动相关工作对于经济尤其是政府的重要性。在这一章中，我们会观察到大众服务工作的数量是如何快速增长的，以及预测它们在未来十年会增长到什么程度。我们的讨论以成本效益和情绪劳动的权衡作为开端。

依靠自动电话答录系统和合同工人，以及保持最小化的雇佣水平具有明显的成本优势，但每一项都会降低服务质量，因为情绪劳动和工作成本之间的权衡会影响到项目结果。我们不用和降低成本的要求争辩，但是当客观信息改变时我们应该对权衡的过程保持敏感性。

165 **8.1 无形的效益与有形的成本**

　　服务工作是一种精细的劳动，劳动力很昂贵。自动电话答录系统想要用信息技术取代关系工作。如果回应简单的信息，这种方法效益很高。当出现录制的语音信箱中没有的信息时，这种成本节省就会变得很昂贵。很显然，用自动系统减少成本和加强个人服务的要求之间在博弈。

　　机构减少成本的方法不只是用自动系统，它们还尝试通过雇用那些对于机构的使命没有任何承诺的合同工来节约开支（Mastracci and Thompson 2005）。保持最低的雇佣水平是另外一种减少人工成本的方法。当面对常规操作时，这种方法是可行的，但是当危机加大，成百上千的市民受到影响时，处理他们需求的员工数量就会太少。在飓风或山火频发的季节，人事预算要向满员倾斜，以便为最坏的情况做好充分准备，随时响应。在这种情况下，机构雇用的员工可能多出90％，超出预算100％。即使面对微小的紧急情况，员工可能也会不够用。比如，一个911接线员指出，在一个繁忙的交通枢纽处发生了一起事故。每个看到这个事故的司机都拿起电话打了911，导致电话线路堵塞。

　　　我认为大众并不了解我们的雇佣条件有多差，也不知道在暴风雨天气或其他事件发生时我们是多么的无助。当你打开康卡斯特（有线电视）——我们会知道在这样或那样的地区有线路中断现象。但是我们不能把录像放在911上来告知人们在奥卡拉和彭萨科拉有车祸。

　　当服务需求不断增加时，服务机构总是人手不足。比如，当个案工作者个案的增加量超出他们的能力能够分派的家庭数量之外，服务质量就会下降，因为他们不能和他们负责的家庭保持联系。当我们要求公共机构办公室的律师描述他们的工作压力时，他们这么说：

　　　律师有很多的压力，他们有很重的工作量，很大压力，他们每隔一天都要上法庭，他们不得不出门拜访他们的客户，当然不是每个人都是如此。你可以看到那些不知所措的人，不知道如何完成他们那么大的工作量。你会同时面对陷入僵局的5个个案，他们不能违背个案的要求。

　　166 按照短期内的美元美分换算，自动化和降低雇员都能够提高生产力。然而，长期来看服务质量会下降。这是为什么？因为工作的服务需求被忽视了。员工不能完成完整的工作——和困难家庭联系的情绪劳动应该和他们的其他工作内容同步。士气低落的员工离开了，或者更糟糕的是他们留下来把工作重心转移到书面工作和会议上而忽视了情绪劳动，而情绪劳动才能真正改变顾客的生活。员工流动是很昂贵

的，因为有经验的员工流失时带走了组织内部的经验。他们的离职也会减弱顾客和机构之间的信任。新来的员工必须经过培训，每一次离职都意味着有新一轮的招募、培训和分配。

人们总是关注于有形的成本而极少赏识有关情绪劳动的隐性投资，他们把情绪劳动引起的服务问题看作一种无能。但是调查之后，我们发现了一种真空现象，也就是员工没有时间去完成"完整"的工作。提高这种"生产力"会使关系工作的效益递减。导致这种现象的原因在接下来的这个电话中得到了显著体现，这个电话是世贸中心刚刚被袭击后打来的，这时候美国人对于突发事件非常敏感。如果这位接线员不是关注于每一通电话的话，她可能会错过这起杀人事件的报告：

> 一个年轻的女子杀死了她的母亲，然后打电话报警，她描述这件事时正好有一架飞机飞过，飞机引发的音爆很像炸弹。这是"9·11"事件刚发生不久后的事。每个人都打电话报告某处有炸弹即使他们不知道那是什么。就在这些电话中间有个女孩报告说她刺伤了自己的妈妈。幸运的是，这位接线员接电话时没有问她是否有炸弹的问题，因为他们存在语言障碍：这位年轻女子是华人，英语是她的第二语言。这位接线员耐心听她描述了很久最后发现，情况很糟糕但是却没有炸弹这回事。

成本和收益之间有一个曲线关系。但把雇佣成本和服务结果联系在一起还存在一定的问题——曲线不能够反映出情绪劳动投入的重要程度。当没有进行相关投入时，回报也不会明显减少。撤回情绪劳动不像撤回资金——马上会有直接而明确的影响——撤回情绪劳动的影响要有一段时间才能显现，首先是顾客对机构的信任减少，顾客不再履行合同，顾客也不再向工作人员提供如何和他们相处的信息。它是随着时间的推移慢慢腐蚀机构的质量。几次失败只是表现出来的最终结果，但是通过其对日常生产方式的影响，随着时间的推移会给机构带来更多的危害。换句话说，用抛物线来描述成本/收益的价值曲线往往过于生硬，因为它忽视了隐性的成本和收益。而且这种隐性成本会随着时间的推移而逐步显现。 *167*

考虑到这些制约因素，下面关于就业增长的预测显示出一些工作的就业增长会远远超出另一些。而关于服务质量和自动化之间的权衡问题会继续给人力资本规划师和预算人员带来麻烦。

8.2 政府雇佣

美国劳动统计局每两年都会公布十年的就业规划。图 8—1 的预测显示了到 2014 年就业情况的估算结果。[1]正如图中显示的，从 1984 年开始，地方政府的雇佣增长量比州政府或联邦政府的增长量加起来还要多。这种增长预计会持续到 2014 年。州政府的雇佣量一直在有节制地增长，而联邦政府的雇佣量却在下降。如果州政府和联邦政府继续像现在这样把他们的许多工作外包出去，这种情况还会持续下去。这样做可以减少在编的员工数量。

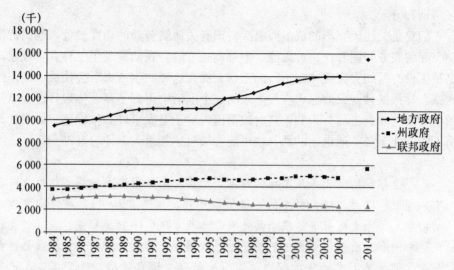

图 8—1　联邦政府、州政府和地方政府 1984 年到 2004 年的雇佣人数及 2014 年的预计雇佣人数

资料来源：U. S. Bureau of Labor Statistics Current Employment Survey （1984—2004） and Berman 2005。

地方政府需要完成大量的情绪劳动。因为地方政府是指城市和县一级的政府，它的责任集中于日复一日的应急准备、消防、执法、公共教育、公共卫生、家庭和儿童服务中。其中的一些服务，州政府也会提供。但是州政府和联邦政府都更多地关注于政策的引导，它们依赖地方政府作为帮手来提供服务。

美国经济未来十年内的所有增长预计都发生在服务部门。州政府和地方政府的雇佣量占服务部门总雇佣量的一大部分，而且预计 2014 年会在服务部门中保持其最大雇佣量的地位（Berman 2005，Figure1）。"教育服务、医疗保健和社会援助，以及专业和商业服务代表了预计雇佣量增长最快的服务行业。"（Berman 2005，p. 47）。教育服务类工作数量的增长包括新设立的岗位和退休与自然减员空出的岗位，而大多数政府内部健康服务类工作数量的增长来自退休和离职员工空出的岗位。

168

在健康服务领域，州政府雇员数量下降而且会持续这个趋势而地方政府的雇员量却在增加。在其他提供服务的领域，工作数量会增长，因为"随着人口的增长，人们需要州和地方政府承担更多本来由联邦政府承担的责任，因而它们需要更多地参与社区、健康和保护服务领域"（Berman 2005，p. 54）。这些服务的提供者从联邦政府变为地方政府，会同时导致服务承包量的增加，也导致联邦政府的雇员数量越来越少。这种趋势估计会在未来十年一直持续下去。

医疗保健和社会援助领域 20% 的雇佣增长来自政府，而教育服务领域几乎所有的雇佣增长都产生于公共部门。在州政府和地方政府增长的雇佣数量中，教育占了一半以上，这些增加的岗位主要是因为普及学前教育、全日制幼儿园和减少班级人数产生的。这些岗位使得"地方政府教育服务领域的雇佣量增加"，并且在未来十年将持续增加（Berman 2005，p. 54）。

图 8—2 把受访者按照他们的职位进行了分类。[2]其中 5 个职位的雇佣量——律师、律师助理、社会工作者、派遣员和管教员——一直在增加，而且预计会比未来十年雇佣量的平均增速更快。

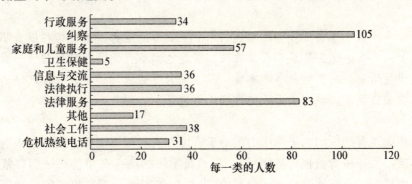

图 8—2　接受调查者的工作分类

法律服务的相关职位——律师和律师助理——预计增加的岗位来自新的工作需求和空缺的工作，大概 25％的增长来自政府（Hecker 2005，p. 73）。社会工作者的岗位数量预计会增加 22％，警察、消防员和救护车派遣员这几个岗位大概会在增加 15.9％以后就不再增加了。法警、管教员和狱警的增长会更加缓慢一些，在未来十年大概增加 7％。图 8—3 显示了这几个岗位雇佣数量随着时间的变化情况，以及各级政府直到 2014 年在这些岗位上的雇佣量变化情况。[3]

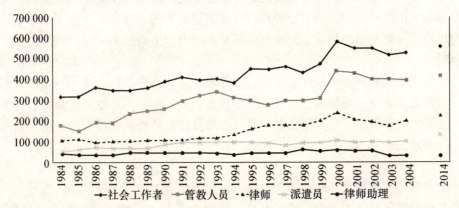

图 8—3　本次研究调查的职位 1984 年到 2004 年的雇佣人数及 2014 年的预计雇佣人数

资料来源：U. S. Bureau of Labor Statistics Current Population Survey Outgoing Rotation Groups 1984—2004，and BLS projections 2014。

对于大多数职位来说，替换性的工作需求大于新增加的工作需求（Hecker 2005，p. 78）。替换性空缺和新产生的工作岗位会在各级政府中产生工作机会，但是州和地方政府显然有更多的工作机会（Toossi 2005）。

如图 8—3 中显示的那样，这项研究中调查的大多数工作的雇员在过去的二十年间已经增长了一些，但是他们预计还会在下个十年中继续增长。尽管警察、消防员和救护车派遣员这几个岗位预计会增加15.9％，但是他们增加的数量和图中的其他职位相比依然较少。管教岗位一直都在增长，而且因为许多州的"三次罢工"法律，过于拥挤和新设备产生了工作增长，但是我们的访谈却显示这种工作增长并没有和需求同步。一位管教执行员这么写道：

> 我不得不说因为任务增多我们承受了更多的压力，而且这种压力不是只有某个人才有。他们不认识我没关系，但是他们给我们的预算我们很难做到，他们想要用更少的人做更多的事情——这是制度的悲哀。而且现在已经达到我们工作的极限了。我们再也不能增加工作量了。

一些访谈者把他们的工作压力归结于管理方式和预算削减，而不是来自他们工作的本质。另一位管教执行员同时写道："我工作的第一个单位……门口就有一位长官，而现在，整栋楼就只有一个长官。"机构的资源分配产生了妒忌和压力。比如在管教领域，资源是根据工作场所的床位数进行分配的。一个明显的门槛是200：一个被官方分类为200张床位的机构会比比它小的机构获得更多的资源。但是过度拥挤有时会导致200张床位的机构容纳300名囚徒，而100张床位的机构容纳175名囚徒。但是因为预算削减，资源不能根据需求的增加而重新分配。

必须谨慎地提高纳税人的税率，这从某种程度上来说限制了政府雇佣量的增加。但是对于包含大量情绪劳动的服务的需求却没有减少。社会工作和法律领域的岗位增加了，但是有些机构比如公共指导办公室没有能力雇用更多的员工，但是这不会抑制工作量的增加。一名律师在财政紧缩情况下的工作压力下画了一条线，向我们说明了预算削减会对员工完成机构任务的能力产生威胁：

> 我在法庭的房间里开始工作，我代理了700个孩子的个案……总会有些政策规定你要如何阅读文件里的每一份报告……700份文件的工作量使我不可能按照他们要求的方法阅读报告，我所做的只能是处理紧急情况而不能提出许多好的意见。

一方面要削减预算和冻结雇佣人数，另一方面需求却在不断增加，这种现象为雇佣趋势的变化提供了一个有趣的环境，政府中需要显著情绪劳动的职位增加了。如果上面这些证据能够简略地证明其他机构也是如此，人员不足的特点是一个普遍存在的问题，那么关系工作的增加可推定为是情绪劳动技能需求的一个表现。

8.3 其他有情绪劳动需求的工作的雇佣趋势

第4章通过描述 O* NET 网上数据库的职位来鉴别包含高级情绪劳动的职位。这个数据库可以用于搜索35个独立的工作技能关键词，可以单独使用也可多个结合进行搜索。根据情绪劳动的经验分析和理论基础，这 35 个工作技能中有 9 个是确切地包含情绪劳动的。为了鉴别更大的一组包含高级别情绪管理需求的职位，我们用这 9 个情绪劳动技能搜索了 O* NET 中的所有职位。有 60 个职位至少和这 9 个技能中的 7 个相匹配，大约 2/3 是政府职位。这 38 个政府职位分为 3 类：管理、教育和健康服务。管理执行类的岗位数量比较平稳或者小幅上升。秘书和执行助理的岗位数量从 20 世纪 90 年代中期直线下降，直到 2002 年才保持平稳并且有小幅上升。

与这些管理岗位的变化趋势相比，教育和健康服务岗位发生了更加剧烈的变化。小学老师的岗位数量一直在增加而且下个十年也会持续增加。教师助理的岗位相对增加缓慢但是依然有明显的增加，从 1984 年增加了大概 50%。中学老师的岗位在 1984 年和 1998 年之间小幅减少，从 1998 年直到 2001 年一直在增加，此后又继续减少，但是预计到 2014 年该岗位会大幅增加。从 1984 年起，在政府机构中，保育员和"其他教育服务"岗位的数量一直在 30 万～40 万之间变化，到 2014 年它们都会有一个小幅的增加。 *172*

8.4 结 论

通过这些章节的介绍，我们认为在 1/3 的职位中，情绪劳动是必不可少的关键要素，而且它是公共服务和公共管理工作实行的基础。在最好的情形下，情绪劳动能够被识别，这样工作申请人能够发现它，雇员也能够接受相关培训，所有的雇员能够因为情绪劳动的不同而获得不同的评价，特别是有情绪劳动技能的雇员能够因为出色的工作表现而获得高报酬。一个训练 911 新接线员的电话接线员这样描述了他们寻找的技能：

大多数情况下，我们寻找那些能够跳出思维框架思考的员工。我们会问 5 个基本的问题，但是你必须要根据你获得的信息和思考结果进行回答，"这个人的答案也许听起来不对——有些跑题了或者整个故事是不对的，所有部分不能很好地融合在一起。"你不得不用一点蜘蛛的感觉。

访谈者："蜘蛛"的感觉是什么意思？

回答：当你的头发掉到了你的胳膊上或者脖子背后你基本不会有感觉。但是你要提取的信息是会发生在警官身上的，你必须把这个信息抓住。如果你没有注意到背景中有人大喊他们有把枪，或者你没有留意到背景中"砰"的响声，又或者你错过了什么关键信息，你现在就是把打电话者和警官的性命置于危险之中。

识别情绪劳动的需求正在增加。我们访谈中的证据表明尽管有时有雇佣冻结或人员损耗，情绪劳动相关工作的需求还是一直在增加。于是，政府工作人员正在面

132

对越来越大的情绪管理需求和越来越少的资源。有大量情绪劳动需求的职位在劳工部未来十年的预测中增长速度是最快的。然而，一些关系工作还是因为自动化和缺

173 乏资源而被淘汰了。把需要情绪劳动职位的雇佣增长数据，和其雇佣量没有和机构需求同步这种情况放在一起就可以发现政府中情绪劳动岗位的增加不过是情绪劳动真正需求的一个缩影。

公共服务工作中包含大量的服务因素这一事实不应该使我们感到意外。选拔员工时应该选择有关系工作技能的人这一事实也不该使我们感到意外。缺乏对于这些事实的认识才是我们真正应该惊奇的。

注 释

[1] 当前人口调查（CPS）和当前就业统计（CES）调查的历史数据被用于追踪 20 年来劳工统计局主要预测的职位的雇佣变化情况。这些数据合起来显示了我们在这项研究中已经深入调查的职位的增长和下降情况，同时显示了 30 多年来政府雇佣情况的变化。

[2] 这项调查中的问题得到了多个答案。比如公共监护办公室的社会工作者可能会报告说她要从事管教、家庭和儿童服务、社会工作等。总共有 100 名参与调查的人选了多个答案。这些人中，66 人选了 2 个，31 人选了 3 个，2 人选了 4 个，1 人选了 5 个工作领域。

[3] 当研究当前人口调查（CPS）数据时必须要警惕两点：第一，调查机构在 1994 年发生了改变，这个改变使研究人员尽量避免比较 1994 年之前和 1994 年之后的数据。第二，工作分类系统在 2000 年发生明显的转变。一些职位保持原样，有的进行了创新，有的分裂成几个独立的职位，还有的用其他方式进行了改造。美国劳工统计局提醒人们不要跨越这个分类转型期比较数据。下面这点可以帮助我们解释 2000 年整个趋势变化的原因：根据新的分类系统许多职位的评价方式都发生了变化。这些数据变化产生的影响体现在所有用到 2000 年之前和之后 CPS 数据的表格中。

第 9 章

理论、研究和实践的含义

大多数对公共服务类工作的研究都是以一个未被验证的假设开始的，这个假设就是公共服务工作基于工业上"工作"的概念。工作分析、招募、分类、薪酬和绩效评估都基于工业范式。即使是前瞻性的战略人力资源管理也以这些假设为基础。我们假设所有类型的公共服务工作在本质上相同会导致我们忽略一个很简单的事实：人和人之间的互动需要的技能在人与物之间并不需要。

没有发现这两者之间的不同会使管理者和研究者忽略人对人服务时的基本要素，从而使工作描述没有体现出大多数公共服务工作的工作需求。首先，我们快速回顾一下我们是如何得出这一狭义的工作概念的。

9.1 付酬工作的历史

工作的历史要追溯到西方文明从聚猎社会到农耕社会、城市状态，再到都市化社区的过渡阶段（参见，例如 Tausky 1984）。随着城市的兴起，国王需要文士记录税务情况，需要簿记备存记录，需要劳动力维护公共工程。因为劳动的分工变得具体起来，手工业行业也发展起来了，它包括石匠、木工、纺织工、铁匠、木匠、面包师。因为城市状态逐渐让步于城市社区的发展，手工业的分工变得更加具体了，而且需求也在不断增长，制造业开始发展起来。

175　　长话短说，到 19 世纪初工业革命一直在进行。工业革命对西方文明的改变程度远远强于任何政治动荡，因为它决定了人们居住的地点（城市）和他们的社会经济地位（根据他们的工作类型）。它把我们的意识限定在随意的但是强制性的工作分类中，这种分类必不可少的一个部分就是优先确定下属的工作地点和工作内容（Anthony 1977；Simon 1962）。

工作成为了一个表示员工按照雇主的命令努力的概念，它直接和员工产生有形产出的行为相关。事实上，这个定义缺少对工作的尊重，因为在这个定义中，工人的作用相当于雇主的工具。为了区分自愿工作和奴隶状态，一个关注技能的"客观"概念变得流行起来。工作被设计为完成必须完成的任务时所需要的认知技能。这种只关注技能的工作行为理论创造出了一个看起来很科学、客观和有效的系统。它适应于组装生产线，并且避免额外开销。尝试把人的影响从工作中去除是这个范式的标志。因此，人们认为公共服务领域工作理论和制造类工作理论很像。但是我们对于公共服务领域工作和制造类工作的不同还没有足够的了解，因此无法直接挑战这个狭义的定义及其基础价值。

9.2　从工业范式到服务范式

通过识别情绪劳动，我们为沉寂已久的对工作的理解添加了一些新的思想。这段历史没有提到，必须要有情商和情绪技能才能完成人与人之间的交易。当需要人与人的互动时，决定这次互动是成功的还是失败的因素往往很微妙。因为我们对于工作的定义是通过观察那些远距离观察时容易看到的现象构建的，微妙的因素很难被发现，因为不会被发现，它们也不会被赋予价值。就像把一个杂草和一朵花进行对比，它们的不同在于作用方面，如果它们的存在没有任何价值，它们就是杂草；如果有用，它们就是花朵而且具有市场价值。

经济理论认为人们工作是有原因的：他们通过提供商品和服务来获得金钱，他们再把金钱用于获得商品和服务，再加倍努力工作赚得更多的金钱。这并没有

176　解释工作表现中一个更加有趣的因素。比如说，令人满意的工作质量是一个复杂的、独特的概念。工作绩效是技能、感受、需求和环境中的困难混合作用的结果，受到自身性格、期望和观念看法的影响，每个员工对其的理解都不同。即使在广泛流行的经济理论中，员工也在他们的工作中渗入了道德责任和个人意图。

工作的背景和它的内容一样重要。公共服务工作的目的是对社区负责——也就是对"其他人"负责。洞察力、参与度和与人交流的意图是最先需求的技能，在交流过程中和交流之后还需要活力、注意力和感受力——换句话说，也就是情绪劳动。

9.3　情绪劳动

忽视情绪会阻碍我们对于工作行为的理解。"情绪"这个词来源于拉丁词汇 "emovere"，它的意思是"表现出、激起、鼓动"。在工作行为中，情绪不只包括关于某件事如何影响员工的评估，还包括对员工的吸引力和员工喜好。情绪评估意味着要有一个价值判断——经常是即刻的——判断其是好还是坏，是愉快的还是危险的。评价顺序是这样的：有一个情绪相关的目标；这个目标和情绪在本质上有一种因果关系；这使员工的情绪变得有目的性，并且这种带有激励性的目标要和被引起的情感有一种合理的关系（Kiesling 2000）。

情绪劳动能力因人而异。高等级的情绪技能，它要求员工随时准备去挖掘复杂的情绪，并且即刻做出合理的、经常是非语言性的反应。技能水平低的员工不能做出合适的回应，或者回应不能使互动更加容易。情绪劳动是可以学习的，就像知识性劳动一样。人才培养研究告诉我们一个人的情绪教育应该从童年早期开始，从家长、老师和其他榜样角色和权威轮廓中学习。另外一个学习的来源是我们自己"理解事物"的自然过程（Kiesling 2000）。尽管随着我们的成长想要修正我们的情绪基础模式或者增加情绪内容越来越难，情绪学习依然会伴随我们的一生。[1]

情绪在工作背景下是如何发挥作用的呢？让我们以 911 接线员回复电话为例吧。打来电话的人在尖叫："他拿了一把枪，他正在向我家的门上射击！"电话接线员听见了——也感受到了——打来电话的人声音中的恐惧，她自己也因为对接下来事情的预想而越来越害怕。在这种情况下，她抑制住自己的情绪，用实事求是的冷静口吻问了最重要的问题：你的地址是什么？为了确保这一信息，她必须始终和打电话者保持联系，同时要派遣一位法律执行官解决问题。在这个案例中，这项工作包括要压抑她自己的情绪，这样她才能处理好来电者的情绪。

如果情况相反。一个歇斯底里的来电者在电话那头尖叫，而 911 接线员不能理解来电者说了什么，为了使来电者安静一下，接线员也大叫起来。这个来电者因为这种预料之外的回复安静下来，从而能够听到接线员询问她的地址，这样就可以向她提供帮助了。这两种反应都会让来电者给出回答，但是这个接线员必须马上决定自己是用一种冷静的声音还是大喊大叫的方式来获取提供帮助时需要的信息，从而派遣一名执行官前去提供帮助。必须立刻感知到来电者的需求，然后把信息用一种情绪化方式回复给来电者。情绪方面的技能和认知技能同样需要，而且情绪技能更加直接有效。

9.4　房间里的幽灵

情绪劳动的探究就像宝藏一样吸引了很多人的目光，也引出了很多问题。第 1

章开始就提到：情绪劳动像一个幽灵，有些人看得到，有些人看不到。我们访问工作候选人的过程中，当需要好的团队工作能力时，当在冲突中工作很重要时，当工作需要耗尽心力高效完成时，没有人提到这个幽灵，因为它没有名字。我们在这些章节尝试给这个幽灵一个名字，来提供证据证明它存在的合理性。

用一个词汇来描述情绪劳动的尝试还在继续：它是语言柔道？扑克脸？是种关系建设？是关爱？深度扮演？好警察，坏警察？情绪敏感力？情绪表现力？情绪稳定力？情绪面具？情绪参与？情绪麻醉？情绪盔甲？情绪镜子？这些概念突出了情绪劳动每个特定维度的巧妙影响。比如，情绪劳动需要同时管理自己和他人的情绪。用一名911接线员的话说，"你所用到的就是声音，你能够用一个好的声音起到帮助作用，或者你会是一个扰乱别人的声音；你应该用你的声音给他们绝对的自信，让他们知道很快就会有人来帮助他们，一切都会好起来"。而且需要根据变化的环境即刻调整你的回答。建立一个和谐氛围的能力是关键，就像下面对于一位接线员的描述那样：

178
她只是一个兼职员工但是她训练出了一种技能，能够从人们口中得到其他人得不到的信息。曾经有一个男子不停地一次次地拨打911，报告类似于房子着火的事情。他每天都这样，一天打20个电话，一直持续了好几个星期。他给的都是错误的地址，但是我们最后还是找到了这个男子，因为这名接线员与他建立了和谐的关系。我不认为这位男子把他的地址告诉了接线员，但是他把他父亲的名字告诉了她，她根据这个找到了男子的地址。上个星期这个男子一直在跟大家道歉。

情绪劳动对于有效的公共服务是必不可少的。它为人与人之间的互动工作增加了灵活性，需要雇员根据自己的感觉采取不同的工作方式。

让我们再回顾一下第4章抓住情绪劳动精髓的那个定义：

情绪劳动是为了完成工作而参与、抑制和表达员工情绪的一种劳动。这项劳动的目的是影响他人的行为。它的绩效包含一系列个人技能和人与人交流的技能，感受他人的情感，从而转变自己的影响方式，来从他人那里获取自己需要的情绪回应。感受他人情感的能力是通过直觉和交流完成的。简单地说，情绪劳动需要对自己和他人的情绪有敏感而灵活的影响力。

这些章节的访谈和调查数据揭示了情绪劳动的边边角角、曲线变化和转折情况，为快速构建公共服务工作非认知方面的知识体系作出了贡献。用图例可以对其进行最好的概括说明。图9—1反映了情绪劳动的要素是如何影响工作表现的。情绪表现就像一个商品一样可以买卖；它受工作需求的控制；受接受的系统化命令的影响；同时它的结果受到雇员自我发挥的影响。

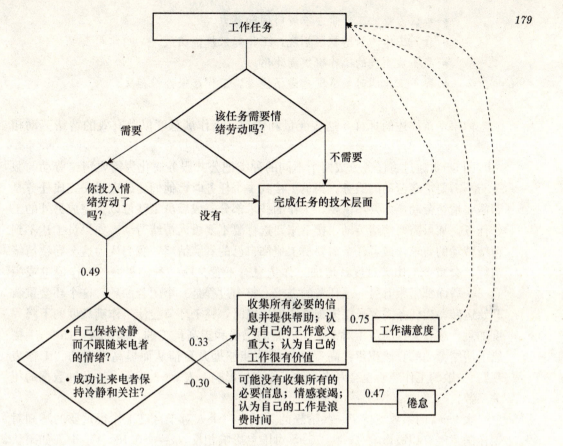

图 9—1 情绪劳动和有效结果之间的关系

9.5 对于模型的解释

图 9—1 描述的模型是根据公共监护办公室、管教部和塔拉哈西警察局雇员的调查数据构建的。为了获取复杂的工作态度和经验情况，我们建立了四个不同的维度：时间浪费情况、工作满意度、倦怠和有效的情绪劳动。

评估个人的工作

为了了解员工是如何自我评估工作表现的，我们设立了两个传统的指标来调查员工把某项工作看作是浪费时间的还是值得投入的。受访者对于调查项目的认同程度定义了该项评价的积极作用："我在我的工作中起了重要作用。"我们称这个变量为工作的重要性。当一个人的工作包含下面这四个选项时，我们就称他是在浪费时间： *180*

- 我认为我的工作是在浪费时间和精力。
- 我不工作的话感觉很乐观，工作起来恰恰相反。
- 我不认为我的工作有重要作用。
- 我不工作的时候感觉充满了能量，工作起来恰恰相反。

像第5章描述的那样，这些变量和倦怠、工作满意度以及有效的情绪劳动相关联。

图9—1通过将任务分成两个不同的种类把公共服务简化为需要情绪劳动的服务与不需要情绪劳动的服务。当员工接到一个任务时，他们要确定成功完成任务是否需要情绪劳动。如果不需要，工作的技术部分完成后员工就可以去完成另外的工作任务。如果需要情绪劳动，接下来要选择要不要投入情绪劳动。如果员工达不到情绪劳动的要求，或者任务需要员工掩饰自己的真实情绪，我们认为这会导致情绪消耗，会减少工作满意度，增加工作倦怠。不管是哪一种结果——工作倦怠或满意——后面都紧跟着另一项任务的需求。整个过程是一个闭合的环，这个环会重新开始运转。当任务需要员工掩饰真实的情绪时，整个环节会使工作满意度的下降程度加重，或者会提高员工对于工作成就的感受和提高员工的经验层级。图9—1描绘了情绪劳动的自然积累：高程度的成功能够提升自信从而提高未来的"工作表现"，失败的工作经验也会对未来的工作产生影响。表9—1显示了这几种数据的相关系数。

表9—1的系数支持了一些猜想的关系：一个人对于自己工作很重要的感知对工作满意度有积极影响（r=0.75），对倦怠影响相反（r=−0.18）。一个人如果认为自己的工作是浪费时间，会对倦怠产生直接影响（r=0.47），对工作满意度产生相反影响（r=−0.78）。当把各种类型的情绪劳动结合起来考虑，会增加工作倦怠（r=0.28）、工作满意度（r=0.32），和对于自己工作重要性的认识（r=0.40）。这强调了识别员工面对的情绪劳动需求的重要性。情绪劳动会同时带来满意度和倦怠，但是对工作重要性的认识会为员工投入情绪劳动提供自信。情绪劳动表现和觉得自己会成功的自信（r=0.49）之间的正向关系支持了这一结论。认为自己的工作很重要会强烈并直接地影响到员工的工作满意度（r=0.75），它还对员工觉得自己是在浪费时间的感触产生同样强烈的抑制作用（r=−0.78）。表9—1阐述了情绪劳动与调查者自我工作价值评估的联系。情绪劳动和员工认为自己在浪费时间的感触反相关（r=−0.25），这一点指出了情绪劳动的有益影响。认为自己的工作是浪费时间的员工也是那些不愿意投入情绪劳动或者认为他们不擅长情绪劳动的员工。

181　表 9—1　　　　　　　　　　情绪劳动和影响结果的皮尔森相关系数

	情绪劳动	倦怠	工作满意度	工作重要性	有效的情绪劳动	工作是浪费时间
情绪劳动	1.000					
倦怠	0.282	1.000				

续前表

	情绪劳动	倦怠	工作满意度	工作重要性	有效的情绪劳动	工作是浪费时间
工作满意度	0.318	−0.287	1.000			
工作重要性	0.395	−0.186	0.749	1.000		
有效的情绪劳动	0.491	−0.012	0.344	0.334	1.000	
工作是浪费时间	−0.254	0.470	−0.782	−0.779	−0.305	1.000

　　对于三个研究单位中所有类型工作的工作表现的一个更深入的调查让我们能够确定包含情绪劳动的工作元素（见图 9—2）。这些调查使我们不只是远距离地研究情绪劳动，而且显示了情绪劳动在"人与人业务"中的重要性。比如，紧急业务派遣员必须回复每个电话并且立刻判断出来电者的问题是否包含情绪因素。如果有情绪因素，操作员为了获得信息，必须区分收集确切信息和管理来电者情绪这两种需求之间的不同，而且可能还包括管理他自己的情绪。操作员必须这样处理这个电话才能圆满完成工作。在这个过程中任何一点的失误都会产生不好的结果。

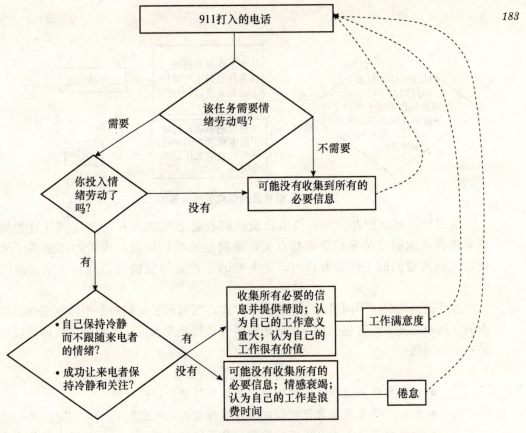

183

图 9—2　911 接线员的情绪劳动决策树

　　在监狱的案例中，管教员必须敏感地感受到每个任务是否需要情绪劳动，如果需要，需要什么类型的情绪劳动。然后，管教员必须采取情绪劳动才能达到互动的目的。只有通过有效的互动，才能很好地完成任务。不能够感觉到或者是不能采取正确的互动方式会导致人群控制问题或者管理失败（见图9—3）。

184

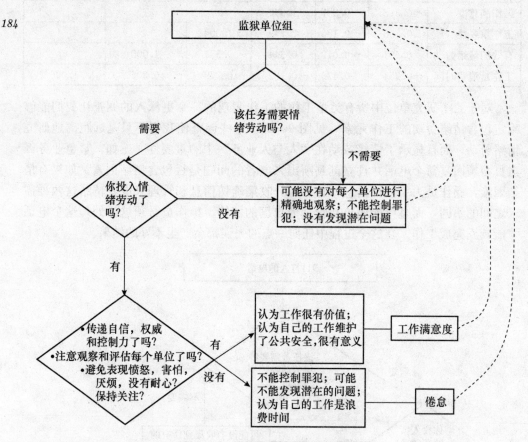

图9—3 管教员的情绪劳动决策树

　　根据对公共监护办公室官员的访谈，调查者必须建立和谐的氛围并且根据直觉选择正确的途径来获取那些有关儿童利益的确切信息，成功地帮助孩子会使员工认为他们的工作很有价值，而失败的工作会导致错误信息和倦怠（见图9—4）。

　　这些模型阐明了不同员工工作的决策方式，也揭示了我们对于个体在工作表现中的区别知之甚少。这也引起了如何把情绪劳动技能并入传统人力资源管理过程中的一系列问题：

　　● 在人员招募过程中能够评估出个体的情绪劳动技能吗？
　　● 如何训练雇员才能使他们的情绪管理技能最大化？
　　● 如何挑选员工才可以使那些拥有最好的情绪工作技能的员工去到最需要情绪劳动的岗位？
　　● 工作描述如何才能包含情绪劳动需求？

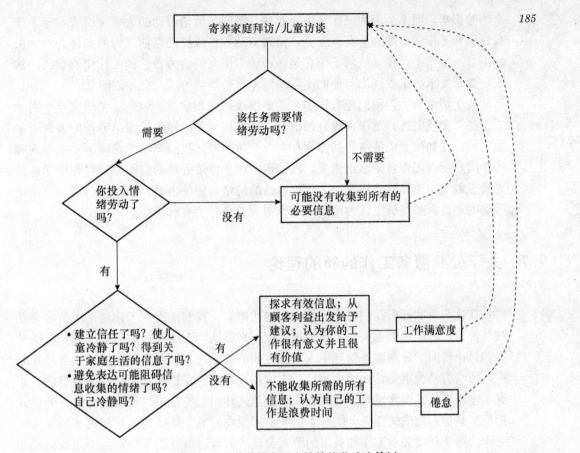

图 9—4　公共监护办公室的情绪劳动决策树

9.6 总　结 *186*

对于情绪劳动并没有达成一个共识，因此研究情绪劳动需要进行多重调查。本项研究用了两种方式：面谈和调查问卷。访谈显示每个机构都有自己的术语：911接线员用"热电话"形容那种来电者很情绪化，接线员需要控制来电者情绪的电话。从公共监护办公室的调查中我们了解到，在大多数艰难的环境中，他们不得不表现得很专业并且要控制自己的情绪，这时他们就戴上了"面具"。同样的，管教部门的员工在面对罪犯时，就穿上了他们的情绪盔甲。

调查结果揭示了情绪劳动的哪些方面呢？第一，研究发现了员工能够在何种程度上表现他们有关情绪劳动的工作。像他们汇报其他工作相关的活动一样，他们也会汇报情绪劳动。第二，从情绪劳动的有效性方面来说，员工个体之间的差异扩大了，他们在情绪劳动方面的能力等级和产生的效果都有所不同。第三，不同机构的员工情绪劳动的数量不同，但是员工情绪劳动的能力不是因为机构不同而不同的。这说明了情绪劳动需要的技能就像认知劳动一样，因个体的不同而不同，易于受到个体的影响，而不会因为工作环境而改变。第四，情绪劳动的表现情况有益于工作自豪感和工作满意度的提高。第五，情绪劳动并不像我们以前认为的那样必然会引起倦怠。事实上，在某些例子中它是一种动力使人们认为自己的工作更有意义。然而，如果要求员工表现出与他们实际感情不符的情绪劳动，会导致倦怠。

关于情绪劳动，我们还有许多东西要继续研究和学习。但是这项研究至少揭示了一些需要我们进行更深入研究的信息。比如说，我们知道了情绪劳动的表现有多重领域，在如何完成情绪劳动方面存在着个体差异。我们知道了情绪劳动的表现和工作满意度、工作自豪感正相关。我们也知道了情绪劳动的负面影响存在于那些需要员工戴上"面具"的情况——压抑自己的情绪，假装出另一种不同的情绪。情绪劳动的消极影响在员工认为他们的工作很有意义时会有所减轻。

¹⁸⁷ 9.7 关于公共服务工作的新的理论

在这一章的开头我们讨论了工作的当代概念。我们认为在工作理论中情绪劳动被忽视了，各种示例都关注工作表现。接下来，认为工作的概念没有考虑到情绪劳动的讨论转向了公共服务领域中人与人之间的业务往来。因为只有在这种业务往来中，情绪劳动很重要，在这个领域，工作理论尤其需要扩宽使用的劳动的概念。扩宽工作理论使其包含情绪劳动需要从工业范式转向服务范式。现有的工作任务模式把员工和他们完成的任务分隔开了。我们需要在标准工作描述中添加更多的交叉性工作，一个新的关于工作和员工的范式会让我们看清所有的工作，而不是我们现在用的锁眼观察法。

情绪劳动需要高度积极地参与完整的工作和机构任务。只有积极地参与才能有精力完成情绪劳动、做出承诺、并优先进行情绪劳动，这都是完成情绪劳动所必需的。根据我们的这些发现，情绪劳动还会提高工作自豪感和工作满意度。"工作中的人"的思维方式取代"工作中的任务"的思维方式将成为评价员工在相关任务中全面表现的工具。

为了圆满地完成人与人之间的业务往来，员工必须感受其他人的想法，同时考虑语言、语气或者肢体语言再做出判断。一个更加精确的工作系统应该不只包含上级指导的任务的表现，还要包含员工在工作中涉及的尊严、勇气、成熟以及尊重他人。工作的概念应该包含员工的主观自我、面对他人时的感受和工作的客观内容之间的关系。

为了扩宽这项理论，需要扩大员工的自治权，因为情绪劳动是终极的知识性劳动——雇主不能够占有员工的理解力、反应力，也不能把员工当做机器来成功地完成业务。这就提出了一个难题，因为它在某种程度上限制了雇主限制工人自由决策的权利。这种对于公共服务员工的理解，在一个颂扬自治和自力更生美德的国家，显然是合理的。

市场效率到公共服务业务之间的简单转移确实很简单。如果我们想要理解得更深刻一些，想更复杂地理解工作，情绪劳动必须包含在内。第一步要有识别能力：包括培养能力、共情能力、关怀能力和生气、害怕、悲伤、焦虑的能力。第二步是要消除认为情绪劳动没有认知劳动重要的固有思维。认为情绪劳动不是理性的——它们太过女性化了——这些观点阻碍了我们理解服务工作。第三步是包含所有的员工，而不只是从个人来分析技能。这样是不是为人力资源部门打开了潘多拉的魔盒呢？也许是的。但是是不是早就应该这样了呢？是的。

　　因为我们已经距离组织设计的操作组装流水线越来越远了，我们必须设计一些新的结构能够描述现在的工作和技能需求。传统的人力资源结构阻碍了对情绪劳动的赞赏。从组织的角度来说，忽视情绪劳动的工作描述不能够正确地反映全面的工作。工作分析是对工作的识别和标记，情绪劳动会使我们彻底检查工作描述和薪酬的联系，让我们对这些有一个更好的理解。我们最好回顾一下只描述部分工作的工作描述。在工作分析和薪酬系统中涉及大量不可见的情绪因素能够使我们更全面地理解所有的工作需求。使情绪劳动可见是第一步，使它获得相应的薪酬是第二步。

　　我们在这本书中试图说明的最重要的观点是情绪劳动比我们传统描述（当它第一次出现在社会科学领域时）的有更加细微的差别，也更加复杂。它是一种技能性很强的工作，会产生大量的影响。这些与陌生人从好到更好的交流要求抑制自己的情绪，同时为了影响他人的行为，还要表现出一种相反的情绪。员工与这些表现相关的能力会存在个体差异而且会有不同的类型，并产生不同的结果。情绪投入是员工的一种内驱力，而且会提高工作满意度，但如果要求员工表现出不真实的情绪，则会产生工作倦怠。

　　如果我们要强调和尊重公共服务领域中的工作，我们必须注意公共服务人员在面对市民时如何有感情地工作。这方面的知识会影响工作描述的内容、工作寻求的技能组合、培训和发展规划、"超时"并留住雇员的策略、绩效评估体系评估的行为、薪酬计划和监督方法。总之，情绪劳动是人力资本关注的核心。

注　释

[1] 为了更好地理解情绪的概念，参见 Lewis and Haviland-Jones（2000），*Handbook of Emotions*。

GNM 情绪劳动调查问卷

本调查的目的在于了解需要员工在紧张情境下工作的工作需要和特征。答案不分对错，重要的是您关于工作的个人经验。请坦白答题，我们会全部保密。

对于以下的每一条陈述，请基于下述量表在每项后填写相应的数字，来表明每一种情况发生的频率。

1：从不；2：很少；3：偶尔；4：有时；5 经常；6 通常；7：总是。

1. 我独立完成我的工作，并不需要监督。
2. 我的工作很有趣。
3. 我为我自己的工作感到自豪。
4. 我独自决定如何完成我的工作。
5. 我的绩效考核准确地反映了我工作的效率。
6. 我的上司会询问我对相关工作的看法。
7. 在我的工作中，我做了很多有意义的事情。
8. 我的工作具有挑战性。
9. 我的工作是令人满意的。
10. 我的工作为我提供职业发展的机会。

11. 我做的事情多种多样。
12. 我必须发挥创造性以达到有效工作。
13. 在我的职位上我可以一直学到新的东西。
14. 我接受的培训为我的工作做好了准备。

15. 我善于让他人冷静下来。

16. 我更喜欢与人一起工作。

17. 在与他人交流中，我的工作需要展示许多不同的情绪。

18. 我的工作需要我"人为"或"专业"地、友善地对待代理人、当事人、呼叫者或居民。

19. 直接与人打交道的工作给我很大的压力。

20. 我帮助同事让他们对自己感觉更好。

21. 我需要掩饰或者管理自身情绪以便于在工作中展现愉快的一面。

22. 我的工作需要我引导他人走出情绪化或者敏感的事务。

23. 我的工作中，一个关键的方面就是处理情绪化的事务。

24. 我设法让自己感受到我必须表现出来的情绪。

25. 我的工作需要我假装出没有感受到的情绪。

26. 我的工作需要管理他人的情绪。

27. 我的工作需要我在特定情况下隐藏自己的真情实感。

28. 我的工作需要我同不和善的人打交道。

29. 在工作中，我善于处理情绪方面的事务。

30. 我的工作需要我安慰处于危机中的人。

31. 我很担忧工作会让我变得冷酷无情。

32. 我不工作的时候觉得疲劳和筋疲力尽，工作起来恰恰相反。

33. 我不工作的时候觉得情绪低落，工作起来恰恰相反。

34. 每天工作结束，我感到筋疲力尽。

35. 我不工作的时候感觉很乐观，工作起来恰恰相反。

36. 我不工作的时候感觉充满了能量，工作起来恰恰相反。

37. 我在考虑换一份不同的工作。

38. 我认为我的工作是在浪费时间和精力。

在艰难的一天之后，为了放松，我向我的＿＿＿＿＿＿＿＿倾诉。

39. 同事

40. 朋友

41. 家庭

42. 其他（请明确说明）＿＿＿＿＿＿＿＿＿＿＿＿

43. 为了处理好工作压力，我进行运动和/或其他爱好。 *191*

44. 我觉得我的工作是有意义的（创造了价值）。

45. 我的工作让我有个人成就感。

46. 我的工作需要我和善地对待他人，不管他人如何对我。

47. 我尝试通过平静同事间的冲突来保持和平。

48. 我帮助同事处理工作上的压力和困难。

基本资料

以下信息仅用于分析目的的分类，不会被任何其他人知道，也不会暴露您的身份信息。

49. 你是：

_____ 男性

_____ 女性

50. 你是：

_____ 美洲印第安人

_____ 亚洲太平洋岛民

_____ 黑种人，非西班牙裔

_____ 西班牙人

_____ 白种人，非西班牙裔

_____ 其他（请明确说明）_____

51. 你的年龄：

_____ 20 岁以下	_____ 45～49 岁
_____ 20～24 岁	_____ 50～54 岁
_____ 25～29 岁	_____ 55～59 岁
_____ 30～34 岁	_____ 60～64 岁
_____ 35～39 岁	_____ 65～69 岁
_____ 40～44 岁	_____ 70 岁及以上

52. 你的教育程度（指出您获取的最高教育水平）：

_____ 高中以下

_____ 高中毕业或 G.E.D（相当于高中毕业文凭）

_____ 高中后的技术训练或学徒

_____ 大专

_____ 副学士学位（拿到美国修满两年课程的肄业证书）

_____ 大学毕业

_____ 相当于学士学位的学位（some graduate school）

_____ 硕士学位

_____ 法学学位

_____ 博士学位（哲学博士、医学博士、教育学博士等）

_____ 其他请明确说明_____

53. 您从事现在这份工作的工作时间：

_____ 少于 1 年

_____ 1～2 年

_____ 2～3 年

_____ 3～4 年

_____ 4～5 年

_____ 5～6 年

_____ 6～7 年

192

_____7～8 年

_____8～9 年

_____9～10 年

_____10 年以上

54. a. 在这一份工作之前，您是否从事过同类工作?

_____是

_____不是

　　b. 如果是，工作了多长时间? _____

55. 您的工作是在哪一种服务领域?

_____行政服务

_____管教

_____家庭和儿童服务

_____卫生保健

_____信息和通信

_____执法

_____法律服务

_____社会福利工作

_____紧急电话热线

_____其他（请明确说明）_____

56. 您的婚姻状况:

_____已婚

_____离异

_____单身

_____未婚，但有另一半

_____寡妇（鳏夫）

193

57. 工作后您是否有小孩或者亲属照顾责任?

_____是

_____不是

58. 我的薪水是:

_____低于 $ 20 000　　　　_____ $ 50 000～ $ 59 999

_____ $ 20 000～ $ 29 999　_____ $ 60 000～ $ 69 999

_____ $ 30 000～ $ 39 999　_____ $ 70 000～ $ 79 999

_____ $ 40 000～ $ 49 999　_____ $ 80 000 及以上

非常感谢您的参与!

如果您还有其他的信息想要告诉我们，请写在下面的空白处。

附录 B

学术前沿系列
公共行政与公共管理经典译丛

研究设计

195

我们使用的研究设计与埃文·利伯曼（Evan Lieberman 2005）所用的"嵌套分析"（nest analysis）相似。他使用这个词来表示将案例分析和统计分析紧密结合的方法。这个方法会有假设检验和理论解释都可以从异常值和特例中收集数据的协同效应，是一种可以利用两种方法各自优势的一体化策略。将大规模调查的定量分析和透彻的访谈结合，可以提高做出有效的因果推论的可能性。这个方法并不依赖于一个"小的 n"的分析，也不依赖于一个"大的 n"的分析，而是依赖于一个在另一个内部的嵌套解释。

在本研究中，我们单独访谈或小组访谈了来自三个不同机构的员工，然后发给他们纸笔问卷来更详细地调查个人的经验和观点。如此设计可以保证受访者确认主题和访谈的动态性，然后提供对明确的经验数据的更深刻理解。从访谈中获取的信息可以降低误解调查的实证数据的可能性，同时实证数据也可以降低夸大或误解面谈调查中观点的可能性。

为了使假设生成与主题相关，我们深思熟虑地挑选被访者而非随机选择。利伯曼对此解释道："此方法允许学者确认特定的信息，这样一来，他就可以通过几乎任何的案例的深入分析来收集资料，然后评价这些与更庞大的理论和数据相关的分析可能增加的价值。"（2005，p. 448）此外，若他们独立采用"小的 n"或者"大的 n"的设计，这一方法可以减轻推论上的压力。

196

这样的设计可以结合定性的和定量的分析模型来告知他人执

行过程和结果解释，可以使我们同时探索一般性的关系和特殊的经验。通过这个方法，我们得出问题：什么是情绪劳动？它如何影响工作满意度：倦怠还是离职？它与承诺、组织绩效、同事关系的相互关系是什么？

结合访谈和纸笔调查，可以提升我们的分析能力和在研究中得到重要发现的信心。同时，它也使我们更清晰地区分情绪劳动和传统工作所需技能。运用这一方法，还能保证从每个阶段收集到的信息是充足的，信息的总和提供了对情绪劳动的更深刻的理解。

样本选择和数据收集

本研究选择三个公共机构作为样本，第 1 章中描述了数据收集是发生在两个阶段。第一阶段是在 2004 年秋天，我们对库克郡公共监护办公室的专业员工的访谈。随后在 2005 年春天，我们在伊利诺伊管教局进行访谈，并访谈了为佛罗里达塔拉哈西警察局工作的 911 接线员。在公共监护办公室、伊利诺伊管教局的访谈是单独的，对 911 接线员的访谈是在一个约 4 人的小组内进行的。设计这些面谈会议是用来调查和询问员工执行情绪工作的程度，了解他们是如何体验情绪工作的，听这些员工用自己的语言来形容这些工作的执行如何影响他们。在访谈中，没有出现通用的术语，更明显的，每个员工会用他们自己的词汇理解和表达这些工作。在访谈的开场，调查对象否认从事情绪工作并不反常，随着讨论的继续，大多数人惊讶地宣告和阐明：他们的确从事情绪工作，随后他们会举例说明。这个现象说明调查那些并不熟悉情绪劳动的含义的员工需要在问卷条目上谨慎地措辞。

问卷的形成

这份问卷的构建方式类似于那些已经展开关于情绪劳动、工作满意度、倦怠和激励的调查的前期研究推荐的方式。[1] 在 2005 年的春天，我们用一份有 66 个条目的试用问卷测试了佛罗里达州立大学公共管理班级的 29 名毕业生。完成调查后，要 *197* 求学生们报告那些并不清晰或含糊不清、难以回答的问题。基于他们的评价，为了使问卷更清晰，我们删除或重新整理了一些条目。对这些试用的条目进行因素分析，得到了 4 个因子：倦怠（Cronbach's alpha = 0.771），情绪劳动（Cronbach's alpha = 0.846），工作满意度（Cronbach's alpha = 0.820），工作自豪感（Cronbach's alpha = 0.893）。

调查分布

调查问卷通过公共监护办公室和管教局办公室的部门邮件发布。通过访谈，我们发现对于情绪劳动大家没有一个通用的表达。为了使调查对象对于"情绪工作"这一主题有更快速和集中的注意，每一份调查问卷都有一封附信，用以解释研究者是谁、要求调查对象完成调查并在截止日期前上交，这封信的内容包括"启动问题"，如图 B—1 所示：

本调查问卷是关于情绪劳动的，关系到工作压力、倦怠和激励。开始回答问卷之前，请思考你会如何回答以下问题来得出一个关于情绪劳动的本质的更好观点。
- 在你的工作中，你是否需要进行关系建立？
- 你是否需要进行情绪管理（情绪管理意味着管理你自己的情绪，同时"驯服"他人的情绪）？
- 你如何在艰难的一天中放松自己？
- 你的工作最大的报酬是什么？
- 每一种职业都有其幽默（以"黑色幽默"的形式呈现，可以放松精神），你的工作有吗？

图 B—1　致第一批调查对象的附信

公共监护办公室

在本研究项目中，我们最初联系公共监护办公室是在 2004 年 7 月，那时候机构主管帕特里克·墨菲通知我们他即将参加库克巡回法庭的选举，这将导致他在公共监护办公室的任期于 2004 年 12 月 1 日结束。[2] 本研究项目在 2004 年 7 月 21 日得到了一封来自公共监护办公室的支持回信，紧接着，获得伊利诺伊大学芝加哥分校的机构审查委员会的批准。其后就开始准备访谈直到 2004 年 11 月。然后，研究团队等待着任命一个新的机构主管，这发生在 2005 年夏初。一封新的支持信和理解性契约从罗伯特·哈里斯处获得，他是库克郡公共监护办公室的现任代表。问卷在 2005 年 6 月下旬在市中心和罗斯福大街的办公室发放，两星期后收回。共调查了 270 位员工，回收 139 份调查问卷，回收率是 51.5％。

管教局

2004 年 12 月 7 日，在斯普林菲尔德和伊利诺伊州的管教局总部（斯普林菲尔德总部办公室），纽曼分别会见罗杰·沃克（Roger Walker, Jr.）主管和瑟吉奥·莫利纳（Sergio Molina）先生（公共服务与交流办公室的部长），说服他们接受本研究项目，并要求得到正式的许可。随后，在 2004 年 12 月 16 日，马斯特雷希、梅雷迪思·A·纽曼、莫利纳先生、史蒂文·卡尔（Steven Karr）先生（规划与研究部）展开了另一次会谈。除了斯普林菲尔德总部办公室作为一个研究站，在监狱收集样本也被批准了。有足够的分布在各个安全级别（级别 1～8，在设计中级别 1 是 8 个级别中最高的）和男女性的设施是一个考虑因素。便利/地段也是一个考虑因素，即接近芝加哥和斯普林菲尔德（美伊利诺伊州首府）。基于这些标准，研究者确认了 6 个成熟的场所，同时也被管教局批准了，具体是：

- Stateville 管教中心，Jeliet IL（级别 1，最安全，男性，容量：n＝1 506）
- Stateville 北方接待和分类中心，Jeliet IL（级别 7，很不安全，男性，容量：n＝2 200）
- Logan 管教中心，Lincoln IL（级别 4，一般安全，男性，容量：n＝1 050）
- Lincoln 管教中心，Lincoln IL（级别 4，一般安全，女性，容量：n＝500）
- Decatur 管教中心，Decatur IL（级别 4，一般安全，女性，容量：n＝500）
- Decatur 成人拘役中心，Decatur IL（级别 8，最不安全，男性，容量：n＝80）

199

这个研究的协议被管教局和伊利诺伊大学的人类主题审查办公室批准。2005 年 3 月 11 日，我们收到来自沃克主任对于这个研究主题的正式批准。2005 年 3 月 15 日我们收到了管教局签署的研究同意书。2005 年 3 月 16 日伊利诺伊大学的人类主题审查办公室批准了。由于法律的要求，管教局的同意表（DC 148）是可以使用的，此外，伊利诺伊大学要求使用一个更全面的同意表。

在管教局的研究分为两个步骤，第一步包括在以上 6 个管教中心里选择 4 个，并选择其员工进行结构化访谈（由于在 Stateville，高度重视安全这主题及其管理的改变，研究者不能够接近这两个机构）。

在访谈日之前，已经选好的管教中心的员工已经被他们各自的中心安排好。2005 年 3 月 11 日，史蒂文·卡尔给 6 个中心都发送了一封邮件（给管理人员），内容如下：

> 沃克主任已经批准了一项在公共服务机构的关于倦怠、激励的研究，您所在的机构被选中了。这项研究包括聚焦小组讨论、问卷调查的员工访谈。在拜访调查地之前，梅雷迪思·A·纽曼、莎伦·H·马斯特雷希或者玛丽·E·盖伊会联系您所在的机构，与您和被选中参与本研究的设计者一起安排活动流程。主任的批准信包括要求提供一个磁带录音器、在今年 8 月为研究人员提供食宿。随着细节的获取，更多的信息将会展现。研究人员会短暂地接触您的办公室，然后就开始选择被试者。请确保每一位参与的员工都填写 DC 148 研究同意表，然后放入他们的个人文件中。

在 2005 年 3 月 21 日至 31 日期间，马斯特雷希和纽曼总共访谈了 23 位管教局员工。每一个机构都确保有一个会议室可用，并且员工被轮流地单独访谈。访谈是根据一个脚本进行的，并且会被录音随后被转录。具体如下：

- 2005 年 3 月 21 日：Lincoln 管教中心；6 名员工被访谈（5 名女性，1 名男性）
- 2005 年 3 月 22 日：Logan 管教中心；6 名员工被访谈（3 名女性，3 名男性）
- 2005 年 3 月 30 日[3]：Decatur 成人拘役中心；6 名员工被访谈（1 名女性，5 名男性）
- 2005 年 3 月 31 日：Decatur 管教中心；5 名员工被访谈（3 名女性，2 名男性）

第二步包括对在斯普林菲尔德总部办公室的全部员工的调查。2005 年 4 月 27 日，沃克主任给这些员工发送了如下邮件：

你将于周五，2005 年 4 月 29 日，收到一份付薪的调查。这项"情绪劳动"的调查是由伊利诺伊大学的纽曼博士主持。调查问卷来源于伊利诺伊大学、伊利诺伊大学芝加哥分校和佛罗里达州立大学的研究者们。这一份调查问卷是关于情绪劳动的，与工作压力、激励、员工倦怠有关。请花一点时间完成这一项调查，并且在 2005 年 5 月 12 日（星期四）之前，将你已完成的问卷返还给管理办公室的布瑞古特·史密斯（Brigitte Smith）。若有问题，请联系布瑞古特·斯密斯，他的分机号是 2002。

在 2005 年 4 月 30 日，总共分发了 324 份调查问卷，具体如下：

实业公司：29 份
办公厅：242 份
户外场地：41 份
校园区域：12 份

纽曼在 2005 年 5 月 16 日回收了问卷，回收率是 42%，总共有 136 份有效问卷。

911 接线员

对于 911 接线员，由于每个人都是在他们参加的小组座谈会附近接受的调查，所以并没有给他们附信。因此，他们都是通过面对面交流来做准备的。从 2005 年 6

月 3 日开始 24 小时值班的 40 名接线员被挑选进入这些小组座谈会。选择这个日期是因为这是员工负担最重的 24 小时，因此值班的接线员比一周内其他的时间都多。进行了由 3~4 个人组成的 12 个小组座谈会。每一个小组座谈会进行大概 1 个小时，并且集中讨论 18 个问题（见表1—1）。每一个小组座谈会的结尾，参与者都会拿到一张调查的问卷并被要求在一周内完成，然后放入一个收集的盒子里。在那一个周末，研究者返回分派中心收集调查问卷。本研究协议已被塔拉哈西警察局和佛罗里达州立大学人类主题审查办公室批准。

注 释 ²⁰¹

[1] See Churchill, Ford and Walker (1974); Jones (1981); Maslach and Leiter (1997); Pines and Aronson (1988); Pugliese and Shook (1997); Steigberg (1999); and Steinberg and Figart (1999a and 1999b).

[2] Mr. Murphy ran for the circuit court unopposed, so he anticipated winning the election—— "even in chicago!" ——and therefore leaving OPG once the terms of newly elected judges began on December 1, 2004.

[3] Mastracci only.

回归分析的变量

因变量

将情绪劳动的指标作为因变量，这是基于 6 个调查条目 (17，22，23，26，29，30) 的相关关系，产生了一个标准化的变量，其均值为 0，方差为 1。

自变量

自变量是用七点式李克特量表衡量，最高的赋值代表同意程度最强烈。"经验"用年数来衡量（截去了顶端："十年或以上"），"职位"用虚拟变量来衡量（见表 C—1）。

"工作态度"这一变量从 1 到 7 分布（"从不"到"总是"），因此，平均值大于 3.5 表示这一调查条目至少有时是被调查者工作的一部分，高于中位数的值表示上升的趋势。被调查者反映他们的工作包括表现"不自然"或者专业性友好、使他人冷静、帮助同事、经常与不和善的人打交道。更稀有的工作方面包括担心因为与要求苛刻的公众工作而变得麻木和经历压力。每一个工作态度的条目的变异大约是同一个方差，这暗示了他们并不会因为中介的变化而发生较大变化。

　　"职业"这一变量和"女性"变量都是虚拟变量，他们的均值可以用百分比来解释。然而，所有职位的总和都超过 100％，因为被调查者可以选择多于一个的职业种类。这个最大的种类是管教和执法（34％），接着是家庭服务和社会工作（27％），法律服务（27％），远程通信（19％），和管理（11％）。2/3 的被调查者是女性。

204

表 C—1 　　　　　　　　　　　　　　变量/均值

变量	均值	标准差	最小值	最大值
因变量：情绪劳动	0.00	0.80	−1.98	1.42
对顾客必须表现得不自然的或专业性的友好	5.38	1.57	1	7
与产生大量压力的人工作	3.36	1.59	1	7
善于使人冷静	5.22	1.14	1	7
帮助同事对自己感觉良好	4.87	1.22	1	7
假装拥有实际上没有的情绪	2.86	1.52	1	7
必须隐藏不合适的感觉	3.90	1.62	1	7
必须与不和善的人打交道	4.65	1.37	1	7
担心工作会使我变得冷漠	3.30	1.79	1	7
经验年限	5.23	3.61	0	10
职业：管理	0.11	0.31	0	1
职业：管教和执法	0.34	0.47	0	1
职业：家庭服务和社会工作	0.27	0.44	0	1
职业：远程通信	0.19	0.39	0	1
职业：法律服务	0.27	0.44	0	1
女性	0.67	0.47	0	1

情绪劳动量表

205

　　表 D—1 和表 D—2 是源于斯坦伯格（Steinberg 1999）关于重新设计工作的评价。情绪工作包含了四方面的内容：人际关系、沟通技巧、情绪努力和对顾客利益的责任感。这些因素被定义为连续的两端，衡量人际关系和沟通技巧的最低到最高的级别，见表 D—1，情绪努力和情绪需求，见表 D—2。

206　表 D—1   情绪工作的程度：人际关系和沟通技巧

级别 A	级别 B	级别 C	级别 D	级别 E
● 讨论真实的信息。 ● 普通的个人的礼貌。 ● 偶尔或非完整地与顾客或公众接触。	● 显得举止文雅。 ● 提升并保持信誉。 ● 与公众保持联系以维护组织形象。	● 激励、指导、训练或者培训员工和公众。 ● 在不敏感的情境下会需要控制、保证、同理心和默契。 ● 需要解决小幅度的冲突。	● 在敏感情境下，在提供直接服务或安慰时，非常机智、有耐心、有能力去保证同情和保持和谐。 ● 劝导和交流。 ● 理解群体动力，可能包括在公共讨论中处理情绪相关的议题。 ● 和外部的团体主持大量的与情绪相关的议题。 ● 在适度的困难环境中征服他人。	● 创造一种对顾客或者公众承诺福利的氛围。 ● 训练和指引顾客走出困难的情绪、态度以及发展的改变。 ● 提供安慰当人们处于疼痛、垂死、生气、心烦意乱、或者不可预知的身体或情绪暴力当中时。 ● 当群众失控的时候控制群众。

表 D—2　　　　　　　　　　情绪工作的程度：情绪努力/情绪需求

级别 A	级别 B	级别 C	级别 D	级别 E
● 偶尔与那些不友好的人打交道。	● 可能会偶尔与那些处于困境或者有争议的环境中的人打交道。	● 经常性地与那些处于困境或者有情绪障碍的人打交道。	● 与物理伤害或者是有暴力的人打交道。 ● 直接与有持续疼痛或者面临紧急情况的人打交道。 ● 在高度敏感或者有争议的环境下工作。	● 经常性地与物理伤害和不可预期的有暴力的人打交道。 ● 可能也会直接与那些面临死亡或者其他敏感情境的人（包括家庭成员）打交道。

工作人员的描述

下表提供了每个州的比较和用于编译出现在表 7—1 中的信息的原始数据。

210 表 E—1 各州工人的描述——伊利诺伊州，2005 年

	职业[1]		豁免的[2]		高级管理者[3]		总计	
	男性	女性	男性	女性	男性	女性	男性	女性
人数	25 723	23 948	920	1 612	896	615	27 539	26 175
服务百分比（%）	51.8	48.2	35.9	63.7	57.5	40.7	51.2	48.7
平均工资（美元）	49 596	46 320	78 328	63 490	79 452	68 184	51 527	47 836
男性工资为 1 美元时女性的平均工资（美分）		93		81		86		93

资料来源：Illinois Department of Central Management Services（October2005）。
注：1. 职业服务员工是指本州中最大种类的员工和所需最低技能的层级。
2. 豁免性雇员包括：员工代理人、法律或技术顾问、工程师、心理医生、管理者、注册护士、居民慈善管理员、刑事和管教中心、机密档案室助理。
3. 政策制定者及其他高级公共管理者。

211 表 E—2 各州工人的描述——新泽西州，2004 年

	职业[1]		未分类的[2]		高级管理者[3]		总计	
	男性	女性	男性	女性	男性	女性	男性	女性
人数	27 063	34 254	6 362	3 492	182	126	33 607	37 872
服务百分比（%）	44.1	55.9	64.6	35.4	59.1	40.9	47.0	53.0
平均工资（美元）	54 709	46 248	76 129	70 531	96 217	92 636	58 990	48 642
男性工资为 1 美元时女性的平均工资（美分）		85		93		96		82

资料来源：New Jersey Department of Personnel（September 2005）。
注：1. 职业服务是那些受限于新泽西州 11A 权利任期规定的职位和工作名称。
2. 未分类的服务是指：除了高级管理服务，并不受限于新泽西州或新泽西州行政规程 11A 权利任期规定的职位和工作名称，另有规定除外。
3. 高级管理服务是指那些在州服务中的职位，由功绩制保护委员会设计的，有大量的管理的、政策影响的或者政策执行的责任，但并不包括职业的、未分类的服务。这些高级管理服务并不包括内阁、顾问团等职位。

表 E—3　　　　　　　　　　　　各州工人的描述——俄勒冈州，2005 年　　　　　　　　　　　　*212*

	职业[1]		豁免的[2]		高级管理者[3]		总计	
	男性	女性	男性	女性	男性	女性	男性	女性
人数	13 097	15 664	2 524	2 572	324	223	15 945	18 459
服务百分比（%）	45.5	54.5	49.5	50.5	59.2	40.8	46.3	53.7
平均工资（美元）	40 409	35 407	59 770	51 292	88 291	80 057	44 447	38 160
男性工资为 1 美元时女性的平均工资（美分）		88		86		91		86

资料来源：Oregon Department of Administrative Services, Human Resource Services Division (June 30, 2005)。
注：1. 职业服务是那些在俄勒冈州经修订的成文法 240.210 中被定义的分类服务的职位和工作名称。
2. 豁免性服务是指那些已被选择出来的在俄勒冈州经修订的成文法 240.205 中被定义的未分类服务的，包括在州政策中被定为管理服务的，也包括在俄勒冈州经修订的成文法 240.200 中被定义为免除兵役的职位和工作名称。
3. 高级管理是指在俄勒冈州经修订的成文法 240.205 中被定义的未分类服务的、在州政策中被设计为管理服务的职位和工作名称。高级行政官员包括被任命或被选举的部长和官员，由于他们的专业能力被聘任的律师、执照医师和牙医。

表 E—4　　　　　　　　　　　各州工人的描述——佛罗里达州，2005 年　　　　　　　　　　*213*

	职业[1]		豁免的[2]		高级管理者[3]		总计	
	男性	女性	男性	女性	男性	女性	男性	女性
人数	37 322	47 679	8 485	10 249	346	215	46 153	58 143
服务百分比（%）	43.9	56.1	45.9	54.1	61.7	38.3	44.0	56.0
平均工资（美元）	35 825	31 825	56 503	46 256	106 284	104 377	39 829	34 632
男性工资为 1 美元时女性的平均工资（美分）		89		82		98		87

资料来源：Florida Department of Management Services, 2005。
注：1. 职业服务员工是指本州具有最大种类的员工和所需最低技能的层级。
2. 豁免性雇员包括所有的管理者、监督人、机密档案室助理、专家（如医师和律师）。
3. 政策制定者及其他高级公共管理者，这一种类包括任命的部长。

表 E—5　　　　　　　　工作人员和薪酬范围的描述——伊利诺伊州　　　　　　　　*214*

工作名称	薪酬范围	女性	男性	女性百分比（%）
公共服务代表	$ 2 160～$ 3 380	417	217	65.8
肉禽类监管员	$ 2 964～$ 3 737	9	70	11.4
儿童福利专家	$ 3 207～$ 4 738	562	174	76.4

资料来源：Illinois Office of the Secretary of State, Department of Personnel, December 2005 (Public Service Representative)；and Illinois Department of Central Management Services, October 2005。

表 E—6　　　　　　　　工作人员和薪酬范围的描述——新泽西州　　　　　　　　*215*

工作名称	薪酬范围	女性	男性	女性百分比（%）
技术员考试，汽车监理处	$ 2 343～$ 3 178	36	27	57.1
农产品经纪人 2	$ 2 672～$ 3 639	6	15	28.6
家庭服务专家 2	$ 3 533～$ 4 843	956	288	76.8

资料来源：New Jeresy Department of Personnel，September 2005。

表 E—7　　　　　　　　工作人员和薪酬范围的描述——俄勒冈州　　　　　　　　*216*

工作名称	薪酬范围	女性	男性	女性百分比（%）
交通服务代表 1	$ 2 067～$ 2 847	183	95	65.8
发货点检查员 2	$ 1 907～$ 2 597	3	5	37.5
社会服务专家 1	$ 2 846～$ 3 955	872	217	80.1

资料来源：Oregon Department of Administrative Services, Human Resource Services Division, June 2005。

在分析中用的因子

表 F—1   从数据中显示出的因子

因子	调查条目	克隆巴赫系数
倦怠	19，31，32，33，34	$\alpha = 0.872$
情绪工作，本身	17，22，23，26，29，30	$\alpha = 0.893$
情绪劳动，自我效能感	15，20，24，47，48	$\alpha = 0.883$
情绪劳动，"假面具"	18，21，25，27，28，46	$\alpha = 0.716$
工作满意	5，9，10，11，13	$\alpha = 0.786$
工作自豪感	2，3，7，8，14，44，45	$\alpha = 0.860$
浪费时间	35，36，38，44	$\alpha = 0.769$

    注：根据克隆巴赫系数（Cronbach's alpha），每个因子有着相当高的内部一致性。这个系数都在心理概念的理想阈值之上。

参考文献

Abel, Emily K., and Margaret K. Nelson, eds. 1990. *Circles of Care. Work and Identity in Women's Lives.* Albany, NY: State University of New York Press.

Abraham, R. 1998. "Emotional Dissonance in Organizations: Antecedents, Consequences and Moderators." *Genetic, Social, and General Psychology Monographs* 124: 229–46.

Addams, Jane. 2002 [1902]. *Democracy and Social Ethics.* Chicago: University of Illinois Press.

Adelmann, Pamela K. 1995. "Emotional Labor as a Potential Source of Job Stress." In *Organizational Risk Factors for Job Stress,* ed. Steven L. Sauter and Lawrence R. Murphy, 371–81. Washington, DC: American Psychological Association.

Albrecht, K., and R. Zemke. 1985. *Service America! Doing Business in the New Economy.* Homewood, IL: Dow-Jones-Irwin.

American Federation of State, County and Municipal Employees (AFSCME) Council 31. 2005. "Informational Pickets Raise Safety, Staffing Issues at DOC Sites," April 8, 2005. www.afscme31.0rg/printable.asp?objectID=851. Accessed April 7, 2007.

American Psychiatric Association. 1994. *Diagnostic and Statistical Manual of Mental Disorders.* 4th ed. (DSM-IV). Washington, DC: American Psychiatric Publishing.

Anker, R. 1998. *Gender and Jobs: Sex Segregation of Occupations in the World.* Geneva, Switzerland: International Labour Office.

Anthony, P.D. 1977. *The Ideology of Work.* London: Tavistock.

Argyris, Chris. 1964. *Integrating the Individual and the Organization.* New York: John Wiley & Sons.

Ashforth, B., and R. Humphrey. 1993. "Emotional Labor in Service Roles: The Influence of Identity." *Academy of Management Executive* 18 (1): 88–115.

Baines, Carol, Patricia Evans, and Sheila Neysmith, eds. 1998. *Women's Caring. Feminist Perspectives on Social Welfare,* 2nd ed. Ontario, Canada: Oxford University Press.

Batuji, Jacqueline. 1974. "Aspects of Semantic Neology." *Languages* 8 (36): 6–19.

Bellas, Marcia L. 1999. "Emotional Labor in Academia: The Case of Professors." *Annals of the American Academy of Political and Social Science* 561: 96–110.

Berman, Jay M. 2005. "Industry Output and Employment Projections to 2014." *Monthly Labor Review* 128 (11): 45–69.

Bolton, Sharon C. 2000. "Who Cares? Offering Emotion Work as a 'Gift' in the Nursing Labour Process." *Journal of Advanced Nursing* 32 (3): 580–86.

Boone, Louis E., and Donald D. Bowen, eds. 1987. *The Great Writings in Management and Organizational Behavior*. New York: Random House.

Bowen, D.E., and B. Schneider 1988. "Service Marketing and Management: Implications for Organizational Behavior." In *Research in Organizational Behavior*, ed. L.L. Cummings and B.M. Staw, 10: 43–80. Greenwich, CT: JAI Press.

Bowen, D.E., R.B. Chase, T.G. Cummins, and Associates. 1990. *Service Management Effectiveness: Balancing Strategy, Organization and Human Resources, Operations and Marketing*. San Francisco: Jossey-Bass.

Box, Richard C., and Deborah A. Sagen. 1998. "Working with Citizens: Breaking Down Barriers to Citizen Self-Governance." In *Government Is Us: Public Administration in an Anti-Government Era*, ed. Cheryl Simrell King and Camilla Stivers, 158–74. Thousand Oaks, CA: Sage.

Brabeck, Mary M., ed. 1989. *Who Cares? Theory, Research, and Educational Implications of the Ethic of Care*. New York, NY: Praeger.

Breusch, T.S., and A.R. Pagan. 1979. "A Simple Test for Heteroscedasticity and Random Coefficient Variation." *Econometrica* 47: 1287–94.

Brotheridge, Celeste M., and Alicia A. Grandey. 2002. "Emotional Labor and Burnout: Comparing Two Perspectives of 'People Work.'" *Journal of Vocational Behavior* 61: 17–39.

Brotheridge, Celeste M., and Raymond T. Lee. 2003. "Development and Validation of the Emotional Labour Scale." *Journal of Occupational and Organizational Psychology* 76: 365–79.

———. 1998. "On the Dimensionality of Emotional Labour: Development and Validation of the Emotional Labour Scale." Paper presented at the First Conference on Emotions in Organizational Life, San Diego, CA, August.

Brown, S.W., E. Gummesson, E. Edvardsson, and B.Gustavsson. 1991. *Service Quality: Multidisciplinary and Multinational Perspectives*. Lexington, MA: Lexington Books.

Brownlow, Louis, Charles Merriam, and Luther Gulick. 1937. *Administrative Management in the Government of the United States*. Washington, DC: President's Committee on Administrative Management.

Buber, Martin. 1958. *I and Thou*. 2nd ed. New York: Charles Scribner's Sons.

Bulan, Heather Ferguson, Rebecca J. Erickson, and Amy S. Wharton. 1997. "Doing for Others on the Job: The Affective Requirements of Service Work, Gender, and Emotional Well-Being." *Social Problems* 44: 235–56.

Burnier, DeLysa. 2004. "Lost and Found: Gender, Narrative, Miss Burchfield and the Construction of Knowledge in Public Administration." Paper presented at the annual meeting of the Midwest Political Science Association Meeting, Chicago, IL, April.

———. 2003. "Other Voices/Other Rooms: Towards a Care-Centered Public Administration." *Administrative Theory & Praxis* 25 (4): 529–44.

———. 1995. "Reinventing Government from a Feminist Perspective: Feminist Theory and Administrative Reality." *Forum Magazine* (Fall). Available at www-as.phy.ohiou. edu/FORUM/burnier.html. Accessed January 14, 2005.

Buunk, B.P., and Wilmar B. Schaufeli. 1999. "Reciprocity in Interpersonal Relationships: An Evolutionary Perspective on Its Importance for Health and Well-Being." In *European Review of Social Psychology*, ed. W. Stroebe and M. Hewstone, 10 (1): 259–340.

Champoux, Joseph E. 1991. "A Multivariate Test of the Job Characteristics Theory of Work Motivation." *Journal of Organizational Behavior* 12 (5): 431–46.

Cherniss, Cary. 1993. "The Role of Professional Self-Efficacy in the Etiology and Amelioration of Burnout." In *Professional Burnout: Recent Developments in Theory and*

Research, ed. Wilmar B. Schaufeli, Christina Maslach, and Tadeusz Marek, 135–49. Washington DC: Taylor & Francis.

————. 1980. *Staff Burnout: Job Stress in Human Services*. Beverly Hills, CA: Sage.

Churchill, Gilbert, Neil M. Ford, and Orville C. Walker, Jr. 1974. "Measuring the Job Satisfaction of Industrial Salesmen." *Journal of Marketing Research* 11 (August): 254–60.

City of Tallahassee. 2003. *FY2003 Performance Management Process Document: Supervisor/Manager*. Tallahassee, FL: City of Tallahassee.

Clayton, Betsy. 2000. "Day Care Costs Slam Parents." *News Press*. www.cityguide.news-press.com/fe/childcare/pocketbook.shtml. Accessed June 23, 2001.

Cleveland, Frederick A. 1909. *Chapters on Municipal Administration and Accounting*. New York: Longmans, Green.

Colindres, Adriana. 2005. "Prison Workers Approve Contract." *State Journal-Register*, August 22.

Connellan, T., and R. Zemke. 1993. *Sustaining Knock Your Socks Off Service*. New York: AMACOM.

Conrad, C., and K. Witte. 1994. "Is Emotional Expression Repression Oppression? Myths of Organizational Affective Regulation." In *Communication Yearbook*, ed. Stanley A. Deetz, 17: 417–28. Newbury Park, CA: Sage.

Cook County Public Guardian. 2002. "Client Interview Form, Revised." February.

Cordes, C.L., and T.W. Dougherty. 1993. "A Review and an Integration of Research on Job Burnout." *Academy of Management Review* 18: 621–56.

Cunningham, Maddy. 2003. "Impact of Trauma Work on Social Work Clinicians: Empirical Findings." *Social Work* 48: 451–59.

Daley, M.R. 1979. "Preventing Worker Burnout in Child Welfare." *Child Welfare* 48: 443–50.

Daniels, Arlene Kaplan. 1987. "Invisible Work." *Social Problems* 34 (5): 403–15.

Davis, J.B. 2005. "Finding Calm After the Call" *ABA Journal* 91 (March): 75.

Davis, Robert C., Pedro Mateu-Gelabert, and Joel Miller. 2005. "Can Effective Policing Also Be Respectful? Two Examples in the South Bronx." *Police Quarterly* 8: 229–47.

Dawis, René V., Lloyd H. Lofquist, and David J. Weiss. 1968. "A Theory of Work Adjustment (A Revision)." University of Minnesota: Minnesota Studies in Vocational Rehabilitation, xxiii.

Diefendorff, James M., and Erin M. Richard. 2003. "Antecedents and Consequences of Emotional Display Rule Perceptions." *Journal of Applied Psychology* 88: 284–94.

Domagalski, Theresa A. 1999. "Emotion in Organizations: Main Currents." *Human Relations* 52 (6): 833–52.

Drucker, P.F. (1980). *Managing in Turbulent Times*. New York: Harper & Row Publishers.

Edelwich, Jerry, and Archie Brodsky. 1980. *Burn-Out. Stages of Disillusionment in the Helping Professions*. New York: Human Sciences Press.

Einsiedel, Albert, and Heather Tully. 1981. "Methodological Considerations in Studying the Burnout Phenomenon." In *The Burnout Syndrome. Current Research, Theory, Interventions*, ed. John W. Jones, 89–106. Park Ridge, IL: London House Press.

England, Paula, and Nancy Folbre. 1999. "The Cost of Caring." *Annals of the American Academy of Political and Social Science* 561 (1): 39–51.

Erickson, Rebecca J. 1997. "Putting Emotions to Work." In *Social Perspectives on Emotion,* ed. David D. Franks, Rebecca J. Erickson, and Beverly Cuthbertson-Johnson, 4: 3–18. Greenwich, CT: JAI Press.

————. 1991. "When Emotion Is the Product: Self, Society, and Inauthenticity in a

Postmodern World." Unpublished doctoral dissertation, Washington State University.

Erickson, Rebecca J., and Christian Ritter. 2001. "Emotional Labor, Burnout, and Inauthenticity: Does Gender Matter?" *Social Psychology Quarterly* 64 (2): 146–63.

Erickson, Rebecca J., and Amy S. Wharton. 1997. "Inauthenticity and Depression: Assessing the Consequences of Interactive Service Work," *Work and Occupations* 24 (2): 188–214.

Feldhusen, J. 1984. "The Teacher of Gifted Students." *Gifted Child Quarterly* 3 (1): 88–91.

Ferguson, Kathy. 1984. *The Feminist Case Against Bureaucracy.* Philadelphia: Temple University Press.

Figart, Deborah M. 2000. "Equal Pay for Equal Work: The Role of Job Evaluation in an Evolving Social Norm." *Journal of Economic Issues* 34 (1): 1–19.

Figley, Charles R. 2002. "Compassion Fatigue: Psychotherapists' Chronic Lack of Self Care." *Journal of Clinical Psychology* 58: 1433–41.

————., ed. 1995. *Compassion Fatigue: Coping with Secondary Traumatic Stress Disorder in Those Who Treat the Traumatized.* New York: Brunner/Mazel.

Filby, M.P. 1992. "The Figures, the Personality, and the Bums: Service Work and Sexuality." *Work, Employment, and Society* 6 (March): 23–42.

Fineman, Stephen, ed. 1993. *Emotion in Organizations.* Newbury Park, CA: Sage.

Fisher, B. and Joan Tronto. 1990. "Toward a Feminist Theory of Caring." In *Circles of Care: Work and Identity in Women's Lives*, ed. Emily K. Abel and Margaret K. Nelson, 35–62. Albany: State University of New York Press.

Flanagan, Maureen A. 1990. "Gender and Urban Political Reform: The City Club and the Woman's City Club of Chicago in the Progressive Era." *American Historical Review* 95 (4): 1032–50.

Fletcher, Joyce K. 1999. *Disappearing Acts: Gender, Power, and Relational Practice at Work.* Cambridge, MA: MIT Press.

Florida Department of Management Services. 2002. *State of Florida Annual Workforce Report: January Through December, 2001.* Tallahassee, FL. Available at www.state.fl.us/dms/hrm/reports/workforce_01.pdf. Accessed September 6, 2002.

Folbre, Nancy. 2001. *The Invisible Heart. Economics and Family Values.* New York: The New Press.

Follett, Mary Parker. 1942 [1925]. "Power." In *Dynamic Administration: The Collected Papers of Mary Parker Follett*, ed. Henry C. Metcalf and L. Urwick, p. 99. New York: Harper.

Freudenberger, H.J. 1980. *Burn-Out: The High Cost of High Achievement.* Garden City, NY: Anchor Press.

Gaines, Jeannie, and John M. Jermier. 1983. "Emotional Exhaustion in a High Stress Organization." *Academy of Management Journal* 26 (4): 567–86.

Gerstein, Lawrence H., Charles G. Topp, and Gregory Correll. 1987. "The Role of the Environment and Person When Predicting Burnout Among Correctional Personnel." *Criminal Justice and Behavior* 14 (3): 352–69.

Gilligan, Carol. 1982. *In a Different Voice.* Cambridge, MA: Harvard University Press.

Glomb, Theresa M., John D. Kammeyer-Mueller, and Maria Rotundo. 2004. "Emotional Labor Demands and Compensating Wage Differentials." *Journal of Applied Psychology* 89: 700–714.

Golembiewski, Robert T. 1981. "Organizational Development Interventions: Limiting Burn-Out Through Changes in Policy, Procedures and Structure." *Proceedings of the First National Conference on Burnout.* Philadelphia, PA.

Golembiewski, Robert T., and Robert F. Munzenrider. 1988. *Phases of Burnout. Developments in Concepts and Applications.* New York: Praeger.

Golembiewski, Robert T., Robert F. Munzenrider, and Jerry G. Stevenson. 1986. *Stress in Organizations. Toward a Phase Model of Burnout.* New York: Praeger.

Grandey, Alicia A. 2000. "Emotion Regulation in the Workplace: A New Way to Conceptualize Emotional Labor." *Journal of Occupational Health Psychology* 5: 95–110.

_____. 1998. "Emotional Labor: A Concept and Its Correlates." Paper presented at the First Conference on Emotions in Organizational Life, San Diego, CA, August.

Green, Richard T. 2002. "Alexander Hamilton: Founder of the American Public Administration," *Administration & Society* 34 (5): 541–62.

Gulick, Luther. 1976. "Democracy and Administration Face the Future." Lecture delivered at Indiana University in the New Horizons of Knowledge Series, The School of Public and Environmental Affairs, April 1.

Guy, Mary E. 2003. "Ties That Bind: The Link Between Public Administration and Political Science." *Journal of Politics* 65 (3): 641–55.

Guy, Mary E., and Jennifer A. Killingsworth. 2007. "Framing Gender, Framing Work: The Disparate Impact of Traditional HRM Practices." In *Strategic Public Personnel Administration: Building and Managing Human Capital for the 21st Century*, ed. A. Farazmand, 2: 399–418. Westport, CT: Greenwood.

Guy, Mary E., and Meredith A. Newman. 2004. "Women's Jobs, Men's Jobs: Sex Segregation and Emotional Labor." *Public Administration Review* 64 (3): 289–98.

Guy, Mary E., and Jason B. Thatcher. 2004. "Diversity, Administration, and Governance." In *Sound Governance: Policy and Administrative Innovations*, ed. Ali Farazmand, 187–208. Westport, CT: Praeger.

Hecker, Daniel E. 2005. "Occupational Employment Projections to 2014." *Monthly Labor Review* 128 (11): 70–101.

Heckscher C., and A. Donnellon. eds. 1994. *The Post-Bureaucratic Organization: New Perspectives on Organizational Change.* Thousand Oaks, CA: Sage.

Henderson, Angela. 2001. "Emotional Labor and Nursing: An Under-Appreciated Aspect of Caring Work." *Nursing Inquiry* 8 (2): 130–38.

Himmelweit, Susan. 1999. "Caring Labor." *Annals, AAPSS* 561 (January): 27–38.

Hirschmann, Nancy J., and Ulrike Liebert, eds. 2001. *Women and Welfare. Theory and Practice in the United States and Europe.* Piscataway, NJ: Rutgers University Press.

Hochschild, Arlie. 1983. *The Managed Heart: Commercialization of Human Feeling.* Berkeley: University of California Press.

_____. 1979. "Emotion Work, Feeling Rules, and Social Structure." *American Journal of Sociology* 85 (3): 551–75.

Hofrichter, David A., and Lyle M. Spencer, Jr. 1996. "Competencies: The Right Foundation for Effective Human Resources Management." *Compensation & Benefits Review* November/December: 21–26.

Hummel, Ralph P. 1994. *The Bureaucratic Experience. A Critique of Life in the Modern Organization.* 4th ed. New York: St. Martin's Press.

_____. 1987. *The Bureaucratic Phenomenon.* New York: St. Martin's Press.

Hummel, Ralph P., and Camilla Stivers. 1998. "Government Isn't Us: The Possibility of Democratic Knowledge in Representative Government." In *Government Is Us: Public Administration in an Anti-Government Era*, ed. Cheryl Simrell King and Camilla Stivers, 28–48. Thousand Oaks, CA: Sage.

Jackson, S.E., R.L. Schwab, and R.S. Schuler. 1986. "Toward an Understanding of the Burnout Phenomenon." *Journal of Applied Psychology* 71 (4): 630–40.

Jacobs, J. 1989. *Revolving Doors: Sex Segregation and Women's Careers.* Stanford, CA: Stanford University Press.

Johnson, R.R. 2004. "Citizen Expectations of Police Traffic Stop Behavior." *Policing: An International Journal of Police Strategies and Management* 27: 487–97.

Jones, John W., ed. 1981. *The Burnout Syndrome: Current Research, Theory, Interventions.* Park Ridge, IL: London House Press.

Jun, Jong. 1999. "The Need for Autonomy and Virtues: Civic-Minded Administrators in Civil Society." *Administrative Theory & Praxis* 21: 218–26.

Kanter, Rosabeth M. 1977. *Men and Women of the Corporation.* New York: Basic Books.

Karlsson, Jan C. 1990. "The Purpose, Value and Meaning of Work." *Economic and Industrial Democracy,* 11 (2): 129–39.

Kerr, Brinck, Will Miller, and Margaret Reid. 2002. "Sex-based Occupational Segregation in U.S. State Bureaucracies, 1987–97." *Public Administration Review* 62 (4): 412–23.

Kiesling, Herbert J. 2000. *Collective Goods, Neglected Goods: Dealing with Methodological Failure in the Social Sciences.* Singapore: World Scientific.

King, Cheryl Simrell, and Camilla Stivers. 1998. *Government Is Us: Public Administration in an Anti-Government Era.* Thousand Oaks, CA: Sage.

Kittay, Eva Feder, and Ellen K. Feder. 2002. *The Subject of Care. Feminist Perspectives on Dependency,* Lanham, MD: Rowman & Littlefield.

Kramer, Robert. 2003. "Beyond Max Weber: Emotional Intelligence and Public Leadership." In *Proceedings of 10th Annual Conference of Network of Institutes and Schools of Public Administration in Central and Eastern Europe,* Hanulova, Slovakia, ed. Jane Finlay and Marek Debicki, 126–46.

Lawler, Edward E. III. 1995. "The New Pay: A Strategic Approach." *Compensation & Benefits Review* July–August: 14–22.

————. 1986. *High Involvement Management.* San Francisco: Jossey-Bass.

Lawson, Loralie. 1993. "Theory of Work Adjustment Personality Constructs." *Journal of Vocational Behavior* 43: 46–57.

Ledford, Gerald E., Jr. 1995. "Paying for the Skills, Knowledge, and Competencies of Knowledge Workers." *Compensation & Benefits Review* July–August: 55–62.

Lee, Cynthia, Kenneth Law, and Philip Bobko. 1999. "The Importance of Justice Perceptions on Pay Effectiveness: A Two-Year Study of a Skill-based Pay Plan." *Journal of Management* 25 (6): 851–73.

Leidner, Robin. 1993. *Fast Food, Fast Talk: Service Work and the Routinization of Everyday Life.* Berkeley: University of California Press.

Leininger, Madeleine M., ed. 1988. *Caring: An Essential Human Need. Proceedings of the Three National Caring Conferences.* Detroit, MI: Wayne State University Press.

Leiter, Michael P., and Christina Maslach. 2000. *Preventing Burnout and Building Engagement. A Complete Program for Organizational Renewal.* San Francisco: Jossey-Bass.

————. 1988. "The Impact of Interpersonal Environment on Burnout and Organizational Commitment." *Journal of Organizational Behavior* 9: 297–308.

Lewis, Michael, and Jeannette M. Haviland-Jones. 2000. *Handboook of Emotions.* 2nd ed. New York: The Guilford Press.

Lieberman, Evan S. 2005. "Nested Analysis as a Mixed-Method Strategy for Comparative Research." *American Political Science Review* 99 (3): 435–52.

Lief, H.I., and R.C. Fox. 1963. "Training for 'Detached Concern' in Medical Students." In *The Psychological Basis of Medical Practice,* ed. H.I. Lief, V.F. Lief, and N.R. Lief, 12–35. New York: Harper and Row.

Lipsky, Michael. 1980. *Street-Level Bureaucracy: Dilemmas of the Individual in Public Services.* New York: Russell Sage Foundation.

Lowi, Theodore. 1964. "American Business, Public Policy, Case Studies, and Political Theory." *World Politics* 16 (4): 677–715.

Martin, Susan Ehrlich. 1999. "Police Force or Police Service? Gender and Emotional Labor." *Annals of the American Academy of Political and Social Science* 561 (1): 111–26.

Maslach, Christina. 1982. *Burnout: The Cost of Caring.* Englewood Cliffs, NJ: Prentice Hall.

_____. 1981. "Burnout: A Social Psychological Analysis." In *The Burnout Syndrome,* ed. John W. Jones, 30–53. Park Ridge, IL: London House Press.

_____. 1976. "Burned-Out." *Human Relations* 5: 16–22.

Maslach, Christina, and Susan E. Jackson. 1986. *Maslach Burnout Inventory: Manual.* 2nd ed. Palo Alto, CA: Consulting Psychologists Press.

_____. 1984. "Burnout in Organizational Settings." In *Applied Social Psychology Annual,* ed. S. Oskamp, 5: 133–53. Beverly Hills, CA: Sage.

_____. 1981. "The Measurement of Experienced Burnout." *Journal of Occupational Behavior* 2: 99–113.

_____. 1979. "Burned-Out Cops and Their Families." *Psychology Today* 12: 59–62.

_____. 1978. "Lawyer Burnout." *Barrister* 8: 52–54.

Maslach, Christina, and Michael P. Leiter. 1997. *The Truth About Burnout. How Organizations Cause Personal Stress and What to Do About It.* San Francisco: Jossey-Bass.

Maslach, Christina, Wilmar B. Schaufeli, and Michael P. Leiter. 2001. "Job Burnout." *Annual Review of Psychology* 52 (1): 397–422.

Mastracci, Sharon H., Meredith A. Newman, and Mary E. Guy. 2006. "Appraising Emotion Work: Determining Whether Emotional Labor Is Valued in Government Jobs." *American Review of Public Administration* 36 (2): 123–38.

Mastracci, Sharon H., and James R. Thompson. 2005. "Nonstandard Work Arrangements in the Public Sector: Trends and Issues." *Review of Public Personnel Administration* 25 (4): 299–324.

Maynard-Moody, Steven, and Michael Musheno. 2003. *Cops, Teachers, Counselors: Stories from the Front Lines of Public Service.* Ann Arbor: University of Michigan Press.

McEwen, Melanie, and Evelyn M. Wills. 2002. *Theoretical Basis for Nursing.* Philadelphia: Lippincott Williams & Wilkins.

McSwite, O.C. 2004. "Creating Reality Through Administrative Practice: A Psychoanalytic Reading of Camilla Stivers' *Bureau Men, Settlement Women.*" *Administration & Society* 36: 406–26.

_____. 1997. *Legitimacy in Public Administration: A Discourse Analysis.* Thousand Oaks, CA: Sage.

Mohrman, Susan A., Susan G. Cohen, and Allan M. Mohrman, Jr. 1995. *Designing Team-based Organizations: New Forms for Knowledge Work.* San Francisco: Jossey-Bass.

Morris, J. Andrew, and Daniel C. Feldman. 1997. "Managing Emotions in the Workplace." *Journal of Managerial Issues* 9 (3): 257–74.

_____. 1996. "The Dimensions, Antecedents, and Consequences of Emotional Labor." *Academy of Management Review* 21 (4): 986–1010.

Naff, Katherine C. 2001. *To Look Like America: Dismantling Barriers to Women and Minorities in Government.* Boulder, CO: Westview Press.

National Bureau of Economic Research (NBER). 2005. Current Population Survey (CPS) merged outgoing rotation group data, 1979–2004. www.nber.org/data/morg.html. Accessed December 24, 2006.

Newman, Meredith A. 1994. "Lowi's Thesis and Gender: Implications for Career Advancement." *Public Administration Review* 54 (3): 277–84.

Newman, Meredith A., and Mary E. Guy. 1998. "Taylor's Triangles, Follett's Web." *Administrative Theory & Praxis* 20 (3): 287–97.

Newman, Meredith A., Sharon H. Mastracci, and Mary E. Guy. 2005. "Burnout Versus Making a Difference: The Hidden Costs and Benefits of Emotion Work." Paper presented at the annual meeting of the American Political Science Association, Washington DC, September.

Nicholson, N. 1977. "Absence Behavior and Attendance Motivation: A Conceptual Synthesis." *Journal of Management Studies* 41: 231–52.

Noddings, Nel. 1984. *Caring: A Feminine Approach to Ethics and Moral Education.* Berkeley: University of California Press.

Oxford English Dictionary (OED) Online. 2006. The *Oxford English Dictionary* website. Accessed on January 22, 23, and 30, 2006.

O*NET Online Knowledge Site. www.onetknowledgesite.com/pages/Onet_Insert.cfm. Accessed December 20, 28, and 30, 2005; January 18, 20, and 26, 2006.

O*NET Online. http://online.onetcenter.org/skills/. Skills search conducted on February 18 and 20, 2006.

Ollilainen, Marjukka. 2000. "Gendering Emotions, Gendering Teams: Construction of Emotions in Self-Managing Teamwork." In *Emotions in the Workplace: Research, Theory, and Practice*, ed. Neal M. Ashkanasy, Charmine E.J. Hartel, and Wilfred J. Zerbe, 82–96. Westport, CT: Quorum Books.

Paine, Whiton Stewart. 1981. "The Burnout Syndrome in Context." In *The Burnout Syndrome*, ed. John W. Jones, 1–29. Park Ridge, IL: London House Press.

Parkinson, B. 1991. "Emotional Stylists: Strategies of Expressive Management Among Trainee Hairdressers." *Cognition and Emotion* 5: 419–34.

Paules, Greta Foff. 1991. *Dishing It Out: Power and Resistance Among Waitresses in a New Jersey Restaurant.* Philadelphia: Temple University Press.

Pearlman, Laurie Anne, and Paula S. MacIan. 1995. "Vicarious Traumatization: An Empirical Study of the Effects of Trauma Work on Trauma Therapists." *Professional Psychology Research and Practice* 26: 558–656.

Pierce, Jennifer L. 1999. "Emotional Labor Among Paralegals." *Annals of the American Academy of Political and Social Science* 561: 127–42.

———. 1995. *Gender Trials: Emotional Lives in Contemporary Law Firms.* Berkeley: University of California Press.

Pines, Ayala, and Elliot Aronson. 1988. *Career Burnout: Causes and Cures.* New York: The Free Press.

Pines, Ayala, and Ditsa Kafry. 1981. "Coping with Burnout." In *The Burnout Syndrome*, ed. John W. Jones, 139–50. Park Ridge, IL: London House Press.

Pines, Ayala, and Christina Maslach. 1980. "Combatting Staff Burnout in a Day Care Center: A Case Study." *Child Care Quarterly* 9: 5–16.

Pugliesi, Karen. 1999. "The Consequences of Emotional Labor: Effects on Work Stress, Job Satisfaction, and Well-Being." *Motivation and Emotion* 23 (2): 125–54.

Pugliesi, Karen, and Scott L. Shook. 1997. "Gender, Jobs, and Emotional Labor in a Complex Organization." In *Social Perspectives on Emotion*, ed., David D. Franks, Rebecca J. Erickson and Beverly Cuthbertson-Johnson, 4: 283–316. Greenwich, CT: JAI.

Putnam, Linda L., and Dennis K. Mumby, 1993. "Organizations, Emotion and the Myth of Rationality." In *Emotion in Organizations*, ed. Stephen Fineman, 36–57. Newbury Park, CA: Sage.

Quinn, John F. 2003. *Corrections, A Concise Introduction.* 2nd ed. Prospect Park, IL: Waveland Press.

Rafaeli, Anat, and Robert I. Sutton. 1987. "Expression of Emotion as Part of the Work Role." *Academy of Management Review* 12 (1): 23–37.

Regan, Helen B., and Gwen H. Brooks. 1995. *Out of Women's Experience.* Thousand Oaks, CA: Corwin Press.

Richards, Jane M. 2004. "The Cognitive Consequences of Concealing Feelings." *Current Directions in Psychological Science* 13 (4): 131–34.

Rivlin, Alice. 2003. Elliott Richardson Lecture on Ethics and Integrity in the Public Service. Delivered at the Annual Meeting of the American Society for Public Administration, March 15–18, Washington, DC.

Rogers, Martha E. 1994 [1990]. "Nursing: Science of Unitary, Irreducible, Human Beings: Updated 1990." In *Martha E. Rogers: Her Life and Her Work*, ed. Violet M. Malinski, Elizabeth Ann Manhart Barrett, and John R. Phillips, 244–49. Philadelphia: F.A. Davis.

_____. 1994 [1985]. "High Touch in a High-Tech Future." In *Martha E. Rogers: Her Life and Her Work*, ed. Violet M. Malinski, Elizabeth Ann Manhart Barrett, and John R. Phillips, 288–91. Philadelphia: F.A. Davis.

Ryerson, Diane, and Nancy Marks. 1981. "Career Burnout in the Human Services: Strategies for Intervention." In *The Burnout Syndrome*, ed. John W. Jones, 151–64. Park Ridge, IL: London House Press.

Schachter, Hindy Lauer. 2004. "Josephine Goldmark. Champion of Scientific Management and Social Reform." In *Outstanding Women in Public Administration. Leaders, Mentors, and Pioneers*, ed. Claire L. Felbinger and Wendy A. Haynes, 31–48. Armonk, NY: M.E. Sharpe.

_____. 2002. "Women, Progressive-Era Reform, and Scientific Management," *Administration & Society* 34 (5): 563–77.

Schaubroeck, J., and J.R. Jones. 2000. "Antecedents of Workplace Emotional Labor Dimensions and Moderators of Their Effects on Physical Symptoms." *Journal of Organizational Behavior* 21: 163–83.

Schaufeli, Wilmar B., and D. Enzmann. 1998. *The Burnout Companion to Study and Practice: A Critical Analysis.* London: Taylor and Francis.

Schaufeli, Wilmar B., Christina Maslach, and Tadeusz Marek. 1993. "The Future of Burnout." In *Professional Burnout: Recent Developments in Theory and Research*, ed. Wilmar B. Schaufeli, Christina Maslach, and Tadeusz Marek, 253–59. Washington DC: Taylor and Francis.

Schultz, Vicki. 2000. "Life's Work." *Columbia Law Review* 100 (7): 1881–1964.

Seeman, M. 1991. "Alienation and Anomie." In *Measures of Personality and Social Psychological Attitudes,* ed. J. Robinson, P. Shaver, and L. Wrightsman, 291–95. San Diego, CA: Academic Press.

Shareef, Reginald. 1994. "Skill-based Pay in the Public." *Review of Public Personnel Administration* 14 (3): 60–74.

Sharrad, H. 1992. "Feeling the Strain: Job Stress and Satisfaction of Direct-Care Staff in the Mental Handicap Service." *British Journal of Mental Subnormality* 38 (1): 32–38.

Shaw, Jason, Nina Gupta, Atul Mitra, and Gerald Ledford. 2005. "Success and Survival of Skill-based Pay Plans." *Journal of Management* 31 (February): 1–22.

Shuler, Sherianne, and Beverly Davenport Sypher. 2000. "Seeing Emotional Labor: When Managing the Heart Enhances the Work Experience." *Management Communication Quarterly* 14 (1): 50–89.

Simon, H. 1976. *Administrative Behavior.* 3rd ed. New York: The Free Press.

Simon, R., and L.E. Nath. 2004. "Gender and Emotion in the United States: Do Men and Women Differ in Self-Reports of Feelings and Expressive Behavior?" *American Journal of Sociology* 109 (5): 1137–76.

Simon, Yves R. 1962. *A General Theory of Authority.* Westport, CT: Greenwood Press.

Sloan, M.M. 2004. "The Effects of Occupational Characteristics on the Experience and Expression of Anger in the Workplace." *Work and Occupations* 31(1): 38–72.

Spencer, L.M., and S.M. Spencer. 1993. *Competence at Work: Models for Superior Performance*. New York: John Wiley & Sons.

Staden, Helene. 1998. "Alertness to the Needs of Others: A Study of the Emotional Labour of Caring." *Journal of Advanced Nursing* 27: 147–56.

Stamm, B. Hudnall. 2005. "Professional Quality of Life: Compassion Satisfaction and Fatigue Subscales, R-IV (ProQOL)." www.isu.edu/~bhstamm. Website accessed December 15, 2005, and January 30, 2006.

State of Florida. Department of Management Services. 2005. *2005 Annual Workforce Report*. http://dms.myflorida.com/content/download/27985/129868. Accessed November 28, 2006.

State of Illinois. Department of Central Management Services. 2005a. Information provided through a public records request (October).

———. 2005b. Job Specification 07218. www.state.il.us/cms/downloads/pdfs_specs/07218.pdf. Accessed September 26, 2005.

———. 2005c. Job Specification 26070. www.state.il.us/cms/downloads/pdfs_specs/26070.pdf. Accessed September 26, 2005.

State of Illinois. Office of the Secretary of State. Department of Personnel. 2005. Information provided through a public records request (December 13).

State of New Jersey. Department of Personnel. 2004a. Job Specification 62152. http://webapps.dop.state.nj.us/jobspec/62152.htm. Accessed December 13, 2005.

———. 2004b Information provided through a public records request (September).

———. 2004c. Job Specification 33892. http://webapps.dop.state.nj.us/jobspec/33892.htm. Accessed December 12, 2005.

———. 2004d. Job Specification 56440. http://webapps.dop.state.nj.us/jobspec/56440.htm. Accessed December 13, 2005.

State of Oregon. Department of Administrative Services. Human Resource Services Division. 2005a. Information provided through a public records request (June).

———. 2005b. Classifications Specifications. Available at www.hr.das.state.or.us/hrsd/class/6612.htm. Accessed December 19, 2005.

———. 2005c. Classifications Specifications. Available at www.hr.das.state.or.us/hrsd/class/5451.htm. Accessed December 19, 2005.

———. 2005d. Classifications Specifications. Available at www.hr.das.state.or.us/hrsd/class/0331.htm. Accessed December 19, 2005.

Steinberg, Ronnie J. 1999. "Emotional Labor in Job Evaluation: Redesigning Compensation Practices." *Annals of the American Academy of Political and Social Science* 561 (1): 143–57.

Steinberg, Ronnie J., and Deborah M. Figart. 1999a. "Emotional Labor Since *The Managed Heart*." *Annals of the American Academy of Political and Social Science* 561 (1): 8–26.

———. 1999b. Emotional Demands at Work: A Job Content Analysis." *Annals of the American Academy of Political and Social Science* 561 (1): 177–91.

Stenross, Barbara, and Sherryl Kleinman. 1989. "The Highs and Lows of Emotional Labor: Detectives' Encounters with Criminals and Victims." *Journal of Contemporary Ethnography* 17 (4): 435–52.

Stivers, Camilla. 2008. "A Civic Machinery for Democratic Expression: Jane Addams on Public Administration." In *Jane Addams and the Practice of Democracy: Multidisciplinary Essays on Theory and Practice*, ed. Wendy Chmielski, Marilyn Fischer, and Carol Nackenoff. Champaign, IL: University of Illinois Press.

———. 2005. "A Place Like Home: Care and Action in Public Administration." *American Review of Public Administration* 35 (1): 26–41.

_____. 2002. *Gender Images in Public Administration. Legitimacy and the Administrative State.* 2nd ed. Thousand Oaks, CA: Sage.

_____. 2000. *Bureau Men, Settlement Women: Constructing Public Administration in the Progressive Era.* Lawrence: University of Kansas Press.

Strickland, W. 1992. "Institutional Emotional Norms and Role Satisfaction: Examination of a Career Wife Population." *Sex Roles* 26: 423–39.

Sutton, Robert I. 1991. "Maintaining Norms About Expressed Emotions: The Case of Bill Collectors." *Administrative Science Quarterly* 36 (2): 245–68.

Sutton, Robert I., and Anat Rafaeli. 1988. "Untangling the Relationship Between Displayed Emotions and Organizational Sales: The Case of Convenience Stores." *Academy of Management Journal* 31 (3): 461–87.

Tausky, Curt. 1984. *Work and Society.* Itaska, IL: F.E. Peacock.

Taylor, F.W. 1911. *The Principles of Scientific Management.* New York: W.W. Norton.

Thompson, George J. 2006. *Verbal Judo: The Gentle Art of Persuasion.* New York: Harper Collins Reprints.

_____. 1983. *Verbal Judo: Words as a Force Option.* Springfield, IL: Charles C. Thomas.

Thompson, Victor A. 1975. *Without Sympathy or Enthusiasm: The Problem of Administrative Compassion.* Tuscaloosa, AL: University of Alabama Press.

Tolich, M. 1993. "Alienating and Liberating Emotions at Work: Supermarket Clerks' Performance of Customer Service." *Journal of Contemporary Ethnography* 22 (3): 361–81.

Toossi, Mitra. 2005. "Labor Force Projections to 2014: Retiring Boomers." *Monthly Labor Review* 128 (11): 25–44.

Tracy, Sarah J., and Karen Tracy. 1998. "Emotion Labor at 911: A Case Study and Theoretical Critique." *Journal of Applied Communication Research* 26 (4): 390–411.

Traut, Carol Ann, Steve Feimer, Craig F. Emmert, and Kevin Thom. 2000. "Law Enforcement Recruit Training at the State Level: An Evaluation." *Police Quarterly* 3: 294–314.

Tschan, Franziska, Sylvie Rochat, and Dieter Zapf. 2005. "It's Not Only Clients: Studying Emotion Work with Clients and Co-Workers with an Event-Sampling Approach." *Journal of Occupational and Organizational Psychology* 78: 195–220.

United Nations High Commissioner for Refugees (UNHCR). 2003. *Partnership: An Operations Management Handbook for UNHCR's Partners.* Rev. ed. www.unhcr.ch.

U.S. Department of Commerce, Bureau of Labor Statistics. 2007. "All employees, thousands; government; seasonally adjusted and not seasonally adjusted" data extracted on February 21, 2007: http://data.bls.gov/PDQ/outside.jsp?survey=ce

U.S. Department of Commerce. Census Bureau. 2005 (May). "School Enrollment—Social and Economic Characteristics of Students: October 2003." Available at www.census.gov/prod/2005pubs/p20–554.pdf. Accessed November 3, 2005.

U.S. Department of Labor. Bureau of Labor Statistics. 2005a. "Women in the Labor Force: A Databook, Report 985, May 2005." Available at www.bls.gov.cps/wlf-table19–2005.pdf. Accessed November 16, 2005.

_____. 2005b. "Employment and Earnings, January 2005. Household Data Annual Averages, Table 39." Available at www.bls.gov/cps/cpsa2004.pdf. Accessed November 8, 2005.

_____. 2004. Current Employment Survey. Available at www.bls.gov/ces/home.htm#data. Accessed Jan 5, 2008.

U.S. Equal Employment Opportunity Commission. 2003. "Job Patterns for Minorities and Women in Private Industry-National Aggregate. Table 1. Occupational Employment in Private Industry by Race/Ethnic Group/Sex and by Industry, United States, 2003." Available at www.eeoc.gov/stats/jobpat/2003/national.html. Accessed November 14, 2005.

Van Riper, Paul P. 1983. "The American Administrative State: Wilson and the Founders: An Unorthodox View." *Public Administration Review* 43 (6): 477–90.

_____. 1976. *History of the U.S. Civil Service.* Westport, CT: Greenwood Press.

Verbal Judo Institute. Questions and Answers about Verbal Judo. www.verbaljudo.com/kata. Accessed on December 17, 2006, and January 20, 2006.

Waldo, Dwight. 1948. *The Administrative State: A Study of the Political Theory of American Public Administration.* New York: The Ronald Press Company.

Waldron, Vincent. 1994. "Once More with Feeling: Reconsidering the Role of Emotion in Work." In *Communication Yearbook*, ed. Stanley A. Deetz, 17: 388–416. Newbury Park, CA: Sage.

Webber, A. 1991. "Crime and Management: An Interview with NYC Police Commissioner Lee O. Brown." *Harvard Business Review* 70 (May–June): 110–30.

Weber, Max. 1968. *Economy and Society: An Outline of Interpretive Sociology.* Volume 3. New York: Bedminster Press.

_____. 1987 [1922]. "Legitimate Authority and Bureaucracy." In *The Great Writings in Management and Organizational Behavior*, ed. Louis E. Boone and Donald D. Bowen, 5–19. New York: Random House, Inc. (Reprinted from Max Weber, *The Theory of Social and Economic Organization,* trans. A.M. Henderson and Talcott Parsons, ed. Talcott Parsons, 1947. London: Wm. Hodge & Co., Ltd.)

Wetterich, Chris. 2005. "Frustration over City Hiring Grows." *The State Journal Register,* (December 12), p. 2.

Wharton, Amy S. 1999. "The Psychosocial Consequences of Emotional Labor." *Annals of the American Academy, AAPSS* 561: 158–76.

_____. 1996. "Service with a Smile: Understanding the Consequences of Emotional Labor." In *Working in the Service Society*, ed. C.L. MacDonald and C. Sirianni, 91–112. Philadelphia: Temple University Press.

_____. 1993. "The Affective Consequences of Service Work: Managing Emotions on the Job." *Work and Occupations* 20 (2): 205–32.

Wharton, Amy S., and Rebecca J. Erickson. 1995. "The Consequences of Caring: Exploring the Links Between Women's Jobs and Family Emotion Work." *Sociological Quarterly* 36: 273–96.

White, Leonard D. 1926. *Introduction to the Study of Public Administration.* New York: Macmillan.

Willoughby, William F. 1927. *Principles of Administration: With Special Reference to National and State Government of the United States.* Washington, DC: Brookings Institution.

Williams v. Saxbe (1976), 413 F. Supp. 665, 11EPD 10,840 (D.D.C. 1976).

Wouters, Cas. 1989. "The Sociology of Emotions and Flight Attendants: Hochschild's Managed Heart." *Theory, Culture, and Society* 6 (1): 95–123.

Zapf, Dieter. 2002. "Emotion Work and Psychological Well-Being. A Review of the Literature and Some Conceptual Considerations." *Human Resource Management Review* 12: 237–68.

Zapf, Dieter, Claudia Seifert, Barbara Schmutte, Heidrun Mertini, and Melanie Holz. 2001. "Emotion Work and Job Stressors and Their Effects on Burnout." *Psychology and Health* 16: 527–45.

Zapf, Dieter, C. Vogt, Claudia Seifert, Heidrun Mertini, and Amela Isic. 1999. "Emotion Work as a Source of Stress: The Concept and Development of an Instrument." *European Journal of Work and Organizational Psychology* 8: 371–400.

Zellner, Arnold. 1962. "An Efficient Method of Estimating Seemingly Unrelated Regressions and Tests for Aggregation Bias." *Journal of the American Statistical Association* 57: 348–68.

索 引

人大版公共管理类翻译（影印）图书

公共行政与公共管理经典译丛

书名	著译者	定价
公共管理名著精华："公共行政与公共管理经典译丛"导读	吴爱明　刘晶　主编	49.80 元

经典教材系列

书名	著译者	定价
公共管理导论（第三版）	［澳］欧文·E·休斯　著 张成福　等　译	39.00 元
政治学（第三版）	［英］安德鲁·海伍德　著 张立鹏　译	49.80 元
公共政策分析导论（第四版）	［美］威廉·N·邓恩　著 谢明　等　译	49.00 元
公共政策制定（第五版）	［美］詹姆斯·E·安德森　著 谢明　等　译	46.00 元
公共行政学：管理、政治和法律的途径（第五版）	［美］戴维·H·罗森布鲁姆　等　著 张成福　等　译校	58.00 元
比较公共行政（第六版）	［美］费勒尔·海迪　著 刘俊生　译校	49.80 元
公共部门人力资源管理：系统与战略（第六版）	［美］唐纳德·E·克林纳　等　著 孙柏瑛　等　译	58.00 元
公共部门人力资源管理（第二版）	［美］埃文·M·伯曼　等　著 萧鸣政　等　译	49.00 元
行政伦理学：实现行政责任的途径（第五版）	［美］特里·L·库珀　著 张秀琴　译　音正权　校	35.00 元
民治政府：美国政府与政治（第 23 版·中国版）	［美］戴维·B·马格莱比　等　著 吴爱明　等　编译	58.00 元
比较政府与政治导论（第五版）	［英］罗德·黑格　马丁·哈罗普　著 张小劲　等　译	48.00 元
公共组织理论（第五版）	［美］罗伯特·B·登哈特　著 扶松茂　丁力　译　竺乾威　校	32.00 元
公共组织行为学	［美］罗伯特·B·登哈特　等　著 赵丽江　译	49.80 元
组织领导学（第五版）	［美］加里·尤克尔　著 陶文昭　译	49.80 元
公共关系：职业与实践（第四版）	［美］奥蒂斯·巴斯金　等　著 孔祥军　等　译　郭惠民　审校	68.00 元
公用事业管理：面对 21 世纪的挑战	［美］戴维·E·麦克纳博　著 常健　等　译	39.00 元
公共预算中的政治：收入与支出，借贷与平衡（第四版）	［美］爱伦·鲁宾　著 叶娟丽　马骏　等　译	39.00 元
公共行政学新论：行政过程的政治（第二版）	［美］詹姆斯·W·费斯勒　等　著 陈振明　等　译校	58.00 元
公共和第三部门组织的战略管理：领导手册	［美］保罗·C·纳特　等　著 陈振明　等　译校	43.00 元
公共行政与公共事务（第十版）	［美］尼古拉斯·亨利　著 孙迎春　译	52.00 元
公共管理案例教学指南	［美］小劳伦斯·E·列恩　著 郗少健　等　译　张成福　等　校	26.00 元

书名	著译者	定价
公共管理中的应用统计学（第五版）	［美］肯尼思·J·迈耶 等 著 李静萍 等 译	49.00 元
现代城市规划（第五版）	［美］约翰·M·利维 著 张景秋 等 译	39.00 元
非营利组织管理	［美］詹姆斯·P·盖拉特 著 邓国胜 等 译	38.00 元
非营利组织战略营销（第五版）	［美］菲利普·科特勒 等 著 孟延春 等 译	58.00 元
公共财政管理：分析与应用（第六版）	［美］约翰·L·米克塞尔 著 白彦锋 马蔡琛 译 高培勇 等 校	69.90 元
企业与社会：公司战略、公共政策与伦理 （第十版）	［美］詹姆斯·E·波斯特 等 著 张志强 等 译	59.80 元
公共行政学：概念与案例（第七版）	［美］理查德·J·斯蒂尔曼二世 编著 竺乾威 等 译	75.00 元
公共管理中的量化方法：技术与应用（第三版）	［美］苏珊·韦尔奇 等 著 郝大海 等 译	39.00 元
公共与非营利组织绩效考评：方法与应用	［美］西奥多·H·波伊斯特 著 肖鸣政 等 译	35.00 元
政治体制中的行政法（第三版）	［美］肯尼思·F·沃伦 著 王丛虎 等 译	78.00 元
政府与非营利组织会计（第 12 版）	［美］厄尔·R·威尔逊 等 著 荆新 等 译校	79.00 元
政治科学的理论与方法（第二版）	［英］大卫·马什 等 编 景跃进 张小劲 欧阳景根 译	38.00 元
公共管理的技巧（第九版）	［美］乔治·伯克利 等 著 丁煌 主译	59.00 元
领导学：理论与实践（第五版）	［美］彼得·G·诺斯豪斯 著 吴爱明 陈爱明 陈晓明 译	48.00 元
领导学（亚洲版）	［新加坡］林志颂 等 著 顾朋兰 等 译 丁进锋 校译	59.80 元
领导学：个人发展与职场成功（第二版）	［美］克利夫·里科特斯 著 戴卫东 等 译 姜雪 校译	69.00 元
二十一世纪的公共行政：挑战与改革	［美］菲利普·J·库珀 等 著 王巧玲 李文钊 译 毛寿龙 校	45.00 元
行政学（新版）	［日］西尾胜 著 毛桂荣 等 译	35.00 元
官僚政治（第五版）	［美］B·盖伊·彼得斯 著 聂露 等 译	39.80 元
理解公共政策（第十二版）	［美］托马斯·R·戴伊 著 谢明 译	45.00 元
公共政策导论（第三版）	［美］小约瑟夫·斯图尔特 等 著 韩红 译	35.00 元
公共政策分析：理论与实践（第四版）	［美］戴维·L·韦默 等 著 刘伟 译校	68.00 元
应急管理概论	［美］米切尔·K·林德尔 等 著 王宏伟 译	55.00 元
公共行政导论（第六版）	［美］杰伊·M·沙夫里茨 等 著 刘俊生 等 译	65.00 元
城市管理学：美国视角（第六版）	［美］戴维·R·摩根 等 著 杨宏山 陈建国 译 杨宏山 校	49.00 元

书名	著译者	定价
公共经济学：政府在国家经济中的作用	［美］林德尔·G·霍尔库姆 著 顾建光 译	69.80 元
公共部门管理（第八版）	［美］格罗弗·斯塔林 著 常健 等 译 常健 校	75.00 元

公共管理实务系列

书名	著译者	定价
新有效公共管理者：在变革的政府中追求成功 （第二版）	［美］史蒂文·科恩 等 著 王巧玲 等 译 张成福 校	28.00 元
驾御变革的浪潮：开发动荡时代的管理潜能	［加］加里斯·摩根 著 孙晓莉 译 刘霞 校	22.00 元
自上而下的政策制定	［美］托马斯·R·戴伊 著 鞠方安 等 译	23.00 元
政府全面质量管理：实践指南	［美］史蒂文·科恩 等 著 孔宪遂 等 译	25.00 元
公共部门标杆管理：突破政府绩效的瓶颈	［美］帕特里夏·基利 等 著 张定淮 译校	28.00 元
创建高绩效政府组织：公共管理实用指南	［美］马克·G·波波维奇 主编 孔宪遂 等 译 耿洪敏 校	23.00 元
职业优势：公共服务中的技能三角	［美］詹姆斯·S·鲍曼 等 著 张秀琴 译 音正权 校	19.00 元
全球筹款手册：NGO 及社区组织资源动员指南 （第二版）	［美］米歇尔·诺顿 著 张秀琴 等 译 音正权 校	39.80 元

政府治理与改革系列

书名	著译者	定价
新公共服务：服务，而不是掌舵	［美］珍妮特·V·登哈特 罗伯特·B·登哈特 著 丁煌 译 丁煌 方兴 校	28.00 元
公共决策中的公民参与	［美］约翰·克莱顿·托马斯 著 孙柏瑛 等 译	28.00 元
再造政府	［美］戴维·奥斯本 等 著 谭功荣 等 译	45.00 元
构建虚拟政府：信息技术与制度创新	［美］简·E·芳汀 著 邵国松 译	32.00 元
突破官僚制：政府管理的新愿景	［美］麦克尔·巴泽雷 著 孔宪遂 等 译	25.00 元
政府未来的治理模式（中文修订版）	［美］B·盖伊·彼得斯 著 吴爱明 等 译 张成福 校	38.00 元
无缝隙政府：公共部门再造指南（中文修订版）	［美］拉塞尔·M·林登 著 汪大海 等 译	48.00 元
公民治理：引领 21 世纪的美国社区（中文修订版）	［美］理查德·C·博克斯 著 孙柏瑛 等 译	38.00 元
民营化与公私部门的伙伴关系	［美］E.S. 萨瓦斯 著 周志忍 等 译	39.00 元
持续创新：打造自发创新的政府和非营利组织	［美］保罗·C·莱特 著 张秀琴 译 音正权 校	28.00 元
政府改革手册：战略与工具	［美］戴维·奥斯本 等 著 谭功荣 等 译	59.00 元
公共部门的社会问责：理念探讨及模式分析	世界银行专家组 著 宋涛 译校	28.00 元

书名	著译者	定价
公私合作伙伴关系：基础设施供给和项目融资的全球革命	［英］达霖·格里姆赛 等 著 济邦咨询公司 译	29.80 元
非政府组织问责：政治、原则与创新	［美］丽莎·乔丹 等 主编 康晓光 等 译 冯利 校	32.00 元
市场与国家之间的发展政策：公民社会组织的可能性与界限	［德］康保锐 著 隋学礼 译校	49.80 元
建设更好的政府：建立监控与评估系统	［澳］凯思·麦基 著 丁煌 译 方兴 校	30.00 元

学术前沿系列

书名	著译者	定价
公共行政的精神（中文修订版）	［美］H·乔治·弗雷德里克森 著 张成福 等 译 张成福 校	48.00 元
后现代公共行政：话语指向（中文修订版）	［美］查尔斯·J·福克斯 等 著 楚艳红 等 译 吴琼 校	38.00 元
公共行政的合法性：一种话语分析（中文修订版）	［美］O. C. 麦克斯怀特 著 吴琼 译	待出
公共行政的语言：官僚制、现代性和后现代性（中文修订版）	［美］戴维·约翰·法默尔 著 吴琼 译	待出
官僚制内幕	［美］安东尼·唐斯 著 郭小聪 等 译	38.00 元
领导学	［美］詹姆斯·麦格雷戈·伯恩斯 著 常健 孙海云 等 译 常健 校	69.00 元
官僚经验：后现代主义的挑战（第五版）	［美］拉尔夫·P·赫梅尔 著 韩红 译	39.00 元
制度分析：理论与争议（第二版）	［韩］河涟燮 著 李秀峰 柴宝勇 译	待出
公共服务中的情绪劳动	［美］玛丽·E·盖伊 等 著 周文霞 等 译	38.00 元

案例系列

书名	著译者	定价
公共管理案例（第五版）	［美］罗伯特·T·戈伦比威斯基 等 主编 汪大海 等 译	28.00 元
组织发展案例：环境、行为与组织变革	［美］罗伯特·T·戈伦比威斯基 等 主编 杨爱华 等 译	29.00 元
公共部门人力资源管理案例	［美］T·赞恩·里夫斯 主编 句华 主译 孙柏瑛 统校	22.00 元
非营利组织管理案例与应用	［美］罗伯特·T·戈伦比威斯基 等 主编 邓国胜 等 译	23.00 元
公共管理的法律案例分析	［美］戴维·H·罗森布鲁姆 等 著 王丛虎 主译	33.00 元
公共政策分析案例（第二版）	［美］乔治·M·格斯 等 著 王军霞 等 译	待出

学术经典系列

书名	著译者	定价
新公共行政	［美］H·乔治·弗雷德里克森 著 丁煌 方兴 译 丁煌 校	23.00 元

公共政策经典译丛

书名	著译者	定价
公共政策评估	[美] 弗兰克·费希尔 著 吴爱明 等 译	38.00 元
议程、备选方案与公共政策（第二版）	[美] 约翰·W·金登 著 丁煌 方兴 译	38.00 元
公共政策工具——对公共管理工具的评价	[美] B·盖伊·彼得斯 等 编 顾建光 译	29.80 元
第四代评估	[美] 埃贡·G·古贝 等 著 秦霖 等 译 杨爱华 校	39.00 元
政策规划与评估方法	[加] 梁鹤年 著 丁进锋 译	39.80 元

当代西方公共行政学思想经典译丛

书名	编译者	定价
公共行政学中的批判理论	戴黍 牛美丽 等 编译	29.00 元
公民参与	王巍 牛美丽 编译	45.00 元
公共行政学百年争论	颜昌武 马骏 编译	49.80 元
公共行政学中的伦理话语	罗蔚 周霞 编译	45.00 元

当代世界学术名著

书名	著译者	定价
政策悖论：政治决策中的艺术（修订版）	[美] 德博拉·斯通 著 顾建光 译	58.00 元
公共行政的语言——官僚制、现代性和后现代性	[美] 戴维·约翰·法默尔 著 吴琼 译	49.80 元
公共行政的精神	[美] 乔治·弗雷德里克森 著 张成福 等 译	45.00 元
公共行政的合法性——一种话语分析	[美] O.C.麦克斯怀特 著 吴琼 译	48.00 元

卓越领导

书名	著译者	定价
领袖	[美] 詹姆斯·麦格雷戈·伯恩斯 著 常健 等 译	49.00 元
特立独行：从肯尼迪到小布什的总统领导艺术	[美] 詹姆斯·麦格雷戈·伯恩斯 著 吴爱明 等 译	39.80 元
创新型领导艺术：激发团队创造力	[英] 约翰·阿代尔 著 吴爱明 等 译	25.00 元
创造性思维艺术：激发个人创造力	[英] 约翰·阿代尔 著 吴爱明 等 译	25.00 元

公共管理英文版教材系列

书名	作者	定价
公共管理导论（第三版）	[澳] Owen E. Hughes （欧文·E·休斯） 著	28.00 元
理解公共政策（第十二版）	[美] Thomas R. Dye （托马斯·R·戴伊） 著	34.00 元

书名	作者	定价
公共行政学经典（第五版）	〔美〕Jay M. Shafritz （杰伊·M·莎夫里茨）等 编	59.80 元
组织理论经典（第五版）	〔美〕Jay M. Shafritz （杰伊·M·莎夫里茨）等 编	46.00 元
公共政策导论（第三版）	〔美〕Joseph Stewart, Jr. （小约瑟夫·斯图尔特）等 著	35.00 元
公共部门管理（第九版·中国学生版）	〔美〕Grover Starling （格罗弗·斯塔林）著	59.80 元
政治学（第三版）	〔英〕Andrew Heywood （安德鲁·海伍德）著	35.00 元
公共行政导论（第五版）	〔美〕Jay M. Shafritz （杰伊·M·莎夫里茨）等 著	58.00 元
公共组织理论（第五版）	〔美〕Robert B. Denhardt （罗伯特·B·登哈特）著	32.00 元
公共政策分析导论（第四版）	〔美〕William N. Dunn （威廉·N·邓恩）著	45.00 元
公共部门人力资源管理：系统与战略（第六版）	〔美〕Donald E. Klingner （唐纳德·E·克林纳）等 著	48.00 元
公共行政与公共事务（第十版）	〔美〕Nicholas Henry （尼古拉斯·亨利）著	39.00 元
公共行政学：管理、政治和法律的途径（第七版）	〔美〕David H. Rosenbloom （戴维·H·罗森布鲁姆）等 著	68.00 元
公共经济学：政府在国家经济中的作用	〔美〕Randall G. Holcombe （林德尔·G·霍尔库姆）著	62.00 元
领导学：理论与实践（第六版）	〔美〕Peter G. Northouse （彼得·G·诺斯豪斯）著	45.00 元

更多图书信息，请登录 www.crup.com.cn/gggl 查询，或联系中国人民大学出版社政治与公共管理出版分社获取

地址：北京市海淀区中关村大街甲 59 号文化大厦 1202 室　　邮编：100872
电话：010—82502724　　　　　　　　　　　　　　　　　　传真：010—62514775
E-mail：ggglcbfs@vip.163.com　　　　　　　　　　　　　　网站：http://www.crup.com.cn/gggl

Mary E. Guy, Meredith A. Newman, and Sharon H. Mastracci

Emotional Labor: Putting the Service in Public Service (Armonk, NY: M. E. Sharpe, 2008)

Copyright © 2008 by M. E. Sharpe , Inc

Translated by arrangement.

Simplified Chinese version © 2014 by China Renmin University Press

All Rights Reserved.

图书在版编目（CIP）数据

公共服务中的情绪劳动/（美）盖伊，（美）纽曼，（美）马斯特雷希著；周文霞，孙霄雪，陈文静译. —北京：中国人民大学出版社，2014.4

（公共行政与公共管理经典译丛·学术前沿系列）
"十二五"国家重点图书出版规划项目
ISBN 978-7-300-19132-4

Ⅰ.①公… Ⅱ.①盖…②纽…③马…④周…⑤孙…⑥陈… Ⅲ.①社会服务-研究 Ⅳ.①C916

中国版本图书馆 CIP 数据核字（2014）第 059414 号

公共行政与公共管理经典译丛
学术前沿系列
"十二五"国家重点图书出版规划项目

公共服务中的情绪劳动

玛丽·E·盖伊（Mary E. Guy）
[美]梅雷迪思·A·纽曼（Meredith A. Newman）　著
莎伦·H·马斯特雷希（Sharon H. Mastracci）

周文霞　孙霄雪　陈文静　译
周文霞　校
Gonggongfuwuzhong de Qingxu Laodong

出版发行	中国人民大学出版社	
社　　址	北京中关村大街 31 号	**邮政编码**　100080
电　　话	010-62511242（总编室）	010-62511770（质管部）
	010-82501766（邮购部）	010-62514148（门市部）
	010-62515195（发行公司）	010-62515275（盗版举报）
网　　址	http://www.crup.com.cn	
	http://www.ttrnet.com（人大教研网）	
经　　销	新华书店	
印　　刷	北京鑫丰华彩印有限公司	
规　　格	185 mm×260 mm　16 开本	**版　次**　2014 年 5 月第 1 版
印　　张	12.5 插页 2	**印　次**　2014 年 5 月第 1 次印刷
字　　数	267 000	**定　价**　38.00 元

版权所有　侵权必究　　印装差错　负责调换